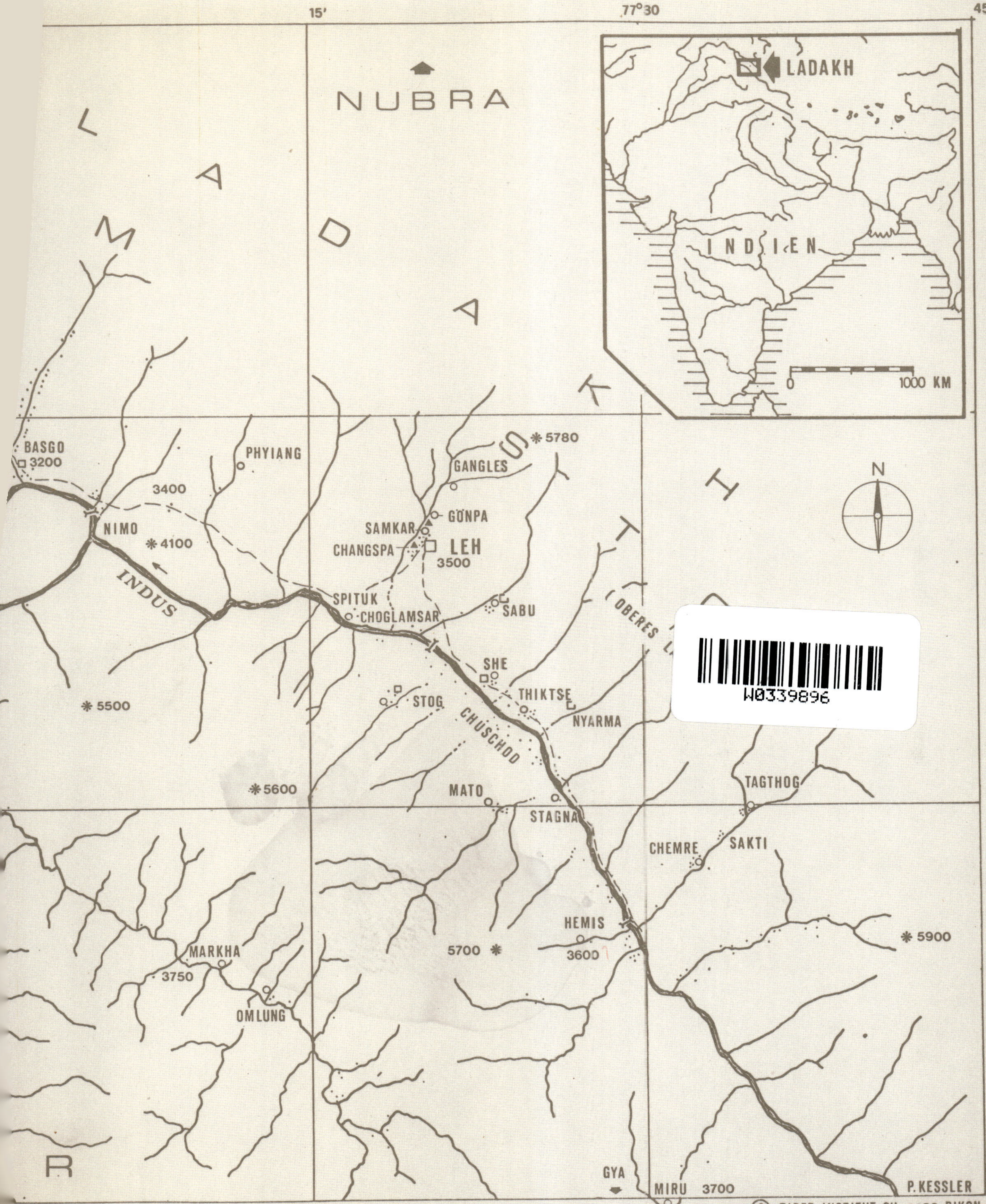
15'
77°30
45'
NUBRA
LADAKH
INDIEN
0
1000 KM
N
L A D A K H
S T O K
R
(OBERES LADAKH)
BASGO
3200
PHIYANG
3400
NIMO
4100
INDUS
GANGLES
5780
GONPA
SAMKAR
CHANGSPA
LEH
3500
SPITUK
CHOGLAMSAR
SABU
SHE
THIKTSE
NYARMA
STOG
CHUSCHOD
5500
5600
MATO
STAGNA
TAGTHOG
CHEMRE
SAKTI
HEMIS
3600
5700
5900
MARKHA
3750
OMLUNG
GYA
MIRU
3700
P. KESSLER

Martin Brauen · Feste in Ladakh

In Zusammenarbeit mit dem Völkerkundemuseum der Universität Zürich

Martin Brauen

FESTE IN LADAKH

AKADEMISCHE DRUCK- u. VERLAGSANSTALT
GRAZ/AUSTRIA
1980

Die Karte auf dem rückwärtigen Vorsatz und Spiegel des vorliegenden Bandes
wurde abgedruckt mit der Erlaubnis
des Director of the India Office Library and Records, London.

Gesamtherstellung in der eigenen Anstalt

Printed in Austria
ISBN 3-201-01122-3
86.80

Inhaltsverzeichnis

Die mit * bezeichneten Kapitel sind solche, in denen es um allgemeinere Themen geht, beispielsweise die Diskussion des Beobachtungsmaterials. Damit soll dem Leser die Lektüre dieses Buches erleichtert werden, der sich nicht mit den zahlreichen zum Teil verwirrenden Einzelheiten der Festabläufe abgeben will.

Dank

Von Herzen danke ich für die Hilfe, die mir folgende Personen und Institutionen zukommen ließen:

Kushok Bakula und sein Sekretär Sonam Wangchuk, New Delhi
Lama Lodroe Dahortshang, Rikon
Peter Eppler, Zürich
Ferry Erdmann, Amsterdam
Peter Farrington, London
Marianne Grauwiler, Kaiseraugst
Prof. Dr. Karl H. Henking, Zürich
Martin Hug, Appenzell
Dolkar Kawoo, Leh
Peter Kessler, Wiesendangen
Prof. Per Kvaerne, Oslo
General T. Morlin, Allahabad
Ngawang Tsering und seine Familie, Samkar und Sabu
Friedrich A. Peter, Männedorf
Tashi Phuntsok, Leh
Tashi Rabgias, Leh
Tsering Samphel, Leh
Reinhard Sander, Konstanz
Gisela Treichler, Zürich
und meine Frau Sonam Dolma

Stiftung für wissenschaftliche Forschung an der Universität Zürich
Abteilung Universität der Erziehungsdirektion des Kantons Zürich
Indische Armee und Air Force
Firma Nikon für die zur Verfügung gestellte Kamera (Nikon FM)
Archiv der Brüder-Unität (Frau M. Baldauf), Herrnhut
Völkerkundemuseum (Frau dipl. ethn. G. Meier und Herr S. Augustin), Herrnhut
Staatsbibliothek Preußischer Kulturbesitz, Berlin

und zahlreiche weitere Informanten und Helfer, die hier nicht alle namentlich erwähnt werden können.

Bestens danke ich auch all jenen, die Fotos für den vorliegenden Band zur Verfügung gestellt haben: Hans Dreyseitel, Schlieren/Zürich (Fotos 4, 5, 11, 81 und 82) – Peter Eppler, Zürich (Fotos 7, 44–47) – Ferry Erdmann, Amsterdam (Foto 80) – Jana Koldrt, Opfikon (Foto 70) – O. P. Rajput, Leh (Fotos 50 und 57) – K. Thondup, Winterthur (Foto 89) – Archiv der Brüder-Unität, Herrnhut (Fotos 1–3).

Einleitung

QUELLENMATERIAL

Im 19. Jahrhundert wurden einige detaillierte Berichte über Ladakh und angrenzende Gebiete wie Spiti, Lahul und Kunawar publiziert, so Cunninghams „Ladakh, physical, statistical and historical", Moorcrofts und Trebecks „Travels in the Himalayan Provinces of Hindustan and the Punjab, in Ladakh and Kashmir" und Sherrings „Western Tibet and the British borderland, the sacred country of the Hindus and Buddhists". Diese Bücher behandeln zur Hauptsache geographische, geologische, klimatische und botanische Themen. Historische und ethnologische Fragestellungen sind in ihnen jedoch äußerst selten zu finden.

Erst zu Beginn des 20. Jahrhunderts wurden einige Bücher und Artikel publiziert, die eine eindeutige Wende markierten, da in ihnen vermehrt ethnologische und historische Themen aufgegriffen wurden. Diese Arbeiten stammten – so paradox dies erscheinen mag – zum überwiegenden Teil von Herrnhuter Missionaren, die im Jahre 1885 in Leh eine Missionsstation eröffnet hatten.

Pionier in der Erforschung der ladakhischen Kultur war A. H. Francke, der sich in erster Linie mit der Sprache, den Liedern und dem *Ge sar*-Epos Ladakhs, aber auch mit der ladakhischen Geschichte und Archäologie befaßte. Das Ehepaar R. und K. Heber wie auch S. H. Ribbach ließen sich von Francke inspirieren und verfaßten je ein Buch voll interessanter Beobachtungen, die dem an der ladakhischen Ethnographie Interessierten wertvolle Informationen geben. Seit der Herausgabe der von Herrnhuter Missionaren geschriebenen Bücher und Artikel sind bis auf eine Ausnahme keine weiteren Publikationen mit wertvollen Beiträgen zur Ethnographie Ladakhs erschienen, in erster Linie, da Ladakh für Wissenschaftler beinahe unzugänglich war. Die Ausnahme bildet das von Prinz Peter von Griechenland und Dänemark verfaßte Buch „A Study of Polyandry", in dem unter anderem auch Daten eines Feldaufenthaltes in Ladakh aus dem Jahre 1938 verarbeitet wurden.

Erst kürzlich – nach einem Unterbruch von fast vierzig Jahren – konnten mehrere ethnologische und soziologische Studien in Ladakh durchgeführt beziehungsweise begonnen werden, da Ladakh nun leichter zugänglich geworden ist. Das vorliegende Buch basiert zum überwiegenden Teil auf solch neuem Material, das ich persönlich in Oberladakh zusammentrug, und zwar im Sommer 1976, im Winter 1976/77 und im Herbst 1978. Es setzt sich zusammen aus eigenen Beobachtungen (einige Geburtsfeste, eine Hochzeitsfeier vom Abholen der Braut an bis zum Verteilen des *'brang rgyas* auf dem Festplatz, die Verbrennung eines Toten und die anschließende Knochenzeremonie, die Neujahrsfeierlichkeiten vom 25. X. an bis zum Wechseln der *lha tho*, das Königsneujahr *(rgyal po lo gsar)* und die Prostrationsprozession um Leh, das Fest der ersten Ähren [teilweise], die Auftritte der Orakel von Stog, Mato und Thiktse und aller in dieser Arbeit erwähnten Hausorakel), sowie aus Aussagen ladakhischer Gelehrter – wie Tashi Phuntsok aus Skara und Tashi Rabgias aus Leh – und zahlreicher weiterer Informanten. Bei diesen handelte es sich in der Regel um Leute, die an der beschriebenen Zeremonie selbst aktiv teilgenommen hatten und deshalb kompetent darüber berichten konnten. Einige Daten stammen von Kollegen – Reinhard Sander, Peter Farrington und Ferry Erdmann –, die ungefähr zur gleichen Zeit, aber an anderen Orten als ich gewisse Aspekte der Gesellschaft oder Kultur Ladakhs erforschten. Als zusätzliches Quellenmaterial wurden die oben erwähnten Publikationen wie auch zahlreiche hier und da erschienene kleine Artikel verwendet, die alle in der Bibliographie enthalten sind, ferner eine von Francke zusammengetragene, noch nicht vollständig publizierte Sammlung ladakhischer Hochzeitslieder, die in ihrem ladakhischen Wortlaut und in deutscher Übersetzung in der Staatsbibliothek Preußischer Kulturbesitz, Berlin, und teilweise im Archiv der Brüder-Unität in Herrnhut archiviert sind. Weiteres wichtiges Quellenmaterial stellen Gesänge dar, die mir von Tashi Phuntsok aus Skara mitgeteilt wurden. Die Übersetzung dieser Lieder war nicht immer leicht, da einige Textstellen auch für meine Informanten und Übersetzer unverständlich waren. In zahlreichen Gesprächen mit ladakhischen Gelehrten wurde versucht, zu einer sorgfältigen, dem ursprünglichen Wortlaut möglichst nahekommenden Übersetzung zu gelangen. Der ladakhische Text der Lieder und übersetzten Sprüche soll zu einem späteren Zeitpunkt veröffentlicht werden.

ZUM INHALT

Der vorliegende Text ist nicht ein umfassendes ethnographisches Werk über ganz Ladakh. Vielmehr schränkte ich mich räumlich und inhaltlich ein. Räumlich, indem ich mich fast ausschließlich mit Oberladakh[1] befaßte, und inhaltlich, indem ich mir von allem Anfang an vornahm, nur einen Aspekt – einen sehr wesentlichen zwar –, nämlich die ladakhisch-buddhistische Volksreligion genauer kennenzulernen. Mein Hauptinteresse galt den Festen und Riten[2], bei deren Durchführung der buddhistische Klerus als Institution nur eine nebensächliche Rolle spielt. Es sind dies die Feste des Lebensablaufs (Geburt, Hochzeit und Tod) und diejenigen des Jahresablaufs wie Neujahr sowie die landwirtschaftlichen Feste. Zwei weitere Kapitel sind den Volks- und Hausorakeln gewidmet.

Eingeleitet wird das Buch durch einen Abschnitt, in dem auf Themen eingegangen wird, ohne deren Kenntnis die nachfolgend beschriebenen Feste und Zeremonien nur schwerlich verstanden werden könnten. Es ist dies das ladakhische Sozialsystem, wobei uns insbesondere die niedrigste soziale Schicht interessieren wird, da dieser während der Feste eine wichtige Aufgabe zukommt. Im weiteren werden wir uns mit den religiösen „Korporationen" – den *pha spun* und *bcu tshogs* – beschäftigen, da auch sie mit dem religiösen Alltag des Ladakhi aufs engste verbunden sind.

Auf die klerikalen Feste – beispielsweise die religiösen Festspiele *('cham)* – wird nur dann näher eingegangen, wenn sie zum besseren Verständnis der ladakhischen Volksreligion beitragen. Der klerikale Festkalender ist so vielgestaltig, die klerikalen Feste so umfangreich, daß diesem Thema eine eigene Arbeit gewidmet werden müßte. Ferner war für mich maßgebend, daß über die klerikalen Festlichkeiten, die in Ladakh und Tibet weitgehend identisch sind, bereits viel geschrieben wurde.

Beim Lesen dieser Arbeit sollte man sich bewußt sein, daß die einzelnen Feste vom grundsätzlichen Ablauf und Zweck her überall gleich sind, daß aber in Einzelheiten zum Teil recht bedeutende Abweichungen vorkommen, die nicht alle mitberücksichtigt werden konnten. So mag es manchmal vorkommen, daß das Bild, das ich von einem Fest oder einer sozialen Institution zeichne, etwas zu vereinfacht und idealisiert ist und wohl aufgrund späterer Studien hier und da einer Retouche bedarf.

Lokale Abweichungen sind insbesondere in Leh und der näheren Umgebung festzustellen, da dort wegen des bedeutenden Einflusses durch kaschmirische Beamte und Händler, indisches Militär und aus-

1 Ab und zu verwende ich auch Material aus Unterladakh, weil sich dort mancher Brauch erhalten konnte, der in Oberladakh kaum mehr bekannt ist.

2 Die Begriffe „Ritus" und „Zeremonie" verwende ich in dieser Arbeit als synonyme Bezeichnungen für stereotyp ablaufende religiöse Handlungen. Unter einem Fest verstehe ich Zeremonien (Riten), die miteinander in einem inneren Zusammenhang stehen und zeitlich aufeinanderfolgen.

ländische Touristen große Veränderungen im Gang sind. Manches, das ich beschreibe, ist dem Bewohner von Leh nur noch vom Hörensagen oder überhaupt nicht mehr bekannt, während es in den Dörfern noch lebendige Tradition ist. Hier und da gehe ich auf das Thema des kulturellen Wandels ein, da das notwendige Vergleichsmaterial heute aber noch weitgehend fehlt, kann es nur gestreift werden.

Die vorliegende Arbeit ist in erster Linie deskriptiv. Ich bin mir bewußt, daß eine Beschreibung der Wirklichkeit nie völlig gerecht werden kann. Das trifft ganz besonders auf die Beschreibung so komplexer Handlungsabläufe zu, wie Feste sie darstellen. Dennoch hoffe ich, daß ich in der vorliegenden Arbeit Material erarbeitet habe, das uns zum einen ermöglicht, die ladakhische Kultur, den Ladakhi und dessen Gedankenwelt besser zu verstehen, und das zum andern allen denjenigen als Grundlagenmaterial dienen kann, die gleiche oder andere Aspekte der ladakhischen Kultur intensiver erforschen wollen oder für die Beantwortung von bestimmten theoretischen Fragestellungen auf detailliertes ethnographisches Material angewiesen sind.

ALLGEMEINE HINWEISE

In dieser Arbeit verwende ich fast ausschließlich den Namen Ladakh, da ich die Bezeichnungen „Westtibet" oder „Kleintibet", die in der Literatur häufig anzutreffen sind, als ungünstig und ungenau erachte. Ladakh besitzt wie zum Beispiel Bhutan eine eigenständige Kultur und Geschichte, die nicht einfach „tibetisch" sind. Die ladakhische Kultur wurde nicht nur von Tibet, sondern auch von Ethnien, die westlich von Ladakh liegen, geprägt. Dieses „dardische" Erbe ist, wie wir noch sehen werden, für das Verständnis der ladakhischen Kultur von großer Bedeutung. Ähnlich ungenau ist der eben genannte Name „Darden". Wenn ich in dieser Arbeit dennoch ab und zu dieses Wort als Sammelbegriff für gewisse im Hindukusch lebende Ethnien verwende, dann tue ich dies mit einem unguten Gefühl, denn Clark hat gezeigt, daß dieser Begriff außerordentlich irreführend ist[3].

Der Leser dieser Arbeit stößt häufig auf Namen von Göttern und Geistern, die nur selten näher beschrieben werden. Der Grund dafür liegt darin, daß die ladakhischen Numina weitgehend identisch sind mit dem tibetischen Pantheon, das bereits in zahlreichen Publikationen beschrieben worden ist. So finden sich beispielsweise zu den in dieser Arbeit erwähnten lokalen Göttern und Geistern ausgezeichnete Beschreibungen im Buch „Oracles and Demons of Tibet" von Nebesky-Wojkowitz. Die Stellung einiger wichtiger Götter innerhalb der ladakhischen Weltordnung kann zudem dem Schema auf Seite 74 entnommen werden.

Die tibetischen und wenigen typisch ladakhischen Wörter werden im folgenden Text kursiv geschrieben. Für die Übertragung der tibetischen Wörter in unsere Schrift wurde die folgende Transliteration angewandt:

ka	kha	ga	nga
ca	cha	ja	nya
ta	tha	da	na
pa	pha	ba	ma
tsa	tsha	dza	
wa	zha	za	'a
ya	ra	la	
sha	sa	ha	a

3 Clark 1977.

Ladakhische D a t e n werden mit einer arabischen und einer römischen Zahl angegeben: die arabische bezeichnet den Monatstag, die römische den Monat. So bedeutet zum Beispiel 10. XI.: der zehnte Tag des elften Monats des tibetisch-ladakhischen Kalenders.

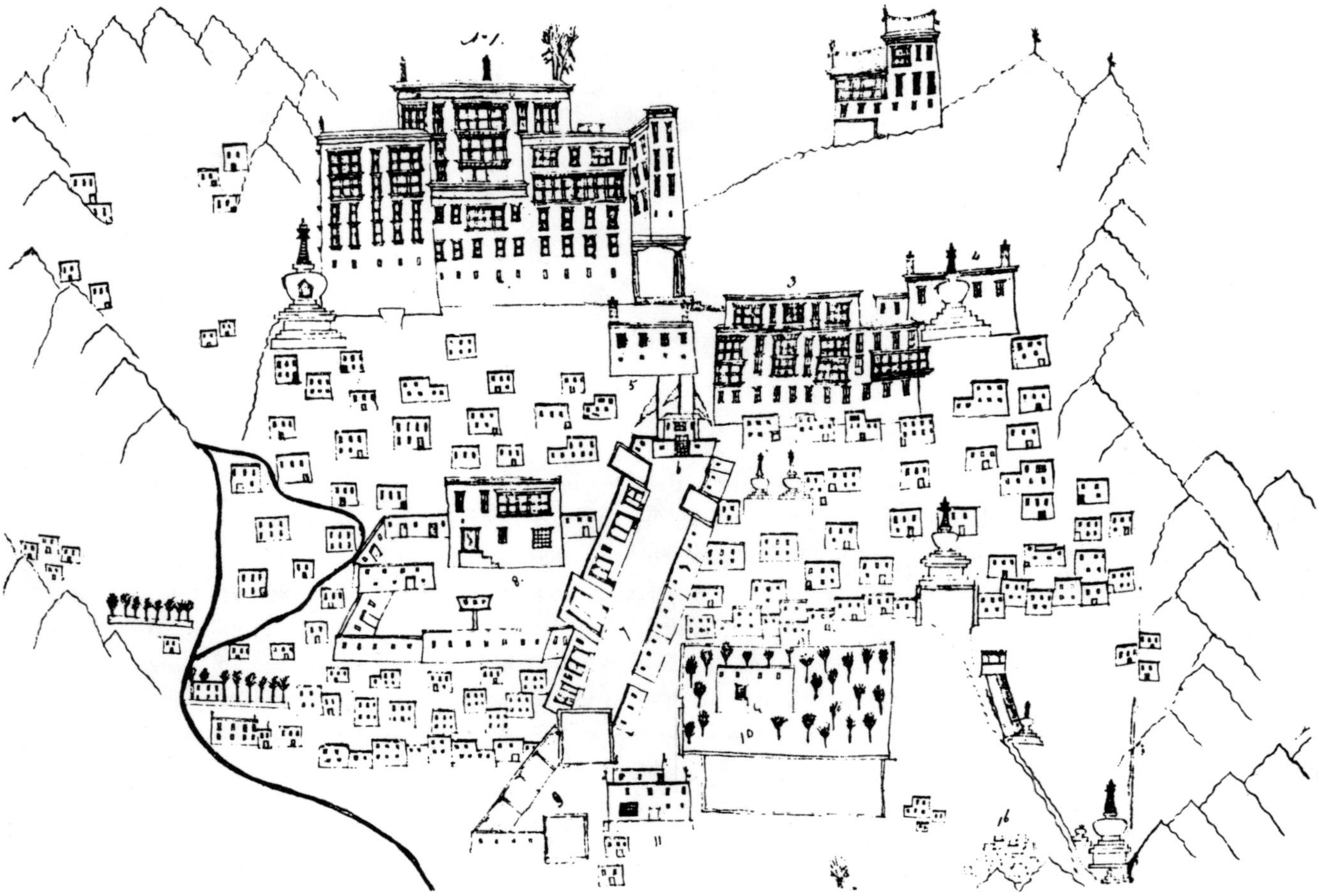

Abb. 1:
Alte ladakhische Zeichnung der Stadt Leh. Deutlich sichtbar sind die Residenz des *bka' blon* (Minister) (3), der Tempel mit der Statue des *Byams pa dmar po* (4), der Tempel mit der Statue des *Byams pa dkar po* (5), die Moschee (6) im Basar (7), sowie der – heute nicht mehr existierende – „Neue Garten" *(gling ka gsar pa)* (10) (Abgedruckt mit der Erlaubnis des „Director of the India Office Library and Records, London").

1. Teil: Soziale Grundbegriffe

DIE SOZIALE SCHICHT DER UNREINEN

Einführung

Die ladakhisch-buddhistische Laienbevölkerung gehört einer der folgenden vier Schichten an: Der Schicht der Königsfamilien *(rgyal rigs)*, der Noblen *(sku drag* oder *rigs ldan)*[4], der „Gewöhnlichen" *(mi dmangs, dmangs rigs* oder *dmangs phal)* und der Schicht der „Niedrigen" *(rigs ngan)*. Die Schicht der Niedrigen, der wir uns im folgenden etwas mehr widmen wollen, da sie in einigen Festlichkeiten eine nicht unbedeutende Rolle spielt, splittert sich ihrerseits weiter auf in diejenige der *mgar ba, mon* und *be da*[5], die alle – vom Standpunkt der übrigen Schichten her gesehen – als Unreine gelten. Dies zeigt sich beispielsweise darin, daß ein *dmangs phal pa* nicht aus einem Gefäß ißt oder trinkt, aus dem zuvor ein Angehöriger der *rigs ngan*-Schicht gegessen oder getrunken hat[6], daß ferner ein Gewöhnlicher keine von einem Niedrigen zubereitete Speise ißt. Auch schläft ein Gewöhnlicher nicht im gleichen Bett wie ein Niedriger, trägt nicht dessen Kleider und schläft nicht mit einer *rigs ngan*-Frau, auch wenn dies im geheimen vorkommen soll. Wenn die Niederen unter Leuten aus anderen Schichten weilen, müssen sie, von den anderen getrennt, auf niedrigen Kissen oder auf dem Boden Platz nehmen. Vor ihnen werden keine Tischchen aufgestellt, höchstens Bretter hingelegt. *Rigs ngan* ist auch der Eintritt in ein Kloster verwehrt.

Früher übten die Mitglieder der untersten Schicht ganz spezifische, nur ihnen eigene Berufe aus. Die *mon* waren Schreiner oder/und Musikanten, die *mgar ba* Eisenschmiede, während die *be da* umherwandernde, teilweise bettelnde Musikanten waren. Diese Zuordnung bestimmter Berufe zur Schicht der Niederen wird heute nicht mehr so strikt wie früher gehandhabt. Heute wird der Schreinerberuf auch von *dmang rigs* ausgeübt, einige *be da* sind Schreiner, Hirten oder Taxifahrer, und es gibt Niedere, die angesehene Berufe[7] erlernt haben und ausüben, so beispielsweise ein *mon*, der Dozent ist, ein anderer, welcher den Beruf eines Ingenieurs ausübt, oder ein *mgar ba*, der mit einem Hochschulabschluß Regierungsangestellter ist.

Ein Aufstieg in eine höhere Schicht ist den *rigs ngan* jedoch noch heute nicht möglich, auch dann nicht, wenn ein Niedriger eine angesehene berufliche Stellung innehat. Das zeigt das folgende Beispiel ganz deutlich: Ein *mon* hatte die Gelegenheit, höhere Schulen zu besuchen, zu studieren und eine seiner Schulung entsprechende Anstellung zu finden. Als er einmal in sein Heimatdorf zurückkehrte, fand dort ein größeres Dorffest statt. Der *mon* setzte sich zusammen mit den Hohen des Dorfes auf die Ehrenplätze, was jedoch von einigen *dmang rigs* nicht geduldet wurde und zu Auseinandersetzungen führte, die bewirkten, daß der betreffende *mon* seither sein Dorf nicht mehr besucht hat.

Auch eine Ehe mit einem *dmang rigs* ermöglicht es einem Niederen nicht, ein Gewöhnlicher zu

4 Die Trennung zw. Königsfamilien und Noblen ist nicht scharf, weshalb die *rgyal rigs* und *sku drag* auch zu einer einzigen Schicht zusammengefaßt werden können.

5 Wobei die *mgar ba* als höher stehend als die *mon*, und diese höher als die *be da* gelten.

6 Im Verkehr zwischen *dmang rigs* und *sku drag* gilt das gleiche: ein Nobler ißt oder trinkt nicht aus demselben Gefäß wie ein Gewöhnlicher.

7 Zumeist Regierungsberufe.

werden. Im Gegenteil: Es ist der *dmang rigs,* der bei einer solchen Heirat seine höhere soziale Stellung einbüßt, und die so erlangte Unreinheit kann nicht mehr abgestreift werden[8].

Die hier geschilderten sozialen Schichten werden auch von Christen und Muslimen nicht in Frage gestellt. Als ein Christ von Leh eine *mon*-Frau heiratete, hatte dies zur Folge, daß die Verwandten den Kontakt zum Mann abbrachen, da er von nun an als niedrig galt. Aus demselben Grund sind Ehen zwischen Muslimen und Unreinen ebenfalls sehr selten.

Auch zwischen den einzelnen Unterschichten *(mgar ba, mon* und *be da)* bestehen einige klare Verhaltensregeln. So finden Ehen in den meisten Fällen unter Angehörigen derselben Unterschicht statt (*mon* ehelicht *mon,* usw.), und zwischen *mon, be da* und *mgar ba* gelten dieselben Tabus, wie sie generell zwischen Niedrigen und Gewöhnlichen gelten. Das bedeutet, daß ein *mon* nicht aus dem Gefäß eines *be da* ißt oder trinkt, daß er nicht ein Kleid eines *be da* anzieht, usw. Zudem sind bei Festen die Sitzordnung und Sitzhöhe der *mgar ba, mon* und *be da* sowie die Art der „Tischchen", die vor ihnen hingestellt werden, genau festgelegt.

Die Mitglieder der einzelnen Unterschichten gehören ferner eigenen *pha spun*-Gruppen an[9]. So bilden beispielsweise die Schmiede von Likir, Alchi und Saspola (zwei Schmiede) eine *pha-spun*-Gruppe[10] oder die vier *mon*-Familien von Mato eine andere[11], ein weiterer Hinweis darauf, daß sich die einzelnen Subschichten deutlich voneinander abgrenzen lassen.

Es darf jedoch nicht übersehen werden, daß die Grenzen zwischen den einzelnen Unterschichten – hauptsächlich zwischen den *be da* und *mon* und den *be da* und *mgar ba* – häufig nicht so deutlich sind, wie dies aufgrund der bisherigen Ausführungen vermutet werden könnte[12]. Dies trifft auf alle Fälle auf Leh zu, wo ein *be da* lebt, der als Schmied arbeitet, daneben aber auch wie seine *be da*-Kollegen musiziert. Oder es gibt *be da*-Abkömmlinge, die von sich selbst behaupten, sie seien *mon* geworden, obschon sie noch Mitglieder ihrer ursprünglichen *be da pha spun*-Gruppe sind! Diese Möglichkeit des sozialen Aufstiegs vom Status eines *be da* zu demjenigen eines *mon* wurde von *mon*-Seite bestätigt mit der Begründung, die betreffenden *be da* hätten eigenes Land zum Bebauen erworben und seien völlig seßhaft geworden, was jedoch eher eine Ausnahme zu sein scheint.

Aus Gesprächen mit mehreren *mon* und *mgar ba* kam zu Tage, daß sich diese beiden Unterschichten nicht so stark diskriminiert fühlen wie die *be da.* So ist beispielsweise sowohl bei *mon* als auch bei *mgar ba* der Wunsch vorhanden, die traditionelle Arbeit samt Pflichten und Rechten würde einmal auf einen Sohn übergehen. Die Arbeit wird zwar sowohl von den *mon* als auch *mgar ba* als schwierig, da hart, ermüdend und manchmal gefährlich (Schmied), nicht aber als entwürdigend oder unrein bezeichnet. Die Arbeit wird als Pflicht angesehen und diene – so wurde mehrmals betont – zum Wohle der Dorfbevölkerung. Auf diesen Aspekt der Arbeit – Dienst an den Dorfleuten – wiesen auch die *be da*, die zudem betonten, sie seien keineswegs Faulenzer oder Taugenichtse, wie dies immer wieder behauptet werde.

Die Diskriminierung der *be da* ist eindeutig größer als diejenige der *mon* und *mgar ba.* So erklärten einige *be da,* sie schickten ihre Kinder nicht zur Schule, da sie dort als Niedrigstehende behandelt würden, indem sie beispielsweise den Zimmerboden aufwischen müßten. Einige erzählten von Unglücksfällen, bei-

8 Dennoch vertraten einige *Niedere* die Ansicht, eine mögliche Heirat eines ihrer Kinder mit einem Gewöhnlichen wäre ein Glücksfall.

9 Diese *pha spun*-Gruppen scheinen häufig nicht sehr geeint zu sein. Auf die *pha spun*-Gruppen wird im nächsten Hauptkapitel eingegangen.

10 Ihr *pha lha* heißt *pha lha dam chen rdor legs.* In dieser *pha spun* existieren zwei Göttersitze *(lha tho)* (in Alchi und in Likir), während der eine Schmied in Saspola in seinem eigenen Kultraum eine Statue des *pha lha* aufstellen ließ, die nur am Neujahrsfest enthüllt wird. Für die Erneuerung der beiden *lha tho* sind die zwei Familien verantwortlich, auf deren Haus die *lha tho* stehen.

11 Der Gott ihrer *pha spun*-Gruppe *(pha lha)* heißt *pha lha ser lha.* Auch hier existieren wegen früherer Streitigkeiten zwei *lha tho.*

12 So können sehr viele Ladakhi *be da* und *mon* nicht auseinanderhalten.

spielsweise Überschwemmungen, bei denen den *be da*-Familien von der übrigen Dorfbevölkerung nicht geholfen worden sei. Im Gegensatz zu den *mon* und *mgar ba,* die in die einzelnen Dörfer integriert sind, leben die *be da* meistens am Rande der Siedlungen, manchmal, wie in Leh, wie Ausgestoßene.

Es ist nicht möglich, aufgrund der Art der Arbeit oder der Religionszugehörigkeit die *mon* von den *be da* zu unterscheiden, da viele *mon* und *be da* Musiker und die meisten *mon* und *be da* wie auch die *mgar ba* Buddhisten sind. Ein wesentlicher Unterschied zwischen *mon* und *be da* sind jedoch die Besitzverhältnisse und die Art der Arbeitsverpflichtungen. *Mon* besitzen eigenes Land zum Bebauen und ein Haus, sie sind demnach völlig seßhaft, integrierte Mitglieder eines Dorfes. In der Regel sind sie, wie übrigens auch die Schmiede, einer bestimmten Anzahl von Familien zugeordnet, das heißt, sie besitzen diesen Familien gegenüber bestimmte Pflichten, aber auch Rechte, auf die wir im folgenden zu sprechen kommen.

Die *be da* haben kein Land zum Bebauen, wohnen in der Regel in Zelten und sind nicht seßhaft. Sie sind unabhängiger als die *mon,* da sie keiner Familie verpflichtet sind, sondern aufgrund eines kurzfristigen Arbeitsvertrages angestellt werden. Die *mon* werden in der sozialen Skala leicht höher als die *be da* eingestuft.

Pflichten und Rechte der Schmiede und mon

Zwischen den ihren Beruf noch ausübenden *mgar ba* und *mon* einerseits und der Dorfbevölkerung, der sie zugeteilt sind[13], besteht ein recht kompliziertes System von Rechten und Pflichten, auf das im folgenden näher eingegangen werden soll, da die Niederen ihren Pflichten stets anläßlich von Festen – es handelt sich dabei immer um Übergangsriten[14] – nachzukommen haben.

In der Neujahrszeit besucht der Schmied die ihm zugeteilten Familien, denen er je eine Nadel als Glücksbringer und als Schutzamulett übergibt[15]. In einigen Orten[16] bringt der Schmied der *blon po*-Familie statt einer Nadel eine Pfeilspitze aus Eisen, ein Geschenk, das früher wohl jeder Familie übergeben wurde. Als Gegenleistung wird der Schmied von den von ihm besuchten Familien verköstigt, und er erhält als Gabe einige Teller gerösteten Gerstenmehls *(rtsam pa)* für sich und jedes Familienmitglied, das mit ihm die Familien besuchen kommt. Nach einem alten, nicht mehr überall befolgten Brauch gibt man dem *mgar ba* zusätzlich einen Ziegenkopf.

Bei einer Geburt in einer Familie, die in seinen Zuständigkeitsbereich fällt, muß der Schmied dem Neugeborenen ein Geschenk bringen: Einem Knaben die Nachbildung eines Pfeils und Bogens aus Eisen, Amulette, die am Rücken des Knaben befestigt werden[17], einem Mädchen zwei eiserne Armreife. Als Gegenleistung wird der Schmied mit Bier und Nahrungsmitteln verköstigt.

Beim Tod eines Dorfbewohners repariert der *mgar ba* dessen Haushaltgeräte, in erster Linie dessen Pfannen. Auch fertigt er gelegentlich mit Material, das ihm von der Familie des Verstorbenen zur Verfügung gestellt wurde, Schmuckstücke an – wenn ein Mann verstarb Männerringe, beim Tod einer Frau Frauenschmuck –, eine Arbeit, für die der Schmied meistens mit Geld entlohnt wird. Diese Schmuckstücke werden den die Totenzeremonie durchführenden Mönchen überreicht, welche sie in der Regel versteigern und den Gewinn unter sich aufteilen.

13 Heutzutage manchmal nur noch zwischen den *mon* und *mgar ba* einerseits und einigen wenigen Familien anderseits.
14. Zu den „Übergangsriten". Siehe Anm. 547.
15. Einige Schmiede übergeben jedem Familienmitglied je eine Nadel.
16. So beispielsweise in Saspola.
17 In einigen Dörfern auch zwei Armreife.

Während des Jahres, besonders in der Zeit des Pflügens und der Ernte, repariert der Schmied kostenlos die landwirtschaftlichen Geräte und Äxte sowie die Pfannen aller Dorffamilien, für die er zuständig ist. Sofern benötigt, stellt er auch gratis die Metallteile neuer landwirtschaftlicher Geräte und Äxte, nicht jedoch Pfannen, her. Das dazu benötigte Material wird ihm von der betreffenden Familie zur Verfügung gestellt. Wenn der Schmied für diese Arbeiten in die Häuser der Dorfleute geht, wird er während seiner Arbeit verköstigt.

Als eigentliche Entlohnung für seine Arbeit zum Wohl der Dorfbewohner erhält der Schmied in der Erntezeit von jeder Familie sogenanntes *bsod snyoms,* ungedroschenes Getreide, meistens soviel er auf seinem Rücken tragen kann, ein Maß, das *khur* genannt wird. Daneben besitzt der Schmied aber wie der *mon* eigenes Land zum Selbstbebauen. Die *mgar ba* arbeiten nicht nur für Buddhisten in der beschriebenen Art, sondern auch für in ihrem Dorf lebende Muslime und Christen, welche ihnen die gleiche Entlohnung zukommen lassen.

Die wichtigste Pflicht der musizierenden *mon* fällt in die Neujahrszeit. Dann gilt das Vorspielen der *mon* als religiöser Dienst. Dies äußert sich beispielsweise darin, daß die *mon* vom 25. X. bis 7. XI. einen völlig reinen Körper haben und saubere Kleider tragen müssen. Das Berühren von Frauenkleidern, der sexuelle Kontakt mit Frauen, aber auch das Betreten von Häusern, in denen jemand innerhalb des vergangenen Monats verstarb oder geboren wurde, ist ihnen nicht erlaubt. Mißachtet ein *mon* diese Vorschriften, muß er mit der Strafe durch einen Gott rechnen. Vom 25. bis 30. X. gehen die *mon* jeden Tag vom Nachmittag bis in die Nacht hinein zu den einzelnen Häusern[18], für die sie verantwortlich sind, und musizieren dort vor den Türen[19]. In dieser Zeit ist ihnen jegliches Sprechen verboten, bis sie – dies bezieht sich auf Leh – frühmorgens zur großen Maitreyastatue beten gehen, wonach sie wieder bis zum Musizieren am nächsten Tag sprechen dürfen.

Am Neujahrstag werden die Häuser der Noblen besucht, welche die *mon* verpflegen und ihnen einige Teller *rtsam pa* und Geld überreichen, und an den darauffolgenden Tagen gehen die *mon* in die Häuser der übrigen Familien, wo sie ebenfalls verpflegt werden und einige Teller *rtsam pa* und weitere Speisen erhalten[20].

In alten Zeiten überbrachten die *mon* wohl jeder Familie ein typisches Geschenk, nämlich einen hölzernen Pfeil, heute scheint dieser Brauch in Vergessenheit zu geraten, so daß diese Gabe in einigen Orten ganz wegfällt und in anderen Orten nur jede *pha spun*-schaft je einen Pfeil erhält. Dieser Pfeil wird mit der vom Schmied gebrachten Eisenspitze versehen und beim Neuschmücken des *lha tho* zwischen die Wacholderzweige gesteckt. Interessanterweise besteht somit zwischen dem im Leben des Ladakhi so bedeutungsvollen Pfeil und den beiden einheimischen niedrigen Schichten – *mon* und *mgar ba* – ein direkter Zusammenhang. Dies kommt auch in einer ladakhischen Legende zum Ausdruck: Danach stritten einst ein *mon* und ein *mgar ba* um die Frage, wem von ihnen an einem Fest der bessere Sitzplatz zustehe. Da sich die beiden nicht einigen konnten, warf der Schmied einen Pfeil in die Höhe, der mit der Spitze voran wieder nach unten fiel und im Boden steckenblieb, was der Schmied folgendermaßen interpretierte: „So wie der Pfeil mit seiner Eisenspitze zuerst in die Erde dringt, so kommt zuerst der Schmied – welcher die Pfeilspitze fertigte – und erst danach der *mon*, welcher den Pfeilschaft lieferte", mit anderen Worten: dem Schmied steht der bessere Sitzplatz zu, da er sozial höher als der *mon* steht.

Zu Geburtsfesten, Hochzeiten und anderen Festen wie Pfeilwettschießen werden die *mon* von den verantwortlichen Familien zum Musizieren eingeladen. Während ihrer Arbeit

18 In einigen Dörfern geschieht dies zusammen mit den *mgar ba.*

19 Dieses Musizieren erfolgt in einer besonderen Art und wird *lha rnga* (Gott-Trommeln) genannt.

20 In der Neujahrszeit gehen auch Bettler von Haus zu Haus und werden mit Tee, Bier und Speisen verköstigt.

werden die Musikanten verköstigt und für ihre Arbeit bezahlt[21]. In der Regel erhalten die *mon* in der Erntezeit von den einzelnen Familien, die ihnen zugeordnet sind, Getreide, traditionsgemäß von jeder Familie ein *khur,* das heißt, soviel ein Mann auf seinem Rücken tragen kann, heute ist es jedoch oftmals weniger[22].

In der Saatzeit variiert die Entlohnung je nach Reichtum der betreffenden Familie zwischen zwei Handvoll und einem *khal* (13,5 kg) Getreide.

Heute haben mancherorts *be da* die Arbeit der *mon* übernommen. Ihre Entlohnung scheint höher zu sein als diejenige der *mon,* dafür hat man ihnen gegenüber keine anderen Verpflichtungen[23].

Bei Geburts-, Hochzeits- und Todesfeiern im eigenen Dorf besuchen die *mon, mgar ba* und *be da* die betreffenden Familien wie alle anderen auch und übergeben die üblichen Geschenke wie Brote, Geld, usw. Dafür werden sie bei gleichen Festen bei sich zu Hause ebenfalls von der Dorfbevölkerung besucht und beschenkt. Das bedeutet, daß die Niedrigen auch am später noch genauer beschriebenen komplizierten Austauschsystem innerhalb der Dorfbevölkerung teilnehmen, die *be da* zwar nur, wenn sie mit der betreffenden Familie freundschaftliche Beziehungen pflegen.

Gründe für die niedrige Stellung der rigs ngan

Wenden wir uns noch kurz der Frage zu, weshalb in Ladakh ausgerechnet die *mon, be da* und *mgar ba* als niedrig stehend gelten.

Bei den Eisenschmieden – denn unter *mgar ba* versteht man fast immer die Eisenschmiede, nicht aber die sozial höher stehenden Gold- und Silberschmiede – ist die niedrige soziale Stellung eine Folge des ausgeübten Handwerks. Das Schmieden gilt nicht nur in Ladakh, sondern im gesamten tibetischen Kulturbereich religiöser Gründe wegen als niedriger Beruf: Der Eisenschmied stellt unter anderem Waffen, Pflüge und Hacken her, durch deren Verwendung Lebewesen getötet werden. Somit ist der Schmied indirekt dafür verantwortlich, daß das buddhistische Gesetz des Nichttötens von Lebewesen verletzt wird. Dazu kommt, daß der Schmied Material verarbeitet, das der Erde entnommen wurde, und deshalb mit Übel behaftet ist, weil beim Abbau des Materials die Erdgötter und -geister erzürnt wurden[24].

Die niedrige soziale Stellung der *mon* und *be da* kann jedoch kaum oder nur sehr beschränkt mit ihrer traditionellen Tätigkeit in Zusammenhang stehen, da Tischlern und Musizieren nicht Berufe sind, die gegen religiöse Vorschriften verstoßen oder dazu führen, daß solche Vorschriften mißachtet werden.

Es scheint mir eher, daß der Grund für den niedrigen sozialen Status der *mon* und *be da* statt in deren Beruf in deren Abstammung und Herkunft zu suchen ist.

Die Ladakhi erzählen sich nämlich folgende Geschichte über die Entstehung der *be da*-Schicht: Es lebte einst in Ladakh ein König, der drei Söhne hatte. Der eine von ihnen wurde König von Ladakh, der andere König von Guge und Purang[25] und der jüngste, der als sehr gescheit galt, löste sich von der Familie.

21 Der Lohn variiert sehr stark von Dorf zu Dorf. Er liegt etwa zwischen 5 und 30 Rupien pro Tag und *mon*. Die Bezahlung von Geld ist ein neuerer Brauch, früher erhielten die *mon* nur Nahrungsmittel.

22 So beispielsweise in Choglamsar 1/3 *khur* von jeder Familie.

23 Wahrscheinlich ist dies einer der Gründe dafür, daß heute bevorzugt *be da* statt *mon* als Musikanten eingeladen werden. Zudem wollen heute viele *mon* nicht mehr musizieren, so daß die Leute gezwungen sind, *be da* zu engagieren. Es kommt übrigens auch vor, daß *mon* und *be da* zusammen musizieren.

24 Zur gesellschaftlichen Stellung des Schmieds in Tibet siehe Rauber 1976: 64–85.

25 Nach Auskunft eines *mon* aus Leh soll dieser zweite Sohn König von Lhasa geworden sein. Bei den drei Königssöhnen handelt es sich wohl um die Könige *Lha chen dPal gyi mgon, bKra shis mgon* und *lDe gtsug mgon.* Siehe Petech 1939: 108.

Daher kommt sein Name *be da,* denn *be ces* bedeutet „sich trennen"[26]. Dieser jüngste Sohn zog viel umher und wurde später König von Lahul, Spiti und Zangskar.

Nach einer anderen Version derselben Legende soll es – wohl nach dem Tode des Vaters – zwischen den drei Brüdern wegen der Gebietsverteilung zu Streitigkeiten gekommen sein. Einer der Söhne beschloß in der Folge, auf seinen Landanteil ganz zu verzichten, und zog als Besitzloser davon.

Beide Versionen der Geschichte sind aufschlußreich. Die eine deutet an, daß die *be da* Beziehungen zu Lahul und Spiti haben. Dies wurde auch von einigen gegenwärtigen ladakhischen Informanten bestätigt. Vor langer Zeit – nach ladakhischen Angaben vor 100 bis 150 Jahren – soll es in Lahul Mißernten und Hungersnöte gegeben haben, worauf viele *be da,* angebliche Abkömmlinge des oben erwähnten jüngsten ladakhischen Königssohnes, nach Ladakh zogen. In der zweiten Version kommt zum Ausdruck, wie sich die *be da* von den Ladakhi unterscheiden, nämlich dadurch, daß sie kein eigenes Land besitzen. Diese Besitzlosigkeit und die damit in Zusammenhang stehende fremde Herkunft mögen die Gründe dafür sein, daß die *be da* in Ladakh als sozial niedrig stehend gelten.

Über die Abstammung der *mon* wissen wir noch weniger als über diejenige der *be da.* Bis heute ist die Frage nicht geklärt, ob die *mon* eine Art Urbevölkerung Ladakhs waren, oder ob es sich bei ihnen um aus südlichen Gegenden nach Ladakh ausgewanderte Leute handelt. Denn mit *mon* bezeichnen die Ladakhi wie auch die Tibeter noch heute alle jene Ethnien, die im Grenzgebiet zwischen Tibet und Indien/Nepal leben und als eher wild und unzivilisiert gelten. Manchmal nennen die Ladakhi auch die Inder *mon.*

Darauf, daß es sich bei den *mon* ursprünglich um Nichttibeter – eventuell um Indoeuropäer – handelte, deuten einige Punkte: Einmal sollen sich die *mon* von den übrigen Ladakhi durch ihr Aussehen unterscheiden, was jedoch von den *mon* selbst, mit denen ich sprach, bestritten wurde[27]. Zum andern besitzen die *mon* eine eigene Sprache, die sie zwar nur selten anwenden und die sich deutlich von der ladakhischen Sprache unterscheiden soll. Die Erforschung dieser angeblich nicht-ladakhischen *mon*-Sprache könnte unter Umständen genaueren Aufschluß über die Herkunft der *mon* geben. Der ladakhische Gelehrte S. Gergan scheint sich mit dieser Frage bereits auseinandergesetzt zu haben und kommt zum eher dürftigen Schluß, „daß die *mon* einer alten arischen, aber nicht-kaschmirischen Rasse angehörten, welche durch die gegen die Indus- und Gangesebenen vordringenden Völkermassen in höhere Täler getrieben wurden"[28].

Bei dieser Betrachtung dürfen wir nicht übersehen, daß in einigen nahe bei Ladakh liegenden Gebieten ebenfalls die Spielleute und gelegentlich die Handwerker eine sozial niedrige Stellung einnehmen. Bei den westlich von Ladakh lebenden Shinasprechern sind es die *Dom,* Spielleute, die gelegentlich auch Handwerker sind[29]. Auch bei der Burushaski sprechenden Bevölkerung von Yasin stellen die Schmiede und die Spielleute eine Schicht dar, die wenig Rechte besitzt. Sie werden dort *Bericho* und *Doma* genannt und stammen – dies kann aufgrund ihrer Sprache festgestellt werden – aus südlichen Gegenden[30]. Drew berichtet, daß auch die unterste Kaste in Jammu, der man die niedrigsten Arbeiten aufbürdete, *Dûm* genannt wurde. Es handelte sich dabei nicht um Musikanten und Tänzer. Drew kommt, nachdem er auch auf die *Dûm* der Darden und auf die unterste Kaste der Dogras, die *Megh* und *Dum,* zu sprechen kam, zum Schluß, daß wir „in allen Nationen durch alle diese Hügel hindurch" eine niedrigste Kaste finden, die in allen Fällen entweder im Namen oder in der Beschäftigung oder manchmal in beidem identisch

26 Nach Francke 1977: 100 ist *bheda* ein Sanskritwort und bedeutet „difference".

27 Der ladakhische Gelehrte S. Gergan vertritt die Ansicht, die *mon* hätten ein arisches Aussehen. Gergan 1977: 8.

28 Gergan 1977: 9. Im Gegensatz dazu schreibt Francke, die *mon* seien altindische buddhistische Kolonialisten aus dem heutigen Kaschmir gewesen (Francke 1977: 63).

29 Jettmar 1975: 236.

30 Jettmar 1975: 286. Zu den *Dom* siehe auch Sufi G. M. D., 1948, Kashmir, A History of Kashmir, vol. 1, Lahore, p. 57 ff.

sind. Drew vertritt die Ansicht, alle Mitglieder dieser niedrigen Kaste seien Nachfahren jener Prä-Arier, die vor dem Einfall der Arier ganz Indien bewohnten[31].

Die bisherigen Ausführungen zeigen, daß die Frage nach den Gründen der niedrigen Stellung der *mon* und der mit ihnen verwandten Handwerkerschichten im Süden und Westen Ladakhs noch keineswegs geklärt ist. Sicher scheint mir zu sein, daß die *mon* – ob Urbevölkerung oder Zugezogene, ob Indoeuropäer oder nicht bleibe dahingestellt – Ladakh bedeutend länger bevölkern als die *be da,* da sie im Gegensatz zu den *be da* eigenes Land besitzen. Der Landbesitz ist in Ladakh seit alten Zeiten unteilbar und nicht auf andere Leute übertragbar, weshalb die *mon* schon sehr lange in Ladakh leben müssen. Wahrscheinlich ist ferner, daß die *mon* im Verlaufe der Geschichte von tibetisch-mongolischen oder „dardischen"[32] Stämmen überfallen und unterdrückt wurden und in der Folge – da von anderer Rasse – als soziale Randgruppe ihr Leben fristen mußten.

KULTISCHE KORPORATIONEN: PHA SPUN UND BCU TSHOGS

Die pha spun in der westlichen Literatur

Die Kenntnis der Institution der *pha spun* ist für das Verständnis des ladakhischen Gesellschaftssystems und des damit eng in Beziehung stehenden religiösen Lebens wichtig. Aus diesem Grunde wollen wir uns, bevor wir auf die einzelnen Feste zu sprechen kommen, näher mit den *pha spun* beschäftigen und lassen zu diesem Zweck zuerst diejenigen Autoren zu Wort kommen, welche bereits etwas über die *pha spun* geschrieben haben, um darauf eigene Gedanken zum *pha spun*-System zu entwickeln und diese mit den Aussagen früherer Autoren zu vergleichen.

Liest man die bestehenden Berichte über die *pha spun* durch, fällt auf, wie uneinheitlich und zum Teil sogar widersprüchlich diese sind:

Das Ehepaar Heber erwähnt in seinem interessanten Buch „Himalayan Tibet and Ladakh" die Existenz von ladakhischen Bruderschaften, deren Mitglieder *pha spun* („man-brethren") genannt würden. Hebers vertreten die Meinung, bei diesen *pha spun* habe es sich ursprünglich um Verwandte gehandelt, obschon sich Außenstehende anläßlich eines speziellen Festes „einschwören" könnten. Alle *pha spun* zelebrieren nach Heber an einem gemeinsamen Altar, der von einer ihnen eigenen Gottheit bewohnt werde. Diese *pha spun*-Götter besäßen manchmal „Hindu"- Namen[33].

Francke nennt die *pha spun* „Vater-Bruderschaften". Nach ihm wird die Individualität eines Ladakhi durch drei Namen festgelegt: durch seinen persönlichen Namen, durch seinen Hausnamen und drittens – und dies werde allzu oft übersehen – durch seinen Clannamen, womit Francke anscheinend den Namen des betreffenden Clangottes, des *pha lha,* meint. Die *pha spun*-Gruppe ist für Francke eine exogame Institution, das bedeutet, daß ein Mann oder eine Frau stets nur einen Partner heiraten darf, der einer anderen *pha spun*-Gruppe angehört.

Jede *pha spun*-Gruppe muß nach Francke für die Kremation ihrer Toten besorgt sein sowie für die

31 Drew 1875: 56, 182, 426–427.

32 Francke vertritt die Ansicht, die in Ladakh eindringenden Darden hätten die *mon* besiegt und daraus sei die niedrige soziale Stellung der *mon* resultiert (Francke 1977: 67).

33 Heber 1976: 132. Hebers Schreibweise der *pha spun* ist fälschlicherweise *pa spun.*

Gebäulichkeiten (*mchod rten* und *ma ni*-Wände), die zum Gedächtnis eines ihrer Verstorbenen errichtet wurden.

Historisch seien die Namen der *pha spun*-Gruppen von Interesse, weil aus ihnen oft die Lokalität ablesbar sei, aus der ein bestimmter Clan nach Westtibet immigrierte. Als Beispiel nennt Francke die Namen der *pha spun*-Gruppen aus Khalatse, die zeigten, daß der größere Teil der Bevölkerung dieses Dorfes, nämlich von 24 Familien bestimmt deren 16, von Gilgit nach Khalatse immigriert sind[34]. Schließlich vertritt Francke die Meinung, daß alle Mitglieder einer *pha spun*-Gruppe auf ein und dieselbe (Stamm-) Familie zurückgingen[35].

R i b b a c h , dessen Schilderungen meines Erachtens am zutreffendsten sind, übersetzt *pha spun* mit „Vaterbrüder", Brüder, die einen gemeinsamen Vater haben. Darunter verstehe der Ladakhi eine geschlossene Bruderschaft (Ribbach spricht häufig auch von „Sippe") innerhalb der Dorfgemeinschaft, die – nicht notwendig blutsverwandt – einen gemeinsamen Gott (*pha lha* = Vatergott) verehre. Bei allen wichtigen Ereignissen innerhalb der Familie und Sippe wie Geburt, Heirat und Todesfall würden die *pha spun* zusammentreten zu gemeinsamem Handeln und zu gegenseitiger Hilfeleistung. Sie seien verpflichtet, sich untereinander in jeder Weise zu unterstützen. Ihre Beziehungen und Pflichten seien durch strenges Gesetz und Ritual geregelt[36].

Auch G e a r y behandelt in ihrer kaum bekannten Dissertation den Begriff der *pha spun*. Sie definiert die *pha spun* als Gruppierung von Dorffamilien zu Einheiten, die je einen gemeinsamen Vorfahren anerkennen und die ein Überbleibsel eines Clan-Systems sein könnten. Interessant an Gearys Ausführungen sind ihre Gedanken zur Funktion des *pha spun*-Systems. Sie ist der Ansicht, daß vor allem in abgelegeneren Orten, wo das Bedürfnis für Unterstützung groß sei, die *pha spun* eine Art Absicherung gegen Unglücksfälle seien. Zudem helfe die *pha spun*-Organisation die Integrität und Solidarität der buddhistischen Gesellschaft erhalten. Beim Tode eines *pha spun*-Mitglieds würden die hohen Kosten, die eine Totenverbrennung mit sich bringt, durch eine Anzahl von Leuten getragen, die nicht Familienmitglieder des Verstorbenen sind, was dazu beitrage, daß die Trauerfamilie nicht in Schulden gerate[37].

C a r r a s c o kommt aufgrund einer Analyse des in der westlichen Literatur über die *pha spun* Geschriebenen zu folgendem Schluß: In Ladakh existieren exogame patrilineare Clans, *rus pa* (Knochen), oder häufiger *pha spun* „Brüder des (gleichen) Vaters" genannt. Die Clanmitglieder verehren einen gemeinsamen Gott (*pha lha*, Vater-Gott). Sie alle kommen für wichtige Familiengeschehnisse wie Geburten, Hochzeiten und Leichenbegängnis zusammen und nehmen an streng geregelten Ritualen teil. Sie helfen sich gegenseitig in jeder Beziehung, und Erbschaftsrechte erstrecken sich auf den gesamten Clan. Eine Frau wird durch die Heirat Mitglied des Clans ihres Mannes.

Die Beziehung zwischen den Clans und Lokalgruppen ist nicht klar, anscheinend sind die Clans jedoch nicht lokale Gruppen. Carrasco schließt seine Ausführungen mit der Bemerkung, daß genügend Informationen existieren, die beweisen, daß der Clan eine wichtige Gruppe in Westtibet darstelle, aber nicht genügend, um seine Rolle im ökonomischen und politischen Leben aufzuzeigen[38].

T a s , der sich auf die bereits erwähnten Autoren Francke und Ribbach und auf Jäschke[39] stützt, ist der Meinung, in Ladakh bezeichne *pha spun* den von der väterlichen Seite abstammenden Clan. Die

34 Francke 1914 (2): 47–48.
35 Francke 1904 (1): 364–365.
36 Ribbach 1940: 237.
37 Geary 1948: 73. Auch sie schreibt wie Heber *pa spun* statt *pha spun*.
38 Carrasco 1959: 38.
39 Jäschke 1934: 330: „*pha spun*, several neighbours or inhabitants of a village, that have a common *Lha*, and thus have become *rus pa cig cig*, members of the same family".

pha spun seien eine der wichtigsten Einheiten des gegenwärtigen Ladakh, ursprünglich eine Gemeinschaft, der nur Blutsverwandte angehörten. Im Verlaufe der Zeit vollzogen sich Änderungen, die (verwandtschaftlichen?) Bande wurden geschwächt, und das Prinzip der Nachbarschaft spielte (nun) eine Rolle. Im wesentlichen wurden jedoch die Hauptmerkmale des patriarchalen Clans und dessen Aufgaben bewahrt[40].

Prinz Peter vertritt in seinem den *pha spun* vom Leh-Tehsil gewidmeten Artikel die Ansicht, es wäre präziser, die *pha spun* primär als eine Gruppe zu bezeichnen, die aus allen männlichen Nachkommen eines väterlichen Vorfahren besteht, und erst sekundär als eine Gruppe all jener Männer, die denselben Gott *(lha)* verehren, oder die für das Totenbegängnis zusammenkommen. Zudem stellten die *pha spun* Gruppen von Männern dar, die miteinander verbunden seien, um sich gegenseitig in schwierigen Zeiten finanziell zu unterstützen[41].

Eine neue Betrachtung der pha spun: Die Bedeutung der Residenz

Die hier wiedergegebenen Schilderungen lassen es nicht zu, ein klares Bild der *pha spun* zu zeichnen. Die verschiedenen Aussagen sind ungenau und widersprechen sich zum Teil. Die einen betonen den gemeinsamen Vorfahren innerhalb der einzelnen *pha spun*-Gruppen und vermuten, daß alle Mitglieder einer *pha spun*-Gruppe einst Blutsverwandte waren (oder noch heute sind?). Andere sprechen von Clans oder Sippen, ohne jedoch genauer zu definieren, was sie unter diesen Begriffen verstehen. Da Clan und Sippe auch unter Ethnologen keine eindeutigen Begriffe sind, verzichte ich auf diese Bezeichnungen und bemühe mich statt dessen, das Wesen der *pha spun*-Gruppen differenzierter wiederzugeben, als dies durch die oben genannten Autoren geschehen ist. Gleichzeitig werde ich versuchen, Behauptungen anderer, die mir falsch erscheinen, zu widerlegen.

Nach meinen kürzlich in Ladakh durchgeführten Studien versteht man unter *pha spun* Angehörige einiger mehr oder weniger nahe beieinander befindlicher Haushalte[42], die durch bestimmte reziproke Rechte und Pflichten, auf die wir noch zu sprechen kommen, durch die Verehrung eines gemeinsamen Schutzgottes *(pha lha)*[43] und den Besitz eines gemeinsamen Leichenverbrennungsofens *(spur khang)* eine Gruppe bilden[44]. Zwei bis über zehn Haushalte können solche *pha spun*-Gruppen bilden, in der Regel sind es zwischen vier und sechs[45]. Abgesehen von einigen wenigen Ausnahmen[46] gehört jeder Haushalt einer *pha spun*-Gruppe an. Die Zugehörigkeit zu einer *pha spun*-Gruppe vererbt sich nicht nur auf Männer, wie dies Prinz Peter behauptet. Alle Kinder – Knaben und Mädchen – erben die *pha spun*-Zugehörigkeit von ihrem Vater oder – in *mag pa*-Ehen[47] – von ihrer Mutter. Verläßt jedoch jemand – Mann oder Frau – bei der Hochzeit das Elternhaus, verliert er die Zugehörigkeit zur *pha spun*-Gruppe der Eltern und

40 Tas 1955: 257–258.

41 Peter 1956: 138 und Peter 1963: 380.

42 Unter Haushalt verstehe ich die blutsverwandten und eingeheirateten Mitglieder einer Familie, die einen gemeinsamen festen Wohnsitz haben. Meistens leben die zur gleichen *pha spun*-Gruppe gehörenden Familien im selben Dorf oder in Nachbardörfern, ausnahmsweise jedoch auch in weit voneinander entfernten Dörfern, was nicht praktisch ist, da sich die *pha spun* bei bestimmten Gelegenheiten gegenseitig helfen müssen.

43 Oftmals nur „*lha*" (des *lha tho*) oder *lha* der Familie genannt.

44 Der Ladakhi bezeichnet sowohl die Angehörigen einer solchen Gruppe wie auch die Gruppe selbst mit *pha spun*.

45 *Pha spun*-Gruppen mit nur zwei Haushalten sind keineswegs ideal, weshalb solche *pha spun* gerne weitere Haushalte aufnehmen oder sich einer anderen *pha spun*-Gruppe anschließen.

46 Nach mündlicher Auskunft von Ferry Erdmann gehören die *bka' blon*-Familien keiner *pha spun* an.

47 Siehe hierzu das Kapitel „Heiratsarten".

wird *pha spun* der Familie, in die er einheiratet[48]. Blutsverwandte können somit ohne weiteres verschiedenen *pha spun*-Gruppen angehören.

Daß die Blutsverwandtschaft nicht das entscheidende Kriterium für die *pha spun*-Zugehörigkeit ist, zeigt sich in der Tatsache, daß es bei einem Leichenbegängnis die *pha spun* sind, welche alle jene Arbeiten zu verrichten haben, die für die Blutsverwandten, die mit dem Verstorbenen zusammenlebten, unangenehm oder sogar tabu sind. Wären die *pha spun* Blutsverwandte, hätte man niemanden, der sich um die Toten kümmern könnte. Es ist dies ein Punkt, auf den wir im Zusammenhang mit den Exogamieregeln der *pha spun*-Gruppen noch zu sprechen kommen.

Auch die Tatsache, daß sich Blutsverwandte (zusammen- oder getrenntwohnende) gegenseitig nicht *pha spun* nennen und sich nicht als *pha spun* verstehen[49] – auch wenn sie zur gleichen *pha spun*-Gruppe gehören –, ist ein Hinweis darauf, daß in Ladakh *pha spun* nicht eine Bezeichnung sein kann für Blutsverwandte oder für eine Gruppe von Blutsverwandten.

In der westlichen Literatur wird hier und da die Ansicht vertreten, jede *pha spun*-Gruppe besitze einen mehr oder weniger bekannten gemeinsamen Vorfahren, einen Urahnen[50]. In keinem Gespräch wurde mir gegenüber ein solcher gemeinsamer Ahne erwähnt, und auch auf meine eindringliche diesbezügliche Frage hin erhielt ich keine positive Antwort.

Aber selbst wenn sich die einzelnen *pha spun*-Mitglieder auf einen solchen Urahnen zurückführen würden, dürfte daraus nicht ohne weiteres geschlossen werden, daß diese Mitglieder blutsverwandt sind. Denn der „Urahn" muß keineswegs ein „blutsverwandter" Vorfahre sein, sondern es kann sich bei ihm um eine mythische Figur handeln, um ein Symbol, das die Einheit der betreffenden *pha spun*-Gruppe demonstrieren soll.

Abschließend kann somit gesagt werden, daß das Kriterium der Bluts- beziehungsweise Knochen- oder Fleischverwandtschaft[51] nicht entscheidend für die Zugehörigkeit zu einer *pha spun*-Gruppe ist. Ausschlaggebend ist jedoch die Residenz: Man ist Mitglied der *pha spun*-Gruppe desjenigen Haushalts, in dem man durch Geburt oder Heirat seinen festen Wohnsitz hat.

Auch die Vermutung, die *pha spun* seien f r ü h e r Blutsverwandte gewesen, ist kaum glaubhaft, denn es ist schwer einzusehen, weshalb früher die Blutsverwandtschaft für die Zugehörigkeit zu einer *pha spun*-Gruppe entscheidend gewesen sein soll, wenn sie es heute eindeutig nicht ist.

Wie Aziz[52] in ihrer inspirierenden Arbeit „Tibetan Frontier Families" schreibt, ist man bei bisherigen Beschreibungen des tibetischen Verwandtschaftssystems zu sehr von der Frage nach der Abstammung geleitet worden und hat dabei die Bedeutung der Residenz übersehen. Es scheint mir, daß von den meisten Autoren ein ähnlicher Fehler bei der Beschreibung der *pha spun* gemacht wurde.

Der pha spun-Gott und sein Wohnsitz

Der *pha spun*-Gott stellt innerhalb einer *pha spun*-Gruppe den Mittelpunkt der Gemeinschaft dar. Er, sein Wohnsitz und in beschränktem Maße auch sein Name dienen einer *pha spun*-Gruppe als Symbol für

48 Deren *pha spun*-Gruppe kann – wohl erst in neuerer Zeit – identisch sein mit der Eltern-*pha spun* des Eingeheirateten.

49 Sondern als *gnyen*, Verwandte.

50 Siehe Francke 1914 (2); Geary 1948; Prinz Peter 1956, 1963.

51 Nach ladakhischer (und tibetischer) Auffassung gilt patrilineare Abstammung als Knochenverwandtschaft, matrilineare Abstammung als Fleischverwandtschaft. Den Begriff Blutsverwandtschaft kennen die Ladakhi nicht. Carrasco und ähnlich auch Jäschke (siehe Anm. 39) setzen die patrilinearen Abstammungsreihen *(rus pa)* mit den *pha spun* gleich, was jedoch unrichtig ist!

52 Aziz 1978: 5, 117 usw.

die eigene Einheit. Denn der *pha lha* einer Gruppe und sein Wohnsitz sind nie identisch mit dem *pha lha* einer anderen *pha spun*-Gruppe und dessen Wohnsitz. Die Namen verschiedener *pha lha* können identisch sein – was jedoch eher eine Ausnahme darstellt.

Der *pha lha* wird jeweils von den eigenen *pha spun* vor Reisen, anderen größeren Unternehmungen und zur Erlangung von Gesundheit und Wohlstand angegangen, aber auch um Glück herbeizuführen – beispielsweise bei einer bevorstehenden Hochzeit[53]. Die einzelnen *pha spun*-Götter gehören nicht alle derselben Götterklasse an. Dies wird ersichtlich, wenn man beispielsweise die Namen der *pha lha* aus dem Leh-Tehsil miteinander vergleicht[54]. Bei den meisten dieser Götter handelt es sich um sogenannte *pha lha gser lha* (*pha lha*–Goldgott), daneben gibt es auch *pha spun*-Götter, die der Klasse der *srung ma* (Beschützer) oder der *rgyal po* (Könige) angehören. Bei einigen handelt es sich um Göttinnen – *lha mo* oder *rgyal mo* –, um *gangs gshu gong khra* oder *brag dmar* (rote Felsen[götter]), einige wenige sind schließlich nirgends einzureihen, sie sind eine Art „Einzelgänger".

Gott der Schmiede, die, wie wir bereits gesehen haben, stets eine eigene *pha spun*-Gruppe bilden, ist häufig *rDo rje legs pa*[55]. Der *pha lha* der *mon* von Leh trägt interessanterweise einen nichtladakhischen Namen, nämlich Akhten Narayan, ein Name, der auf die südliche Herkunft der *mon* hinzuweisen scheint[56].

Der Wohnsitz einer *pha spun*-Gottheit, aber auch der auf Hügeln, Pässen und in den Feldern wohnenden Lokalgötter[57], wird *lha tho,* Götterhaufen, genannt. Dies ist ein Steinhaufen oder ein aus größeren Steinen gebautes Häuschen *(dar bang),* dessen Wände weiß gestrichen und mit roter Farbe dekoriert sind. In der Öffnung oben im *lha tho* steckt ein Bündel von Wacholder- oder Weidenzweigen und manchmal Stäben und Holzpfeilen. Um das mit einer weißen Schärpe *(sku ske rags)* zusammengebundene Bündel werden häufig Hörner von Wildschafen und Steinböcken gelegt, in einigen *pha spun*-Gruppen steckt zwischen den Zweigen eine Vase *(bum pa)*[58].

Der Sitz der *pha lha* befindet sich entweder auf dem Hausdach oder im Tempel einer Familie, die Mitglied der betreffenden *pha spun*-Gruppe ist[59]. Die einer *pha spun*-Gruppe vorstehende Gottheit hat somit in der Regel nur e i n e n Wohnsitz. Ausnahmsweise gibt es *pha spun*-Gruppen mit zwei oder drei *lha tho,* die jedoch nicht verschiedenen Göttern, sondern ein und demselben *pha lha* als Sitze dienen.

Das Vorhandensein von zwei oder drei *lha tho* innerhalb einer einzigen *pha spun*-Gruppe kann die Folge von Streitigkeiten zwischen einzelnen zur betreffenden *pha spun*-Gruppe gehörenden Familien sein: Die zerstrittenen Familien wollen sich nicht mehr beim gemeinsamen Göttersitz treffen, weshalb eine Familie dem *pha lha* einen zweiten *lha tho* baut und den Gott von nun an an diesem neuen Sitz verehrt. Bei Beilegung der Streitigkeiten bleiben der oder die neu errichteten *lha tho* bestehen, so daß zwei *lha tho* in einer *pha spun*-Gruppe nicht unbedingt auf gegenwärtige Streitigkeiten zwischen den einzelnen Familien hinzuweisen brauchen. Mehrere *lha tho* sind auch dann angebracht, wenn die zur gleichen *pha spun*-Gruppe gehörenden Familien weit voneinander entfernt leben, was jedoch eine Ausnahme darstellt.

Ein *lha tho* kann unter besonderen Umständen versetzt werden. Dies geschieht beispielsweise dann, wenn die Familie, auf oder in deren Haus sich ein Göttersitz befindet, in ein anderes – neuerstelltes –

53 Frauen dürfen sich ihrem *pha lha* nur dann nähern, wenn sie rituell rein sind, das heißt keine Monatsblutung haben oder nicht gerade ein Kind geboren haben. Fremden *pha lha* sollten sich Frauen nie nähern.

54 Siehe Peter 1956: 140–144.

55 Nach Peter 1956: *rDo Lhag.* Die Hauptemanation und der „Beamte" des *rDo rje legs pa* ist *mGar ba nag po* (der schwarze Schmied), der von den Schmieden als Beschützer ihres Handwerks verehrt wird. Nebesky-Wojkowitz 1975: 155.

56 Diese *mon* sollen angeblich als Künstler aus Nepal zugezogen sein.

57 Zum Beispiel der Dorf- bzw. Landgötter *(yul lha).*

58 Siehe hierzu Kapitel „Wechseln des *lha tho*".

59 Sehr selten steht der *lha tho* außerhalb des Hauses, beispielsweise auf einem Hügel.

Haus umzieht. In diesem Fall wird vom alten Göttersitz zum neuen eine Schnur gespannt, entlang welcher der Inhalt des *lha tho* – das aus Wacholderzweigen, Pfeilen usw. bestehende Bündel – zum neuen Standort getragen wird, während Mönche mit Gebeten zum guten Umzug beitragen.

Abb. 2:
Göttersitz *(lha tho)*. Nach einer ladakhischen Zeichnung im Völkerkundemuseum Herrnhut.

Exogamie

Über die Frage, ob sich Leute, die derselben *pha spun*-Gruppe zugehören, heiraten dürfen, sind sich die Ladakhi nicht einig. Ich traf Leute, die kein Ehehindernis in der Zugehörigkeit zur gleichen *pha spun*-Gruppe sahen, andere wieder, die meinten, Heiraten zwischen gleichen *pha spun* seien nicht empfehlenswert, und schließlich solche, welche die Ansicht vertraten, Heiraten zwischen zwei gleichen *pha spun (pha spun chig chig)* müßten unbedingt vermieden werden.

Es gibt Hinweise darauf, daß die Exogamieregel früher viel strikter befolgt wurde als heute, ja wahrscheinlich eine Regel war, an die man sich unbedingt halten mußte[60]. Noch heute lebt man ihr teilweise nach – hauptsächlich in abgelegenen Gebieten, aber ab und zu sogar in Leh und der näheren Umgebung.

Das Verbot der Heirat innerhalb der eigenen *pha spun*-Gruppe wird gerne damit begründet, daß sich die einzelnen *pha spun*-Mitglieder als eine große Familie verstehen, eine Heirat unter *pha spun* demnach einem Inzest gleichkäme.

Eine weitere häufig anzutreffende Begründung der Exogamieregel betrifft die Leichenverbrennung: Stirbt ein Ladakhi, sollten seine engsten Verwandten den Leichnam weder berühren noch im Feuer schmoren sehen, da dies als sehr unheilvoll gelten würde[61]. Hier nun springen die *pha spun* ein, die dem Toten gegenüber keine Tabus verspüren, solange sie nicht mit diesem verwandt sind. Mit anderen Worten: Für die Verwandten eines Verstorbenen ist die Totenberührung und -verbrennung tabu, für die *pha spun*

60 Siehe Francke 1914 (2): 47–48 und Peter 1963: 381.
61 Eine Ausnahme bilden Mönche, die der Verbrennung eigener Verwandter beiwohnen dürfen.

des Verstorbenen ist sie jedoch Pflicht. Sind die *pha spun* mit einem Verstorbenen eng verwandt – dies wäre bei Heiraten innerhalb der gleichen *pha spun*-Gruppe schnell der Fall –, entsteht ein großer Konflikt, da die betreffenden *pha spun* gleichzeitig ein Verbot befolgen und einer wichtigen Verpflichtung nachkommen müßten. Um solche Konflikte zu verhindern, so einige Ladakhi, existiere die Exogamieregel für *pha spun chig chig*.

Wechseln der pha spun-Gruppe

Bei triftigen Gründen – so beim Wegzug einer Familie in eine weit entfernte Gegend oder bei großen Streitigkeiten innerhalb einer *pha spun*-Gruppe – kommt es vor, daß eine Familie ihre *pha spun*-Gruppe verläßt, um in eine andere einzutreten. Solche *pha spun*-Wechsel scheinen dort haüfiger zu sein, wo die Mobilität der Familien größer ist, also in Leh und Umgebung. In entfernteren Gebieten, wo Familien selten wegziehen, scheint es kaum zu Austritten aus *pha spun*-Gruppen zu kommen. Falls ein Haushalt die Aufnahme in eine neue *pha spun*-Gruppe wünscht, müssen alle dieser *pha spun*-Gruppe angehörenden Haushalte angefragt werden, ob sie mit der Neuaufnahme einverstanden wären. Ist dies der Fall, muß das neue Mitglied, das heißt die mit ihm zusammenlebenden Familienangehörigen, die anderen, alteingesessenen *pha spun* zu einem großen Fest einladen, wodurch die Aufnahme besiegelt wird.

In einem mir bekannt gewordenen Fall wurden die *pha spun* nicht um ihre Meinung betreffend die Neuaufnahme einer Familie angefragt, wodurch Komplikationen auftraten:

Ein *pha spun* schlug einem Neuhinzugezogenen, der in seine eigene *pha spun*-Gruppe hinüberwechseln wollte, vor, er solle einfach am alljährlich stattfindenden „Neuschmücken" des *lha tho* seiner Gruppe[62] teilnehmen und den dort anwesenden *pha spun* seinen Wunsch vortragen. Dies tat der Betreffende, indem er gleichzeitig seinen Anteil für die Zeremonie – nämlich einige Wacholderzweige und Butter – mitbrachte. Niemand erhob damals Einspruch gegen den Neuen, der sich ohne vorherige Anfrage in die Gruppe gedrängt hatte. Der Neue gab bald darauf für die alten *pha spun* ein Fest, an dem alle teilnahmen. Dies bedeutete, daß sie stillschweigend mit der endgültigen Aufnahme des neuen Mitglieds einverstanden waren. Im Grunde genommen war aber nicht jedermann über die Neuaufnahme erfreut. Dies zeigte sich deutlich, als die betreffende *pha spun*-Gruppe ihren alljährlich wiederkehrenden Jahresausflug unternahm. Der Neue kam nicht mit, da er nicht benachrichtigt worden war.

Wie üblich tranken die meisten der *pha spun* viel Bier, und bald begannen sie wegen der Aufnahme des Neuen miteinander zu streiten. Man kritisierte diesen hauptsächlich, weil er aus einer niedrigen Familie stamme: Er komme von weither, man kenne seine Familie nicht, und er besitze hier in Leh und der näheren Umgebung auch kein Haus und kein Land. Die konservativen *pha spun* beklagten sich darüber, daß sein Körper einmal in ihrem Leichenverbrennungsofen *(spur khang)* verbrannt werden würde. Einige sollen darauf geantwortet haben, daß man ja den Körper des Neuen n e b e n dem *pha spun*-eigenen *spur khang* verbrennen könne. Die Witwe würde dies ja ohnehin nicht sehen, da sie nicht mit zum Verbrennungsplatz komme.

Gegen die Neuaufnahme konnte trotz des nachträglichen Protestes nichts mehr unternommen werden, da die Leute an dem vom Neuen finanzierten Fest teilgenommen und dadurch bewiesen hatten, daß sie mit seiner Aufnahme einverstanden waren. Man hätte damals – so sagten nun einige Leute – nicht zu jenem Fest gehen sollen! Wie dieses Beispiel zeigt, tendieren die Mitglieder einer *pha spun*-Gruppe darauf hin, nur Familien vom gleichen oder ähnlichen sozio-ökonomischen Status in ihre Gruppe aufzunehmen.

62 Siehe Kapitel „Wechseln des *lha tho*".

Ob die *pha spun*-Gruppen dazu dienen, die Bevölkerung in soziale Gruppen zu segmentieren, kann ich aufgrund des mir zur Verfügung stehenden Materials nicht genügend belegen. Die Annahme ist jedoch nicht ganz so abwegig, wenn wir bedenken, daß die Schmiede *(mgar ba), mon* und *be da* je eigene *pha spun*-Gruppen bilden. Neben dem Übertritt in eine andere *pha spun*-Gruppe ist auch die Neugründung einer solchen Gruppe möglich: In Leh bewirkte eine angesehene, einflußreiche Familie, daß stets neue Familien in ihre *pha spun*-Gruppe aufgenommen wurden, obschon einige andere *pha spun*-Mitglieder dagegen waren. Dies führte in der Folge zu Streitigkeiten und zu einer Aufsplitterung in mehrere kleine *pha spun*-Gruppen.

Ab und zu werden neue *lha tho* errichtet, was auch zur Neugründung einer *pha spun*-Gruppe führen kann: Wenn nach dem Tode eines Menschen viel Unglück über die Trauerfamilie kommt, wird dies als Zeichen dafür gewertet, daß die Seele des Verstorbenen nicht zur Ruhe gekommen ist und in der Form eines Geistes umherirrt. In einem solchen Fall kann ein zu Rate gezogener Mönch zum Schluß kommen, daß der störende Geist durch bestimmte Riten eingeladen und gebeten werden müsse, sich in einem neu errichteten *lha tho* niederzulassen und so zum Gott einer neu zu schaffenden *pha spun*-Gruppe zu werden. Viele in *lha tho* residierende Götter seien – so ein ladakhischer Informant – solch rituell besänftigte Geister von Verstorbenen.

Aufgaben der pha spun-Gruppen

„*Pha spun* sein heißt sich gegenseitig bei Todesfällen helfen", meinte ein Ladakhi, als ich ihn nach den Pflichten der *pha spun* befragte. In der Tat spielen die *pha spun* bei Todesfällen innerhalb ihrer Gruppe eine bedeutende Rolle, die in keinem anderen Fall so groß ist. Denn bei Geburten und Hochzeiten, zwei Übergangsriten, bei denen die *pha spun* auch in Aktion treten, sind ihre Pflichten nur gering. Auf die während der Übergangsriten zu erfüllenden Aufgaben werden wir bei der Beschreibung der einzelnen Feste noch zu sprechen kommen.

Einige Autoren nennen noch weitere Pflichten der *pha spun,* welche über die in diesem Buch genannten Pflichten anläßlich von Übergangsriten hinausgehen. So beschreibt Ribbach einen Dorfstreit, bei dem *pha spun* ein in Gefahr befindliches *pha spun*-Mitglied zu beschützen versuchten. Auch schreibt er an einer anderen Stelle sehr allgemein, die *pha spun* seien verpflichtet, sich untereinander in jeder Weise zu unterstützen[63]. Nach Geary[64] helfen sich die *pha spun* gegenseitig bei landwirtschaftlichen Arbeiten, was die von mir befragten Ladakhi aber bestritten. Dazu seien, so wurde mir gesagt, Nachbarn und Bekannte, bei denen es sich um *pha spun* handeln kann, aber nicht muß, und Verwandte da.

Auch die Behauptung von Prinz Peter, die *pha spun*-Mitglieder würden sich in schwierigen Zeiten finanziell unterstützen[65], konnte von keinem meiner ladakhischen Informanten bestätigt werden. Völlig falsch ist die Feststellung von Carrasco, die Erbschaftsrechte würden sich auf den gesamten Clan (*pha spun*-Gruppe) erstrecken. Vererbt wird innerhalb der einzelnen Residenzfamilien („Haushalte"), vom Haus- und Landbesitzer gewöhnlich auf den ältesten Sohn, jedoch nie innerhalb der *pha spun*-Gruppen.

Die Tatsache, daß die einer *pha spun*-Gruppe angehörenden Mitgliederfamilien zur Hauptsache bei Leichenbegängnissen und bei weiteren Übergangsriten wie Geburten und Hochzeiten in Aktion treten, zeigt, daß die *pha spun* kultische Korporationen sind. Deren Funktion liegt darin, wirtschaftliche und

63 Ribbach 1940: 17, 237.
64 Geary 1948: 73.
65 Siehe oben.

psychische Belastungen für den betroffenen Haushalt auf ein vernünftiges Maß zu reduzieren, indem die Verantwortung für die Durchführung der notwendigen Zeremonien auf die einzelnen *pha spun*-Familien verteilt wird.

„Zehner-Gruppen": bcu tshogs

Die Bevölkerung eines ladakhischen Dorfs ist in mehrere lokale Gruppen unterteilt, eine Art Gemeinden, die „Zehner-Gruppen" *(bcu tshogs* oder *bcu tsho)* genannt werden. Der Name weist wohl darauf hin, daß jede dieser lokalen Gruppen *(tshogs)* einst aus je zehn *(bcu)* Familien beziehungsweise Haushalten bestand.

Da die *bcu tshogs* fast ausschließlich während bestimmter Feste und Zeremonien in Aktion treten und somit zur Thematik dieses Buches direkten Bezug haben, aber auch weil sich in der westlichen Literatur über Ladakh keine Hinweise auf diese Gruppen finden lassen, wollen wir uns im folgenden eingehender mit ihnen beschäftigen. Dies soll anhand der *bcu tshogs* von Leh geschehen.

In alten Zeiten gehörte die Bevölkerung von Leh und der näheren Umgebung einer von vier „Zehner-Gruppen" an:

1. *sKya ngos* 2. *sGo gsum*	Häuser unterhalb des Leh-Palastes, die heutzutage als das eigentliche Leh gelten.
3. *Chu bi / Yang rtse*	Bei *Chu bi* soll es sich um den ältesten Teil Lehs handeln. Es sind die Häuser der ehemaligen Angestellten des Königs, die in alten Zeiten höher oben, nahe vom Palast gewohnt haben sollen, später aber ins Tal hinunterzogen. Das heutige Dorf Samkar *(bSam dkar)* gehört auch in diese *bcu tshogs* von *Chu bi / Yang rtse.*
4. *dGon pa / sGang las*	

Später trennten sich von den beiden ersten Gruppen *Byams pa* (= Changspa) und *sKa ra* ab und bildeten eine fünfte und sechste *bcu tshogs*[66].

In alten Zeiten – so ladakhische Gelehrte – lebten die einzelnen Familien (Haushalte) in der ihr eigenen *bcu tshogs,* so beispielsweise die Bewohner von *sKya ngos* und *sGo gsum* in den unterhalb des Königspalastes liegenden Häusern, die zur Hauptsache als Winterunterkünfte dienten. Viele Familien besaßen daneben auf dem Land kleinere Häuser, in die sie im Sommer zur Erledigung der landwirtschaftlichen Arbeiten umzogen. Später verlegten mehr und mehr Familien ihren festen Wohnsitz in die Sommerhäuser und verkauften ihre alten Stadthäuser[67]. Deshalb leben heute die Mitglieder der beiden genannten Zehner-Gruppen überall verstreut in *sKa ra, Byams pa* usw., während die Bewohner von *Chu bi* und *dGon pa* seßhafter waren.

Aufgaben der bcu tshogs

Die Mitglieder ein und derselben „Zehner-Gruppe" haben hauptsächlich vor und während bestimmter Zeremonien, die zum Wohl der gesamten Bevölkerung dienen, gewisse Pflichten wahrzunehmen. In eini-

66 *She nam* und *Drug ca* bilden keine eigene *bcu tshogs*, sondern gehören zu *sGo gsum* beziehungsweise zu *sKya ngos*.
67 Angeblich zur Hauptsache an Muslime.

gen Fällen führen die *bcu tshogs*-Mitglieder die Zeremonien selbständig durch, in anderen unterstützen sie durch ihre Gaben und ihre Arbeit zelebrierende Mönche.

Zweimal im Monat, jeweils am achten und zehnten Tag *(tshes rgyad* und *tshes bcu)* lesen die gläubigen Ladakhi religiöse Texte, was an diesen Daten als besonders verdienstreich gilt. Die Familien derselben *bcu tshogs* führen diese Rezitationen am achten und zehnten Tag gemeinsam durch, und zwar stets in einem anderen Haus, so daß jede Familie nach einer gewissen Zeit wieder an die Reihe kommt. Die verantwortliche Familie hat die zu den Gebeten erscheinenden *bcu tshogs*-Mitglieder – in der Regel ein Mann pro Familie – zu bewirten und die für die Opfergaben benötigten Speisen bereitzustellen. Große „Zehner-Gruppen", so beispielsweise *dGon pa/sGang las* und *Chu bi / Yang rtse,* werden für die Durchführung der *tshes rgyad-* und *tshes bcu*-Zeremonie in Untergruppen aufgeteilt, *Chu bi / Yang rtse* beispielsweise in drei Untergruppen.

Einen Monat nach dem Tode eines *bcu tshogs*-Mitglieds kommen die der gleichen „Zehner-Gruppe" angehörenden Familien, beziehungsweise ein Vertreter pro Familie, wie auch Verwandte des Verstorbenen zusammen, um das Mantra *Om mani padme hum* aufzusagen. Im Spätwinter findet in Leh das *mdos mo che*-Fest statt. An diesem Fest haben die einzelnen „Zehner-Gruppen" für die Verpflegung, Unterkunft und Entlohnung der Mönche zu sorgen. Ferner müssen sie die Waren beisteuern, welche für die Durchführung der umfangreichen Zeremonien benötigt werden. Für jeden der drei Festtage tragen je zwei *bcu tshogs* gemeinsam die Verantwortung, für den ersten Tag *Chu bi/Yang rtse* und *dGon pa/sGang las,* für den zweiten Tag *sKya ngos* und *sGo gsum* und für den dritten Tag *sKa ra* und *Byams pa.* Innerhalb der „Zehner-Gruppe" sind es nur vier bis fünf Familien – jedes Jahr andere –, welche die benötigten Speisen und weiteren Waren bei den Familien ihrer *bcu tshogs* einsammeln, das heißt die letzte Verantwortung dafür tragen, daß an „ihrem" Tag alles klappt. Allfällig zu viel eingesammelte Waren müssen nicht zurückgegeben werden, sondern fallen diesen Familien zu.

In den ersten zehn Tagen eines neuen Jahres werden im Haupttempel von Leh, im *Jo khang,* von 110 aus elf Klöstern stammenden Mönchen die heiligen Schriften des *bka' 'gyur* gelesen. Für die Verköstigung und die Unterkunft der Mönche sind die einzelnen *bcu tshogs* verantwortlich, und zwar für die Dauer von je drei Tagen zwei *bcu tshogs* gemeinsam, während die Ladakh Buddhist Association die Verantwortung für den zehnten Tag übernimmt. Innerhalb der *bcu tshogs* wird die letzte Verantwortung wieder, wie beim Leh-*mdos mo che,* auf einige wenige Familien – jedes Jahr andere – übertragen[68].

Neben den geschilderten Pflichten im rituellen Bereich fällt den „Zehner-Gruppen" noch eine politische Aufgabe zu: Mitglieder derselben *bcu tshogs* kommen bei wichtigen Ereignissen und beim Aufkommen von Problemen, die von einiger Tragweite sind, zusammen, um die Angelegenheit zu besprechen und so die „Volksmeinung" zu artikulieren. Ein solches Diskussionsthema war beispielsweise die unerwartete Rückforderung von Darlehen, welche die indische Regierung Bauern gewährt hatte. Ferner wählt jede „Zehner-Gruppe" alljährlich einige Männer, welche die Interessen ihrer *bcu tshogs* gegenüber anderen *bcu tshogs* oder Regierungsstellen zu vertreten haben.

Aus dem oben Gesagten wird ersichtlich, daß die *bcu tshogs* wie die *pha spun* in erster Linie kultische Korporationen sind, Gruppierungen von Familien, die sich bei der Durchführung bestimmter Zeremonien und Feste gegenseitig helfen.

Die Institution der „Zehner-Gruppen" wie diejenige der *pha spun* ermöglicht es, die Belastung der

68 Wohnt eine Familie nicht mehr in ihrer ursprünglichen *bcu tshogs,* muß diese Familie einigen Verpflichtungen in der alten *bcu tshogs* nachkommen (Leh-*mdos mo che* und Lesen des *bka' 'gyur*), anderen darf sie in der *bcu tshogs* des neuen Wohnortes nachkommen *(tshes rgyad* und *tshes bcu).*

vielen zu beachtenden religiösen Verpflichtungen zu lindern, indem diese auf mehrere Leute – beziehungsweise Haushalte – verteilt werden. Während die *pha spun* die Garanten dafür sind, daß im familiären Bereich die Übergangsriten ohne allzu große psychische und wirtschaftliche Belastungen durchgeführt werden können, erleichtern die „Zehner-Gruppen" die Abhaltung von Zeremonien, die zum Wohl der gesamten Dorfbevölkerung dienen.

Religionsgeschwister (chos spun)

Eine ganz andere Art religiöser Gruppen bilden die sogenannten *chos spun*, Religionsgeschwister. Abgesehen von den Angehörigen der niedrigsten sozialen Schicht *(rigs ngan)*[69] kann jedermann einen oder mehrere Religionsgeschwister bekommen, und zwar an bestimmten Daten in Klöstern wie She (30. I.), Samkar (15. I.) und Timosgam (15. I. und 15. IV.). Dies geschiet dadurch, daß jeder, der sich am betreffenden Tag im Klosterhof eingefunden hat, einen persönlichen Gegenstand, den er gerade mit sich trägt – einen Ring, Armreif, Gürtelanhänger usw. –, auf einen Teller legt[70]. Nach einem kurzen Gebet bläst ein hoher Mönch über die vor ihm auf dem Teller liegenden Dinge und bindet je zwei oder drei der Gegenstände mit einer Schnur zusammen. Die Personen, deren Objekte auf diese Weise vereinigt werden, gelten von nun an auf Lebenszeit als *chos spun*, religiöse Geschwister. Diese Religionsgeschwister geben sich anfänglich gegenseitig ein Geschenk in Form von Geld oder Waren (z. B. Schmuck) und laden sich später ab und zu zum Essen ein. Sie gelten als „blutsverwandte" Brüder und Schwestern, was sich beispielsweise in der Sitzordnung an Festen zeigt oder darin, daß *chos spun* einander nicht heiraten dürfen. Eheleute sollten nicht gemeinsam an dieser Verbrüderung teilnehmen, da die Gefahr bestünde, daß sie Religionsgeschwister würden. Von da an würde ein Beischlaf einem Inzest gleichkommen[71]!

Neben persönlichen Objekten werden auch Teile oder Embleme von Statuen des betreffenden Klosters auf den Teller gelegt. Derjenige, dessen persönlicher Gegenstand mit einem Statuenteil vereinigt wird, gilt als sündenvoller Mensch. An wichtigen Tagen muß er zu seiner „Bruder- oder Schwesterstatue" gehen, vor ihr Butterlampen hinstellen und sich vor ihr auf den Boden werfen.

Die Anzahl der *chos spun*, welche eine Person haben kann, ist nicht begrenzt, nur sagt der ladakhische Volksmund, wenn jemand mehr als einen *chos spun* besitze, dann solle er möglichst danach streben, mit der Zeit sieben solche Religionsgeschwister zu bekommen.

Charakteristisch an diesen „Geschwisterschaften" ist, daß durch das Zusammenbinden von zwei oder drei Gegenständen nur die zwei oder drei Leute, denen die Gegenstände gehören, zu einer Art Verwandten werden, nicht jedoch deren Familien. Die *chos spun*-Beziehung ist demnach eine Beziehung zwischen einzelnen Individuen, nicht aber zwischen Gruppen von Menschen, beziehungsweise Familien[72].

69 Ein *rigs ngan* könnte zwar – so wurde mehrmals gesagt – an einem *chos spun*-Ritual teilnehmen. Dies hätte jedoch wenig Sinn, da der ihm zufallende *chos spun* den Kontakt zum Niederen wahrscheinlich meiden würde.

70 Nach Heber müssen diejenigen, die an diesem „Verbrüderungsritual" teilnehmen wollen, während eines Tages fasten. Heber 1976: 177.

71 Nach anderen Informanten gilt für Ehepartner, die zu Religionsgeschwistern wurden, während mindestens sieben, besser aber dreißig Tagen ein Beischlafverbot.

72 Zu *chos spun* siehe auch Jäschke 1934: 164. Nach ihm können zwei Gläubige, sofern sie es wünschen und eine Losbefragung positiv ausfällt, durch die Vermittlung eines Mönchs Religionsgeschwister werden.

FOTOS ZUR EINLEITUNG UND ZUM KAPITEL „SOZIALE GRUNDBEGRIFFE“

1 August Hermann Francke (5. November 1870 bis 16. Februar 1930), Pionier in der Erforschung der ladakhischen Kultur. In erster Linie befaßte er sich mit der Sprache, den Liedern und dem *Ge sar*-Epos von Ladakh, aber auch mit der ladakhischen Geschichte und Archäologie (Bildarchiv der Brüder-Unität in Herrnhut).

2 Heinrich August Jäschke (17. Mai 1817 – 24. September 1883), der wie A. H. Francke während vieler Jahre als Herrnhuter Missionar in Ladakh lebte, ist besonders durch seine linguistischen Arbeiten bekannt geworden (Bildarchiv der Brüder-Unität in Herrnhut).

3 Ladakh wurde von einigen berühmten Forschern und Reisenden besucht, so auch von Sven Hedin (in der Mitte), den wir hier auf einer Aufnahme aus dem Bildarchiv der Brüder-Unität in Herrnhut sehen.

4 Angehörige der Schicht der Niederen *(rigs ngan):* Musizierende *mon* . . .

5 . . . sowie ein Eisenschmied *(mgar ba)*. (Beide Fotos stammen von Hans Dreyseitel, Schlieren).

6 Sitz einer *pha spun*-Gottheit, Götterhaufen *(lha tho)* genannt. Deutlich sichtbar ist der Inhalt, ein von einer weißen Schärpe zusammengehaltenes Bündel von Wacholderzweigen.

7 Sitz *(lha tho)* einer Lokalgottheit etwas außerhalb des Dorfes Stog. (Foto Peter Eppler, Zürich).

8 Der Sitz einer *pha spun*-Gottheit *(pha lha)* befindet sich meistens auf dem Hausdach einer Familie, die Mitglied der betreffenden *pha spun*-Gruppe ist.

9 In Stein gemeißelte Lokalgottheit außerhalb des Dorfes Gönpa nördlich von Leh. Ihr und vielen weiteren Lokalgottheiten müssen in der Neujahrszeit von den einzelnen Haushalten Opfer dargereicht werden.

10 Im She-Kloster werden am 30. 1. (She-*sbrul lo*) Religionsgeschwisterschaften geschlossen, indem wahllos persönliche Gegenstände der Anwesenden zusammengebunden werden. Die Personen, deren Objekte auf diese Weise vereinigt werden, gelten von diesem Tag an auf Lebenszeit als religiöse Geschwister *(chos spun)*.

1

2

3

4

5

6

7

8

9

Schutzmaßnahmen für das Neugeborene

In manchen Familien wird das Neugeborene noch nach alter Väter Sitte auf getrockneten, gewärmten und in Tüchern eingewickelten Steinbock-, Hirsch- oder Ziegendung gelegt. Dieser bildet eine Art Nest, das lange warm bleibt und den Vorteil hat, den Urin des Babys leicht aufzusaugen. Nach ladakhischer Auffassung ist dieser Windelersatz gesundheitsfördernd, da er gegen Erkältung wirke. Ein in einem solchen Nest liegendes Kleinkind soll später auch nicht an rheumatischen Erkrankungen leiden, und ferner mache der Mist von Steinböcken und Wildschafen schnellfüßig[78]. Dem Tiermist können aufgewärmte Steine hinzugefügt werden, was die wärmende Wirkung dieses Nestes noch verstärkt.

Kurz nach einer Geburt werden dem Astrologen (*'on po* oder *dbon po*) die Geburtsdaten mitgeteilt, damit dieser mit Hilfe seiner astrologischen Bücher das Geburtshoroskop aufstellen kann[79]. Sofern der Astrologe dazu rät, werden die Kanten und Ecken des Geburtshauses mit roter Farbe bestrichen, um dadurch die *btsan* (Geisterart) vom Hause und vom Neugeborenen abzuhalten, oder es müssen zum Wohl des Kindes bestimmte Zeremonien durchgeführt werden, so das Rezitieren des *'bum chung*-Textes, die *stan mdos* genannte Zeremonie oder der *tshe thar-Ritus*[80], indem ein weißes Schaf oder eine Ziege in Freiheit gesetzt werden. Handelt es sich beim Neugeborenen um einen Knaben, hält man die Geburt möglichst lange geheim, weil man das Kind vor dem womöglich aufkommenden Neid der Leute bewahren will, der dem Neugeborenen Schaden zufügen würde. Werden die Eltern nach dem Geschlecht ihres Neugeborenen befragt, wird aus diesem Grund gerne gesagt, es handle sich um ein Mädchen, auch wenn der Familie ein Knabe geboren wurde!

Solange das Neugeborene noch keinen Namen besitzt, das heißt bis zur eigentlichen Namengabe durch einen Mönch, wird es, sofern es sich um einen Knaben handelt, *'brog pa* genannt, falls es ein Mädchen ist, *'brog ma*. Dies ist die Bezeichnung für die dardischen Männer und Frauen aus Dah und den umliegenden Dörfern. Nach Ribbach werden Kleinkinder vor der Namengabe auch mit dem Namen der untersten sozialen Schichten benannt, also mit *mon, mgar ba* und *be da*[81]. Die Absicht dieses Brauchs liegt auf der Hand: Der Ladakhi glaubt, daß es übelwollenden Geistern, von denen es sehr viele gibt, nicht in den Sinn kommt, sich an einem Baby zu vergreifen, das den Namen eines sozial Niedrigstehenden oder eines *'brog pa* besitzt, da diese Leute als schmutzig und primitiv gelten. Es könnte ja sein, daß es sich beim *mon* genannten Kleinkind tatsächlich um ein *mon*-Kind handelt, von dem man besser die Finger läßt[82]!

Als Schutz vor dem bösen Blick – nach anderen Informanten, damit das Kind schneller wachse – sollte das Neugeborene während etwa eines Monats ein Kleidchen tragen, dessen Innenseite nach außen gekehrt wurde. Wahrscheinlich steckt hinter diesem Brauch noch eine weitere, von ladakhischer Seite nicht geäußerte Absicht: Durch das Wenden des Kleidchens soll bewirkt werden, daß übelwollende Geister das Kind nicht als solches erkennen und ihm somit auch keinen Schaden zufügen. Einen weiteren Schutz bilden die Amulette, die am Hütchen befestigt werden, welches das Kind einen Monat nach der Geburt geschenkt bekommt, sowie die verschiedenen, von hohen Geistlichen stammenden, um den Hals zu tra-

78 Ribbach 1940: 16.

79 Da wir uns in dieser Arbeit zur Hauptsache mit dem A b l a u f von Festen des Lebens- und Jahresablaufs beschäftigen, gehe ich nicht näher auf das sehr umfangreiche Gebiet der ladakhischen Astrologie ein. Diese ist ohnehin mit der tibetischen Astrologie identisch, über die bereits Literatur besteht.

80 Nach Nebesky-Wojkowitz 1975: 507 *tshe dar.* Diese Zeremonien dienen nicht ausschließlich zum Wohl von Neugeborenen, sondern können auch für Erwachsene durchgeführt werden.

81 Ribbach 1940: 240, Anm. 12.

82 Auch die *'brog pa* geben ihren Kindern anfangs keine Namen. Sie nennen sie zwar nicht *'brog pa,* was einer Selbstverleugnung bzw. -erniedrigung gleichkäme, sondern „*di dak*", „sehr kleine Kinder".

genden Amulette. Dies sind mit verschiedenfarbigen Fäden umwickelte Papieramulette und Fäden oder dünne Bänder, die das Kind an einer Schnur um den Hals, am Kleidchen oder Hut trägt.

Ferner werden hinten am Kleid eines neugeborenen Knaben ein gelbes oder ein rotes nach unten zeigendes Dreieck und ein kleiner, vom Dorfschmied aus Eisen gefertigter Pfeil und ein Bogen angenäht. Das Dreieck soll bewirken, daß das betreffende Kind eine religiöse Person wird, Pfeil und Bogen, daß es mutig werde. Gleichzeitig beschützen Pfeil und Bogen aber auch vor bösen Mächten. Hinten am Kleid eines neugeborenen Mädchens werden schwarze Samenkapseln von Lotosblumen angebracht, die im Dialekt *mtsho padme'i ru co(g)*[83] genannt werden. Zudem erhält das Mädchen – manchmal auch ein neugeborener Knabe – vom Schmied zwei Armreifen aus Eisen. Auch hier fällt auf, daß ein Angehöriger der sozial niedrigsten Schicht, ein Schmied, für den Schutz des Neugeborenen sorgt, in diesem Fall durch Abgabe von Objekten, die er selbst herstellte.

Einige Tage nach der Geburt wird auf die Stirne des Neugeborenen bis zum Nasenansatz ein schwarzer senkrechter Strich *(zhur)* mit einem Gemisch aus Ruß und Butter gemalt, um das Kind vor dem Unheil anrichtenden bösen Blick der Leute zu schützen[84]. Dieser Strich wird so lange auf die Stirne des Kleinkindes gezeichnet, bis dieses das Alter von drei bis vier Jahren erreicht.

Tabus der Eltern und Besucher

Eine Geburt bewirkt eine Art Erniedrigung oder „Beschmutzung" von Mutter und Vater, eine Beschmutzung, die den Ärger mehrerer Götter, insbesondere des Herdgottes, des *pha lha* sowie der *klu* hervorrufen kann, sofern sich die Eltern diesen Wesen zu sehr nähern oder deren Wohnsitze – Herd, *lha tho, klu bang* oder Felder und Bäche – sogar berühren. Wegen dieser drohenden Gefahr, Götter oder Geister zu erzürnen, müssen die Eltern des Neugeborenen viele Vorschriften beachten.

Eine davon betrifft den Küchenherd und die mit diesem in Beziehung stehende Herdgöttin *(thab lha rgyal mo):* In erster Linie die Mutter, in einigen Familien aber auch der Vater des Neugeborenen dürfen während mindestens sieben Tagen, in einigen Familien während 15 oder 30 Tagen, nicht zu nahe an den Herd herantreten oder diesen gar berühren, da sonst die Göttin erzürnt würde. Die Eltern sollten in dieser Zeit auch keine Kochgeräte in die Hand nehmen. Sie haben ferner während einiger Tage nach der Geburt im Hause zu bleiben, im Sommer länger als im Winter. Heutzutage begnügt man sich meistens mit 15 Tagen, aber diese Zeitspanne ist stark von den familiären und dörflichen Gegebenheiten abhängig. In Leh und Umgebung kommt es vor, daß ein Vater sein Haus bereits am ersten Tag nach der Geburt verläßt – wiederum je nach Familie und astrologischer Voraussage. In diesem Fall sollte er unbedingt darauf achten, daß er kein Wasser – beispielsweise den Dorfbach – überschreitet[85], zudem darf er nicht die üblichen Dorfwege benützen, sondern muß große Umwege machen, damit er nicht bebaute Felder betritt oder an *lha tho* vorbeigeht, da sonst – wie durch das Überschreiten von Wasser – die *klu* und Götter gestört würden. Diese würden in einem solchen Fall dem betreffenden Vater und dem Neugeborenen Schaden zufügen. Das Verbot, die Felder nach einer Geburt zu überschreiten, gilt nur von einem bestimmten Tag im Frühjahr an bis zu einem festgelegten Tag im Herbst[86], wenn die *klu* ihren Winterschlaf antreten.

83 = Hörner des Lotossees. See bei Rewalsar im ind. Unionsstaat Himachal Pradesh, aus dem Padmasambhava wiedergeboren wurde.
84 Andere Deutung: Damit das Kind nicht zu schön aussieht, da die Leute es sonst zu sehr loben würden, was dem Neugeborenen Unheil brächte.
85 Siehe hierzu auch Ribbach 1940: 17–18.
86 Vom 25. I. bis 25. X. (?). Am Tag, an dem die *klu* erscheinen, und am Tag, an dem ihr Winterschlaf wieder beginnt, wird je eine besondere Zeremonie zu ihrer Ehre durchgeführt.

Die „Geburtsbeschmutzung“ des Vaters findet übrigens nur statt, wenn er sich zur Zeit der Geburt[87] im Hause aufhält. Weilt er bei der Geburt nicht im Hause und betritt er es nach der Geburt nicht, gelten für ihn keine Tabus.

Die Liste der Verbote ist noch nicht komplett: Dem Vater ist nämlich anfänglich, auch wenn er sein Haus bereits verläßt, der Besuch eines Klosters und eines *lha tho* untersagt. Die Eltern dürfen zudem nach einer Geburt den Hauskultraum nicht betreten, und in einigen Familien ist ihnen auch der Zugang zur Vorratskammer verwehrt, nämlich dann, wenn dort der sogenannte *klu bang,* der Sitz eines *klu,* steht. Während des ersten Monats muß die Mutter stets aus demselben Geschirr und mit demselben Besteck essen, und niemand anderer darf diese Geräte verwenden. Gleiches sollte auch für den Vater gelten, wird aber kaum mehr beachtet.

Die von mir befragten Leute antworteten jeweils auf die Frage nach der Dauer der einzelnen Gebote und Verbote sehr unsicher und unterschiedlich. Immerhin kann aus dem bereits Gesagten und älterer westlicher Literatur über diese Bräuche mit einiger Sicherheit gesagt werden, daß früher einheitlich die einzelnen Tabus für die Dauer eines Monats galten, daß dann aber teilweise eine Einschränkung dieser Zeitspanne auf fünfzehn und später sogar auf sieben Tage erfolgte. Die Wahl dieser beiden Termine – siebter und fünfzehnter Tag – war nicht zufällig. Diese Tage stellten bereits früher Etappen eines langsam voranschreitenden Reinigungsprozesses dar. Auch Leute, die das Geburtshaus besuchen, müssen, sofern sie einer anderen *pha spun*-Gruppe angehören, bestimmte Regeln beachten: Sie dürfen während 7, 15 oder 30 Tagen[88] – je nach Familie und eigenem Gutdünken – keine im Geburtshaus zubereiteten Speisen und Getränke zu sich nehmen und weder Eßbesteck noch Teller vom betreffenden Geburtshaus benützen. Damit Gäste dennoch verköstigt werden können, werden im Freien neben dem Haus einige Feuerstellen errichtet, oder das Essen und die Getränke stammen aus einem Nachbarhaus. Nur Personen, die derselben *pha spun*-Gruppe angehören, haben diese Regeln nicht zu befolgen: Sie und die Verwandten des Elternpaares können ohne Gefahr Speisen und Getränke aus dem Geburtshaus zu sich nehmen.

Der Beginn aller erwähnten Tabus scheint genau genommen nicht mit dem Zeitpunkt der Geburt, sondern mit demjenigen des Abtrennens der Nabelschnur zusammenzufallen. In einigen Orten soll nämlich die Nabelschnur erst nach ein bis zwei Tagen abgeschnitten werden[89], und dort gelten die genannten Tabus erst von diesem Moment an. Zuvor darf der Vater das Haus verlassen, und Dorfleute, Freunde und Bekannte können das Geburtshaus ohne Einschränkungen besuchen. Vom Moment der Nabelabtrennung an sind aber die oben geschilderten Regeln zu befolgen.

Geburtsfeste

Am dritten, fünften, siebten, fünfzehnten und dreißigsten Tag nach der Geburt kommen Verwandte und Bekannte ins Geburtshaus, wo sie Geschenke überreichen und bewirtet werden.

Am dritten Tag erfolgt der Besuch des Vaters, der Mutter und der Großeltern des eingeheirateten Elternteils des Neugeborenen sowie sehr nahestehender Nachbarn. Zu diesem Zeitpunkt sind noch nicht viele Leute über die Geburt informiert, da diese möglichst lange geheimgehalten wird.

87 Beziehungsweise zur Zeit der Abtrennung der Nabelschnur, siehe unten.

88 Aufgrund eines Entscheides von *Kushok Bakula* sollte man sich heute nur noch während 15 Tagen an diese Regel halten. *Kushok Bakula* ist ein hoher inkarnierter Mönch, dem die Klöster Spitug, Samkar, Sabu und Stog unterstehen. Er ist auch ein bedeutender ladakhischer Politiker.

89 Beispielsweise in Saspola (nach Auskunft von Tashi Phuntsog).

Am fünften Tag kommen neben den nächsten auch fernere Verwandte wie die Onkel der Mutter und weitere Nachbarn, am siebten und fünfzehnten Tag zusätzlich Nachbarn, Freunde und *pha spun,* die während der Geburtsfeierlichkeiten kaum Pflichten besitzen, und schließlich am dreißigsten Tag *(zla gang)* neben den bereits erwähnten Personen mindestens ein Vertreter von jedem Haushalt des Dorfs.

Jeder Gast bringt als Geschenk eine *mar zan* genannte Speise und manchmal Brote und eine Teignachbildung eines Steinbocks. Nahe Verwandte des eingeheirateten Elternteils überreichen zusätzlich ein Kleidchen oder Stoff für das Neugeborene, eine Gabe, die *spar ras* (eine Handvoll Stoff?) genannt wird, die übrigen Besucher, die ja hauptsächlich am 15. und 30. Tag erscheinen, Geld. Jedermann schenkt ferner eine Glücksschleife, die am Pfeil *(mda' dar),* der im Geburtszimmer steht, befestigt wird. Eine Ausnahme bilden schwangere Frauen, die nie eine Glücksschleife übergeben dürfen, da dies einem Verschenken des eigenen Glücks gleichkäme.

Im Verlaufe der Zeit hat sich die Art des *mar zan* genannten Speisegeschenkes verändert: Früher bestand es aus gerösteter Gerste, danach aus gemahlener gerösteter Gerste[90] und später aus gekochtem, mit Butter, Weinbeeren, getrockneten Aprikosen und *gro ma*-Wurzeln vermischtem Reis. Heute bringt man häufig nur noch ungekochten Reis oder Geld[91].

Die Gäste, die sich jeweils während einiger Stunden im Geburtshaus aufhalten, werden wie bei jedem Fest reichlich mit Tee, Bier, *phye mar* und dem mitgebrachten *mar zan* bewirtet und erhalten bei ihrer Verabschiedung eine ungerade Anzahl von Broten, die sie mit auf den Heimweg nehmen. *Mar zan* wird auch der Mutter des Neugeborenen sowie den Mönchen dargereicht, welche im Geburtshaus am siebten, fünfzehnten und dreißigsten Tag die *dgra lha-* und *lha bsang*-Zeremonien durchzuführen haben. Diese dienen allgemein zum Wohle des Neugeborenen und seiner Familie, in erster Linie jedoch zur Reinigung des Geburtshauses, das durch die Geburt befleckt wurde.

Am dreißigsten Tag nach der Geburt, dem sogenannten *zla gang,* versammeln sich die Gäste in einem eigens für diesen Anlaß neben dem Geburtshaus errichteten Zelt. In der Mitte dieses Zeltes werden die zahlreichen Gaben aufgeschichtet, beziehungsweise in Säcke abgefüllt. Dazu gehört unter anderem ein komplettes Kinderkleid und ein kleiner Hut *(ti pi).* Beides stammt von der Mutter des eingeheirateten Elternteils. Alle Kleider-, Stoff- und Geldgaben werden in einer Liste, der sogenannten *'brel tho* – in diesem Zusammenhang auch *spar ras tho* genannt – aufgeschrieben, damit die beschenkte Familie genau weiß, was und wieviel davon sie bei einer Geburt im Hause des Donators zurückzugeben hat. Für die drei Übergangsriten Geburtsfest, Hochzeit und Leichenbegängnis existiert in jedem Haushalt je eine solche Liste. Bei einem dieser Feste in einem anderen Haushalt des Dorfes muß mindestens gleich viel, besser aber ein wenig mehr, zurückgegeben werden, als man einst beim gleichen Anlaß im eigenen Haus vom betreffenden Haushalt erhielt.

Der Name der Liste *('brel tho)* sagt deutlich aus, worum es bei diesem Brauch des gegenseitigen Beschenkens geht: *'brel* bedeutet „zusammenhängen, verbunden sein, Vereinigung". Die *'brel tho* ist somit eine Liste *(tho),* in welcher Gaben aufnotiert werden, die den engen Zusammenhang der einzelnen Haushalte eines ladakhischen Dorfes demonstrieren. Schenken und Beschenktwerden dienen hier dazu, die einzelnen Haushalte miteinander zu verbinden, zwischen ihnen ein Zusammengehörigkeitsgefühl entstehen zu lassen.

Am gleichen Tag, das heißt am *zla gang,* manchmal auch danach, aber nicht später als ein Jahr nach der Geburt, kann das sogenannte *rdun*-Fest stattfinden. In alten Zeiten geschah dies anscheinend – wie der Name *rdun*, sieben, es andeutet – am siebten Tag nach einer Geburt. Cunningham erwähnt nur dieses

90 Siehe Heber 1976: 182.
91 Gelegentliche Geldgaben zur Geburt eines Kindes sind jedoch bereits aus dem 19. Jh. bekannt. Siehe Cunningham 1970: 307.

eine Geburtsfest, was bedeuten könnte, daß früher die Geburt nur am siebten Tag gefeiert wurde oder das *zla gang*-Fest damals von nur nebensächlicher Bedeutung war[92]. Beim *rdun* handelt es sich um ein großes Fest, zu dem mehr Gäste eingeladen werden und mehr Speisen und Getränke bereitgestellt werden müssen als für das *zla gang*. Das für das *rdun*-Fest benötigte *mar zan* und das *nan chang*, das „Dränge-Bier"[93], wird zu gleichen Teilen von den Familien der beiden Eltern des Neugeborenen gespendet. Falls die Eltern noch nicht richtig, sondern nur durch eine „Raubhochzeit" verheiratet sind[94], kann anläßlich des *rdun*-Festes die richtige Hochzeit nachgeholt werden. Dazu müssen mindestens ein sogenannter *bkra shis pa*, ein „Glücksbringer"[95], und einige *pha spun* zugegen sein. Die Mutter wird in einem solchen Fall zusammen mit dem Kind in ihr Mädchenhaus gebracht und von dort ins Bräutigamhaus geleitet. Ferner erhält sie eine Mitgift, die in der Mitgiftliste *(rdzongs tho)* wie bei einer normalen Hochzeit aufnotiert wird. Ein solch umfangreiches *rdun*-Fest wird „großes *rdun*" *(rdun chen)* genannt.

Namengabe und das Abschneiden der ersten Haare

Der Termin für die Namengabe (*ming zhu ces* = für den Namen fragen) ist nicht vorgeschrieben[96], fällt aber selten in die Zeit unmittelbar nach der Geburt. Wie bereits erwähnt, gibt man den Neugeborenen anfänglich einen Schutznamen wie *'brog pa, mon* oder dergleichen und wartet auf eine Gelegenheit, das Neugeborene einem hohen Mönch zu zeigen, von diesem das Kind segnen zu lassen und von ihm einen Namen zu bekommen. Die Namengabe ist mit keinen weiteren rituellen Handlungen verbunden. Etwa ein Jahr nach der Geburt werden die bis dahin nicht geschnittenen Haare des Kindes bis auf ein kleines Büschel abrasiert und in ein Tuch gewickelt. Dieses Bündel wird an einen heiligen Ort oder auf die höchsten Zweige eines jungen Baumes gelegt, den man „Haar-Nest-Weide" oder nur „Haar-Weide" *(tshang skra'i lcang ma* oder *skra lcang)* nennt, oder es wird in einen Fluß geworfen, was jedoch seltener vorkommt.

Ribbach schreibt, daß ein Mönch dem Kind nur ein Löckchen abschneidet, das er als Opfer an die Götter wegwirft[97], und die Heber berichten, alle Haare bis auf einige wenige würden nach z w e i Jahren wegrasiert und danach nicht außerhalb des Hauses gebracht, sondern schön zurechtgemacht, mit Butter eingeschmiert und sorgfältig aufbewahrt[98]. Es scheint somit, daß der Brauch des ersten Haareabschneidens nicht überall einheitlich ausgeübt wird. Interessant ist, daß auch bei den *'brog pas* die abgeschnittenen Haare mit einem jungen Baum in Beziehung gebracht werden: Ein Informant aus Dah erzählte mir, daß in seinem Dorf ein Jahr nach der Geburt eines Kindes ein junger Mann, dessen Eltern noch leben, gerufen werde, um dem Kind die Haare zu schneiden. An diesem Tag würden sieben Brote gebacken, von denen man ein wenig dem Herdgott opfere, den Rest aber den Familienmitgliedern darreiche. Die abgeschnittenen Haare legt man in ein in die Erde gegrabenes Loch, in das ein Baum gesetzt wird. Dieser gilt

92 Cunningham 1970: 307.
93 = Bier, das den Gästen aufgedrängt wird, da jeder mindestens eine volle Schale dieses Biers in einem Zug austrinken muß. Nach Tashi Rabgias ist *nan* von *snon* abgeleitet, was „zusätzlich" heißt.
94 Siehe Seite 39.
95 Siehe Seite 44.
96 Nach Cunningham 1970: 307 findet das Namensfest ein Jahr nach der Geburt statt, wofür ich jedoch keine Bestätigung finden konnte.
97 Ribbach 1940: 26.
98 Heber 1976: 183.

als Besitz des Kindes, von dem die Haare stammen und das ihn während seines ganzen Lebens nicht beschneiden darf: ein Lebensbaum im wahrsten Sinn des Wortes[99]!

HOCHZEIT

Heiratsarten

Heute sind in Ladakh zwei Hochzeitsarten bekannt: das „Rauben" der Braut, *bag ma rku ba*[100], und die formelle Hochzeit, *bag ston* genannt.

Beim „Rauben", das der geringen Kosten wegen heute recht beliebt ist, werden keine besonderen Zeremonien durchgeführt und kein großes Fest gefeiert. Die Braut wird lediglich in das Haus eines nahen Verwandten geführt. Von dort holen sie – beziehungsweise „rauben" sie der Vater, der älteste Mutterbruder *(a zhang)* und ein paar Freunde des Bräutigams sowie ein sogenannter *bkra shis pa* und bringen sie in das Haus des Bräutigams. Die Braut wird dabei von einer Brauthelferin *(bag rogs)* begleitet.

Im Bräutigamshaus legt der *bkra shis pa* den beiden nebeneinander sitzenden Brautleuten je eine spezielle Glücksschleife *(mgo ras)* über den Kopf, wobei das auf Seite 54 wiedergegebene Lied L gesungen wird. Ein Freund, der *bkra shis pa* oder ein jüngerer Bruder des Mannes bietet den beiden Brautleuten mit einem Löffel etwas Essen und ein Getränk an. Mit diesem gemeinsamen Essen und Trinken findet die einfache Hochzeitszeremonie ihr Ende[101].

Ein tatsächlicher Raub eines Mädchens – ohne Einwilligung und Wissen der Eltern – findet nur noch äußerst selten statt. Das geschieht manchmal dann, wenn die Eltern ihre Tochter mit einem von ihnen ausgewählten Mann verheiraten wollen, obschon das Mädchen bereits einen Liebhaber hat. Zu einer Raub-Hochzeit kam es früher auch, wenn das vom Astrologen festgelegte Datum für die eigentliche Hochzeitsfeier dem Paar nicht zusagte[102].

Einer Raubhochzeit kann zu einem späteren Zeitpunkt eine richtige Hochzeitsfeier, eine sogenannte Wiederheirat *(bag log)* folgen, für welche sich die Braut nochmals in ihr Elternhaus zurückbegibt, um von dort in das Haus ihres Mannes geführt zu werden in der Art, wie wir das später beschreiben.

In Ladakh werden sowohl virilokale wie auch uxorilokale Ehen praktiziert, das heißt Ehen, bei denen in die Familie eines Mannes (oder ev. mehrerer Brüder), und Ehen, bei denen in die Familie einer Frau (oder ev. mehrerer Schwestern)[103] eingeheiratet wird.

Im ersten und häufigeren Fall handelt es sich um sogenannte *bag ma*-Ehen, im zweiten um *mag pa*-Ehen[104].

Zu *mag pa*-Ehen kommt es hauptsächlich dann, wenn eine Frau keine Geschwister hat, die in der Lage sind, den Besitz ihrer Eltern zu übernehmen, das heißt, wenn sie keine oder nur ganz junge Brüder und keine ältere Schwester besitzt.

Der Besitz der Eltern wurde früher – heute gilt dies nicht mehr so ausschließlich – nur auf e i n e n

99 In Ladakh findet man auch sogenannte *lhar shing*, Bäume, die als Sitze von Göttern dienen und die ebenfalls nicht beschnitten werden dürfen.

100 Sehr selten scheint es auch zu einem Rauben des Bräutigams zu kommen. Peter 1963: 348.

101 Prinz Peter 1963 : 348 beschreibt die Raubheirat etwas anders.

102 Heber 1976: 184.

103 Der letztgenannte Fall ist sehr selten.

104 Nach Farrington 1978: 39 sind von 63 Ehen in Mato 41 *bag ma*- und 22 *mag pa*-Ehen.

Nachkommen übertragen, in der Regel auf den ältesten Sohn – in *mag pa*-Ehen die älteste Tochter –, der von seiner Hochzeit an das Amt des Familienvorstandes mit all seinen Rechten und Pflichten übernahm. Jüngere Brüder konnten in *bag ma*-Ehen auf dem Hof *(khang chen)* bleiben und teilten mit ihrem älteren Bruder dessen Frau beziehungsweise Frauen. Auch unverheiratete Schwestern hatten die Möglichkeit, auf dem Hof ihres ältesten Bruders zu verbleiben, wie dies auch die Eltern und deren Eltern taten. Die unverheirateten Schwestern, Eltern und Großeltern lebten dann häufig, aber nicht immer, in einem eigenen Haus, *khang ngu, khang bu* oder *khang chung* genannt, dem ein wenig Land zugeteilt war. Starben die Bewohner des *khang ngu,* wurde dieser Besitz wieder mit dem Besitz des Familienoberhauptes vereinigt. Der Landbesitz einer Familie wurde somit nie zersplittert. Obschon heute alle Kinder vom Gesetz her als gleichberechtigte Erben gelten[105], sind sie es in Wirklichkeit nur in seltenen Fällen. Die oben erwähnten Erbregeln, die den ältesten Sohn, seltener die älteste Tochter bevorzugen, sind noch immer weit verbreitet. Eine gewisse Anpassung an die neuen Gesetze zeigt sich jedoch darin, daß in manchen Familien der ältere Bruder zwar den gesamten Besitz der Eltern erbt, davon aber den jüngeren Geschwistern kleine Landstücke schenkt, die *khang ngu* genannt werden und Besitz der jüngeren Geschwister und deren Nachkommen bleiben[106]. Der Gefahr einer völligen Aufsplitterung der Ländereien kann dadurch vorübergehend etwas entgegengewirkt werden.

Sowohl *mag pa-* wie auch *bag ma*-Ehen können polygam sein. Am häufigsten sind polyandrische *bag ma*-Ehen, das heißt Ehen, in denen eine Frau mehrere Brüder heiratet und in deren Haus zieht.

Polygame Heiraten waren einst in und um Leh weit verbreitet[107]. Sie werden in jener Gegend aber immer seltener, was auf neue Verdienstmöglichkeiten (z. B. Militär, Regierung), neue Erbregeln und einen durch nichttraditionelle Schulung bewirkten Gesinnungswandel zurückzuführen ist, teils aber auch darauf, daß die hauptsächlich in Leh tätige „Buddhist Association" stark gegen die Polygamie, insbesondere Polyandrie, opponiert[108]. Sie tut dies mit der Begründung, polyandrische Ehen erzeugten einen Überschuß von unverheirateten buddhistischen Frauen, die dann allzu häufig Muslime ehelichen. Die rapide und bedrohliche Zunahme der Muslimbevölkerung[109] sei, so die „Buddhist Association", weitgehend eine Folge der alten Tradition der polyandrischen Ehen, weshalb dagegen angekämpft werden müsse. Die streitbaren Buddhisten haben das Gesetz hinter sich, denn auch nach kaschmirischem Gesetz sind polyandrische Ehen verboten. Dennoch ist der Kampf gegen die Polyandrie nicht leicht. Es wurden anscheinend schon verschiedentlich Versuche unternommen, fehlbare Ladakhi, die gegen das Verbot der polyandrischen Ehen verstießen, vor Gericht zu bringen, doch blieb es stets beim Versuch, da nach kaschmirischem Gesetz nicht nur die Brautleute, sondern auch diejenigen, die eine polyandrische Hochzeit durchführen oder leiten, mitschuldig sind[110]. Und wer will schon gegen ein Dutzend oder mehr Leute prozessieren?

Außerhalb Lehs und der umliegenden Orte sind polygame Ehen, wie kürzlich durchgeführte Studien zeigten, noch immer beliebt. Farrington, dessen Material aus Mato (Oberladakh) stammt, fand heraus,

105 Dafür wirbt auch die „Buddhist Association" und ihre Jugendbewegung „Lamdon".

106 Die sozialen und religiösen Pflichten verbleiben dabei beim ältesten Bruder.

107 Prinz Peter nennt als Zahl 90% polyandrische Ehen, gegen 10% normale. Peter 1963: 344.

108 Obschon 1938 in Leh und Umgebung polyandrische Ehen noch weit verbreitet waren, stellte Prinz Peter bereits damals eine Tendenz zur Abkehr von polyandrischen Ehen fest, und zwar besonders „unter Leuten mit höherer Bildung, unter Reichen und weit gereisten Leuten". Peter 1963 : 344.

109 Aufgrund der Volkszählungen ist kein Zuwachs der Muslimbevölkerung festzustellen. Diese Angaben sind jedoch erfahrungsgemäß ungenau und häufig manipuliert.

110 Diese Angaben stammen vom Sekretär der „Buddhist Association". Siehe auch „The Buddhist Polyandrous Marriage Prohibition Act of 1998 (= 1941 AD)".

daß von 63 Ehen 16 polygam sind. Er kommt zum Schluß, daß die Polyandrie, obschon sie verboten ist, anscheinend noch immer die ideale Eheform darstellt, sofern die demographische Struktur der Familie diese Eheform überhaupt zuläßt[111].

Vorabklärungen und Exogamieregeln

In traditionellen Familien ist es noch heute Brauch, daß die Eltern weitgehend über den Ehepartner ihres Kindes bestimmen. Die Initiative zu einer Heirat geht in der Regel von der Familie aus, in die eingeheiratet wird, also in den meisten Fällen von der Familie des zukünftigen Bräutigams. Anfänglich bemühen sich die Eltern, den familiären Hintergrund von prinzipiell in Frage kommenden Ehepartnern genauestens zu prüfen. Bei diesen Abklärungen wird besonders auf den sozialen Status, die Religiosität, den Reichtum und das bisherige allgemeine Verhalten der in Frage kommenden Ehepartner geachtet. Ferner interessieren auch der Arbeitswille und das Benehmen eines möglichen Ehepartners, bei einem Mann, der in die Familie der Frau einheiraten soll, auch der Beruf, da er keinen großen Besitz in die Ehe einbringen wird.

Meistens wird innerhalb der eigenen Religionsgemeinschaft und innerhalb der eigenen sozialen Schicht geheiratet. Ehen zwischen Angehörigen verschiedener Religionen waren anscheinend früher häufiger als heute. Meistens – aber auch nicht immer – nimmt in solchen Ehen die Frau die Religion des Mannes an. Dies ist einer der Gründe, weshalb die meisten Buddhisten heute gegen Ehen zwischen buddhistischen Frauen und Muslimmännern sind. Die Buddhisten sind nämlich der Ansicht, mit solchen Ehen verfolgten die Muslime die Absicht, die Bevölkerung Ladakhs mehr und mehr zu islamisieren. Früher, als die Buddhisten noch deutlich in der Überzahl gewesen sein sollen, sollen Ehen zwischen buddhistischen Mädchen und Muslimmännern eher geduldet worden sein.

Nach dem eben Gesagten ist es nicht weiter verwunderlich, daß Ehen zwischen Angehörigen verschiedenen Glaubens heutzutage gerne zu Streitigkeiten führen. Ein bekanntes Beispiel, über das noch heute oft gesprochen wird, obschon es bereits einige Jahre zurückliegt, ist die Ehe zwischen einem gebildeten Muslimmädchen und einem Buddhisten aus einer angesehenen Familie Lehs. Als diese Ehe publik wurde, kam es zu heftigen Auseinandersetzungen zwischen den Muslimen und den Buddhisten Lehs. Die Muslime waren gegen die Heirat mit der Begründung, das Mädchen sei dazu gezwungen worden, den Buddhisten zu ehelichen. Erst als das Mädchen vor einem Gericht erklärte, die Ehe sei aus freiem Willen geschehen, und als einige besonnene Männer intervenierten, beruhigten sich die Gemüter.

Wie bereits erwähnt, spielt bei einer Eheschließung auch der soziale Status der möglichen Ehepartner eine Rolle. Angehörige der unteren Schichten wie die *mon* heiraten meistens unter sich, ebenso die *be da* und die *mgar ba,* und nur äußerst selten kommt es zu einer Ehe zwischen einem „Gewöhnlichen" und einem Angehörigen einer unteren Schicht. Ein möglicher Ausweg für die Unreinen sind Ehen mit Nichtladakhi, beispielsweise mit Nepali. Ehen zwischen Gewöhnlichen und Adligen sind zwar möglich, aber nicht sehr häufig.

Bei den Abklärungen betreffend eines geeigneten Ehepartners sind auch einige Exogamieregeln zu beachten: So sind Ehen zwischen Familienangehörigen bis zum vierten Verwandtschaftsgrad[112] nicht

111 Farrington 1978: 40.

112 Richtigerweise bis zum siebten Verwandtschaftsgrad, in Praxis aber bis zum vierten, manchmal sogar nur dritten. Bei den Christen sind Heiraten unter Cousins neuerdings erlaubt, da die Christengemeinde sehr klein ist und sie zunehmend Schwierigkeiten hatte, geeignete christliche Ehepartner für ihre Gemeindemitglieder zu finden. Siehe auch Peter 1963: 349. Unter den *rigs lgan* kommt es ebenfalls eher zu Ehen zwischen näheren Verwandten, da auch die Anzahl der *rigs lgan* relativ klein ist.

erlaubt, ebensowenig Ehen zwischen *chos spun* (Religionsgeschwistern) und *pha spun,* obschon die letztgenannten Exogamieregeln nicht mehr von allen beachtet werden: In Leh und Umgebung dürfen *pha spun* einander fast ausnahmslos ehelichen, vielen Leuten ist die genannte Exogamieregel gar nicht mehr bekannt.

Bereits im Jahre 1938 stellte Prinz Peter fest, daß „die gewöhnlichen Leute" von Leh und Umgebung noch immer der Ansicht waren, daß man nicht innerhalb der eigenen *pha spun*-Gruppe heiraten sollte, daß aber reichere und gebildetere Leute sich nicht mehr an diese Regel hielten[113].

In abgelegenen Gebieten sind Ehen zwischen Mitgliedern derselben *pha spun*-Gruppe noch heute selten, wie die von Farrington und Sander zusammengetragenen Daten zeigen[114].

Hat sich nach eingehender Prüfung und bei Beachtung der genannten Exogamieregeln ein bestimmtes Mädchen als für eine Heirat geeignet erwiesen – wir gehen im folgenden von einer Einheirat eines Mädchens in die Familie eines Mannes aus –, verlangt man ihre für die Erstellung eines Horoskopes notwendigen Geburtsdaten und beauftragt einen Astrologen, diese Daten mit denjenigen des zukünftigen Mannes in Beziehung zu bringen und gegeneinander abzuwägen[115]. Fällt das Ergebnis der astrologischen Berechnungen günstig aus, bitten die Eltern des zukünftigen Bräutigams einen ihrer Verwandten oder Bekannten, die Familie der Braut aufzusuchen, um dort ihre Eltern über die beabsichtigte Hochzeit zu informieren. Dieser Besuch muß unter Umständen ein bis zweimal wiederholt werden, besonders dann, wenn man über die Absichten der Brauteltern im unklaren ist oder erfahren muß, daß die Brauteltern ihrerseits über die eigene Familie Auskünfte einholen oder sogar Schlechtes sprechen. Haben die Brauteltern einmal akzeptiert, schickt die Familie des Bräutigams der Braut ein Geschenk in Form eines *ga'u* oder eines anderen Schmuckstückes, das *nor sna,* Nasenbesitz, genannt wird.

Biertreffen

Dem Hochzeitsfest gehen mehrere Treffen der beiden an der Hochzeit beteiligten Familien voraus.

Beim ersten Treffen, dem Fragebier *(dri chang),* besuchen der Vater und der *a zhang*[116] des Bräutigams die Eltern der Braut, denen sie als Geschenk *dri chang* genanntes Bier bringen. Bei diesem Treffen geht es nochmals darum, abzuklären, ob die Eltern des Mädchens und die Braut selbst mit der geplanten Heirat einverstanden sind[117].

Beim nächsten Treffen, dem Brautbier (?) *(bag chang),* suchen wiederum der Vater und der *a zhang* des Bräutigams die Eltern des Mädchens auf. Erst nachdem den Hausgöttern und den Eltern der Braut Bier und Glücksschleifen überreicht worden sind und letztere mit Worten und Gesten begrüßt wurden, kann das eigentliche Verhandlungsgespräch beginnen. Dabei geht es in erster Linie um die Festlegung des Datums für das sogenannte Hörbier *(gsan chang),* an dem die Verwandten der Braut offiziell über die bevorstehende Heirat informiert werden sollen. Da die Familie des Bräutigams die für das Hörbier benötigten Waren zu beschaffen hat, muß an diesem Tag auch festgelegt werden, wie viele Waren – Bier, Tee, Butter, Fleisch, Reis – und wie viele Glücksschleifen von der Bräutigamfamilie bereitgestellt werden müssen.

113 Peter 1963: 381.

114 In Mato sind von 54 Ehen nur vier zwischen Leuten derselben *pha spun*-Gruppe geschlossen worden. Farrington 1978 : 44.

115 Ungünstige astrologische Konstellationen können manchmal durch entsprechende, von Mönchen durchzuführende Zeremonien beseitigt werden.

116 Ältester Mutterbruder.

117 Der Name *slong chang* (Ribbach 1940 : 242) wird anscheinend nicht mehr verwendet. Siehe auch Jäschke 1934: 364: *slong chang* = wooing beer.

Am für das Hörbier *(gsan chang)* festgelegten Tag bringen die Verwandten des Bräutigams die benötigten Speisen und Getränke ins Haus der Braut. Anfangs begrüßen der Vater und der *a zhang* des Bräutigams wiederum die Götter im Hauskultraum, um danach die Schalen aller anwesenden Verwandten der Braut mit Bier zu füllen, jedem Anwesenden eine Glücksschleife zu überreichen und jeden mit Gesten und Worten zu begrüßen. Mit den Worten „*ju, ju*" wird symbolisch den Verwandten dafür gedankt, daß sie die Braut wegziehen lassen. Anschließend sitzt man bei Speise und Trank zusammen und eröffnet den Anwesenden die Neuigkeit über die bevorstehende Hochzeit.

Wenn alles gut ging, das heißt, wenn alle mit der geplanten Hochzeit einverstanden sind, findet im Haus des Mädchens ein weiteres Biertreffen statt, das Lösebier *(hol chang)*[118], an dem Verwandte und einige *pha spun* des Bräutigams und der Braut teilnehmen. Auch für dieses kleine Fest kommt die Familie des zukünftigen Bräutigams auf. Das Treffen dient vor allem dazu, die *rin tho* festzulegen, eine Preis- oder Wertliste, auf der festgehalten wird, welche Geldsumme und wieviel Getreide die Bräutigamfamilie der Familie der Braut zu übergeben hat als „Preis für die Muttermilch" *('o ma'i rin).* Bezahlt wird die festgelegte Summe in *sho,* einer alten tibetischen Münze, die zur Zeit ungefähr dem Wert von fünf Rupien entspricht. Die zu bezahlende Summe kann zwischen 15 und 50 *sho* variieren. Das Getreide mit einem Gewicht von 10 bis 15 *khal*[119] wird für die Herstellung des Biers verwendet, das für das Hochzeitsfest im Brauthaus gebraucht wird[120].

Das letzte Biertreffen, an dem die Braut- und Bräutigamseite gemeinsam teilnehmen, ist das Verwandtenbier *(gnyen chang)* im Brauthaus, an dem Verwandte der Braut sowie der Vater, der *a zhang* und einige *pha spun* des Bräutigams teilnehmen. Es geht nun darum, Details der Hochzeit wie Anzahl der Gäste, Zeitraum, in dem das Fest stattfinden soll, usw. festzulegen. Das genaue Datum kann danach vom Astrologen, der ins Bräutigamhaus eingeladen wird, fixiert werden[121].

Als bevorzugte Zeit für Hochzeiten gilt der Winter. Von allen wird der zehnte Monat als besonders günstige Zeit genannt. Ein ladakhischer Gelehrter meinte, auch der elfte und zwölfte Monat seien günstig, während der erste Monat des neuen Jahres nicht zu empfehlen sei, während ein anderer Informant auch den ersten Monat als für eine Hochzeit günstig bezeichnete[122].

Im Haus des Bräutigams kommt es schließlich vor der eigentlichen Hochzeit zu einem Vorbereitungsbier *(grabs chang)*[123], an dem sich nur Verwandte des Bräutigams treffen, um zu entscheiden, wer welche Waren für die Hochzeitsfeier beizusteuern hat. Einmal festgelegt, wird alles detailliert in das sogenannte *'brel tho* eingeschrieben, das Buch, in welches auch Gaben, die man anläßlich von Geburten und Todesfällen erhält, genau aufnotiert werden. So weiß die betreffende Familie, was für Leistungen sie zu erbringen hat, wenn einmal in einer Donatorenfamilie ein Geburtsfest, eine Hochzeit oder eine Totenfeier stattfindet.

Früher war neben dem Vater der *a zhang*, der älteste Bruder der Bräutigammutter, der Hauptverantwortliche für die Bereitstellung der notwendigen Waren, da er auf Seite der Familie der Mutter der Wohlhabendste und Mächtigste war, war er doch der alleinige Erbe innerhalb der Familie der Bräutigam-

118 Nach Peter 1963: 347 auch *tri chang chen mo* genannt.
119 1 *khal* = 13,5 kg.
120 Nach Ribbach 1940: 64 wird während des *hol chang* auch bereits die Mitgift der Braut vorgelegt, beziehungsweise auf ein Seil gelegt.
121 Nach Peter 1963: 347–348 übergibt am *gnyen chang* die Bräutigamseite der Brautseite die sogenannte *rin tho* (Preisliste). Ferner wird der *mgo ras,* eine Schärpe, auf den Kopf der Braut gelegt, was die „Verlobung" zu besiegeln scheint. Braut und Bräutigam seien — so Peter — von diesem Moment an so gut wie verheiratet. Manchmal werden an diesem Treffen der Bräutigamfamilie auch Geschenke übergeben. Ribbach (1940: 71) erwähnt noch ein weiteres Treffen, das *tig chang.* Dieses ist jedoch heute nicht mehr bekannt. Siehe auch Jäschke 1938: 364: *tig chang* = settling beer.
122 Nach Asboe 1938: 389 sind der 17. und 18. X. für eine Hochzeit besonders geeignet.
123 Auch *gros chang* genannt. Nach Peter 1963: 349 *drags chang.*

mutter. Da heute der älteste Bruder in einer Familie nicht mehr eine so überragende Stellung einnimmt, teilen sich nun die Brüder der Bräutigammutter häufig in die mannigfaltigen Pflichten, welche durch die Heirat ihres Neffen entstehen. Vor allem müssen sie den aus Gerstenmehl gefertigten *'brang rgyas*-Berg und ein Schaf bereitstellen, Speisen, die am ersten Hochzeitstag neben dem Bräutigamhaus aufgestellt und danach an die Gäste verteilt werden.

Die nyo pa, die wichtigsten Helfer

Die Vorbereitungen für die Hochzeitsfeier, zu denen Verwandte und *pha spun* zugezogen werden, beginnen bereits einige Tage vor dem eigentlichen Fest. Wichtigste Helfer während der Feier sind die vom *nyor dpon* angeführten *nyo pa* – meistens sieben oder neun an Zahl –, Bekannte und Verwandte der Bräutigamfamilie.

Über die richtige Schreibweise und Bedeutung des Namens dieser Hochzeitshelfer besteht Unklarheit. Einige sind der Ansicht, die Helfer hießen *gnya' bo pa,* Zeugen, seien somit Trauzeugen[124]. Andere meinen, richtig müsse es *nyo pa* heißen, was Käufer bedeutet. Die Aufgabe der Helfer besteht tatsächlich darin, die Braut von ihren Eltern „loszukaufen", nicht mit Geld, sondern, wie wir noch sehen werden, indem sie Rätsellieder beantworten müssen, so daß auch dieser Erklärungsversuch einiges für sich hat.

Nach einem alten Hochzeitslied gelten die *nyo pa*[125] als „Götterboten, die das Weltall ordnen", als „göttergleiche Brautwerber, die zur Hochzeitsschar ins Tal steigen", oder sie werden auch als „glänzende Schar, die aus dem Tempel der Sonne hervorkam" beschrieben[126], werden also als Gesandte vom Himmel angesehen.

Der Chef der *nyo pa* wird *nyor dpon*[127] genannt. Er ist ein älterer Mann aus guter, reicher Familie, der die Hochzeitslieder gut beherrscht. Angeführt werden die *nyo pa* vom *bkra shis pa,* den man auch *sna 'khrid pa* nennt. Da er als besonderer Glücksbringer für das Brautpaar angesehen wird, muß sein Geburtsdatum zu den Geburtsdaten der beiden Brautleute in günstiger astrologischer Konstellation stehen. Auch ist wichtig, daß beide Eltern des *bkra shis pa* noch leben.

Jeder *nyo pa* besitzt einen eigenen Diener *(zhabs phyi),* der seinem *nyo pa*-Herrn jeweils für besondere Dienste zur Verfügung steht, wie zum Beispiel beim Ankleiden, Darreichen der Speisen oder Führen der Pferde.

Die Kleidung der *nyo pa* besteht in der Regel aus einem Seidenmantel *(gos chen),* der mit einem um die Hüften geschlungenen Tuch zusammengehalten wird, aus einer über die Schultern geworfenen Schärpe, die während der Tänze mit der Rechten oder Linken in die Höhe gehalten wird, und einem kegelförmigen Hut, welcher mit vielen Goldfäden geschmückt ist *(ser thod)*[128]. Der *nyor dpon* trägt einen schwarzen Samthut *(mag mal* oder *pho tib)*[129]. In einem alten ladakhischen Lied wird berichtet, daß früher alle Leute Mützen aus Gold, drachendurchwirkte Seidengewänder, bunte Tücher, Gürtel aus Seide und Stiefel

124 Dieser Ansicht ist beispielsweise Ribbach 1940: 243, Anm. 60.

125 Ich verwende im folgenden die Schreibweise *nyo pa.*

126 Francke 1923: 54.

127 Nach Peter 1963: 349 *gNya-dPon* genannt. Andere Schreibweise: *dnyor dpon* oder *gnyor dpon.*

128 Gelbe Krone, ev. *gser thod* = Goldkrone.

129 In der Form ist dieser Hut ähnlich wie ein *sgrub zhva* religiöser Meister *(bla ma).* Siehe hierzu Tucci 1970: 142. Manchmal tragen auch die *nyo pa* den *mag mal*-Hut. Dann ziehen sie keinen Seiden-, sondern einen Wollmantel an, so beispielsweise am dritten Hochzeitstag, dem *gnyen mgron.*

aus buntem Leder trugen[130]. Die *nyo pa* können wir wohl als Nachkommen dieser in alten Zeiten in Reichtum und Glück lebenden Menschen ansehen, da ihre Kleidung dieser Beschreibung sehr nahekommt.

Während des Ankleidens singen die *nyo pa* das folgende Lied (A):

Om, mögen Frieden, Glück und Wohlstand vorherrschen,
Om, mögen Frieden, Glück und Wohlstand vorherrschen,
Om, mögen Frieden, Glück und Wohlstand vorherrschen!

Heute scheinen die Sterne am Himmel,
Heute berühren die Strahlen der Sonne die Erde,
Heute ist die beste Lehre der *bla ma* hoch[131],
Heute ist der Helm des Königs hoch,
Heute ist der Mut des Ministers hoch,
Heute ist das Heldentum der Armee hoch,
Heute stehen die Eltern in bestem Einverständnis,
Heute ist das Volk glücklich.

Ein heller Morgen dämmerte in der oberen Welt der Götter *(lha)*,
Der König der Götter sitzt (dort) auf dem goldenen Thron,
Die Söhne der Götter sind mit Seide bekleidet und sind geschmückt.

Ein heller Morgen dämmerte in der unteren Welt der *klu*,
Der König der *klu* sitzt (dort) auf dem goldenen Thron,
Die Söhne der *klu* sind mit Seide bekleidet und sind geschmückt.

Ein heller Morgen dämmerte in der mittleren Welt der *btsan*,
Der *btsan*-König *Yam shud* sitzt auf dem goldenen Thron,
Die Söhne der *btsan* sind mit Seide bekleidet und sind geschmückt.

Ein heller Morgen dämmerte in diesem reichen Haus,
Die Eltern sitzen auf dem goldenen Thron,
Die liebenden Kinder sind mit Seide bekleidet und sind geschmückt.

Der Hochzeitspfeil

Wichtigstes Requisit der *nyo pa* ist ein vom *bkra shis pa* gehaltener, mit einer Glücksschleife, fünf verschiedenfarbigen Tüchern, einem kleinen runden Spiegel, einem Ring und einem Fersenknochen *(mong lo)* eines Schafs oder einer Ziege behängter Pfeil, der *mda' dar*. Als Ständer dieses Pfeils dient ein mit Gerstenkörnern gefüllter Behälter.

In einem alten Hochzeitslied aus Khalatse werden die Federn am Ende des Pfeils mit drei goldenen Ähren verglichen, die am Pfeil befestigten fünf „Fähnchen" oder Tücher mit einem Regenbogen und die Gerste im Gefäß, in welchem der Pfeil steckt, mit den Himmelssternen[132]. Unschwer ist hier die Aufteilung des Pfeils und Behälters in die drei Weltsphären Erde (Ähren), Zwischenraum (Regenbogen) und Himmel (Sterne) zu erkennen, die den Pfeil mit dem Weltenbaum, auf den wir noch zu sprechen kommen, in Beziehung bringt. Dies kommt noch deutlicher in einem anderen Text zum Ausdruck, in dem steht, daß die Götter sahen, wie der eine Knoten am Bambusrohr beziehungsweise am Pfeil entstand, daß die *klu*, die unter der Erde lebenden Wasserwesen, sahen, wie der zweite Knoten wuchs, und daß schließlich

130 Francke o. J. (2): 10 und Francke 1909 (1): 58, Lied 2.
131 Oder nach einer anderen Überlieferung: Heute sind die *bla ma* und die drei Juwelen hoch.
132 Francke 1923: 65.

die Menschen sahen, wie der dritte Knoten wuchs[133]. In einem anderen Lied steht, die drei Rohre, womit wohl das dreiteilige Rohr gemeint ist, seien in China, Tibet und Indien gewachsen, was den universellen Charakter des Pfeils betont[134].

Interessant ist auch ein Lied, in dem berichtet wird, daß das Rohr bestimmte Teile und Eigenschaften verschiedener Tiere besitzt: die Schwingen des wilden Vogelkönigs, die Kräfte (?) des Steinbocks, die Kräfte des wilden Yaks, Leim vom Fischlein *Khyu ru* und schließlich die Kräfte des Tigers[135]. Hier wird wiederum eine direkte Beziehung geschaffen zwischen dem Pfeil und dem Universum beziehungsweise den verschiedenen Ebenen der Natur[136]: Der Vogelkönig ist der Bewohner des Himmels, der Steinbock der in den Felsen lebende Herrscher, der Yak bewohnt die Wiesen, der Tiger den Wald und der Fisch den in der Tiefe sich ausdehnenden See.

Wenn der *nyor dpon* dem *bkra shis pa* den Pfeil überreicht, singen die *nyo pa* das folgende Lied (B), das den Ritualpfeil noch etwas näher zu charakterisieren vermag:

Im oberen Teil des Tales befinden sich die weißen Gletscher.
Auf diesen reckt sich stolz ein weißer Löwe, der eine lange Türkismähne hat.
Im unteren Teil des Tals liegt ein Türkissee. In diesem See leben türkisäugige Fische.
Über den ihre Flossen bewegenden Fischen ist Eis ausgebreitet.
Dieses ist mit brauner Erde bedeckt, auf der Felder wachsen,
Viele Sorten von Getreide wachsen darauf.
Das Getreide füllt die Vorratskammern, sowohl diejenigen mit 100 wie auch diejenigen mit 10.000 *khal* Inhalt.
In der Vorratskammer wird mit dem Getreide ein weißer Krug gefüllt.
In diesen steckt man den weißen *mda' dar*.

Der „Sie-Pfeil" *(mda' mo)* mit drei Knorpeln hat einen intakten „Mund",
Der Pfeil mit den drei Knorpeln ist ganz gerade.
Seine vier Federn haben keinen Riß.
Die weiße Glücksschleife ist nicht beschmutzt,
Der weiße Silberspiegel ist frei von Rost,
Der Fersenknochen des Reichtums hat keinen Kratzer,
Die dreiseitige Spitze des Pfeils hat keinen Kratzer.
Der Bambuspfeil mit drei Knorpeln ist die *srog*-Seele von *ha sru*[137].
Der Sonnen- und Mondspiegel ist das Gesicht von *ha sru,*
Der Ring und der Fersenknochen sind die Kinder und der Reichtum von *ha sru,*
Die fünffarbigen Fahnen sind die Verwandten von *ha sru.*
Dieser *mda' dar* soll nicht einer anderen Person übergeben werden,
Er wird in die Hände eines Sohnes guter Eltern gegeben[138].
Om, mögen Frieden, Glück und Wohlstand herrschen[139].

133 Franckes Hochzeitslied 47b, siehe auch Ribbach 1940: 98. Die hier und im folgenden erwähnten numerierten Hochzeitslieder von Francke stammen aus einer nur teilweise publizierten Liedersammlung, die in der Staatsbibliothek Preußischer Kulturbesitz in Berlin und teilweise im Archiv der Brüder-Unität in Herrnhut archiviert ist.

134 Unklar ist, ob drei Rohre existieren oder der Pfeil als dreischichtig gilt. In einem Lied ist nämlich von einem „großen Rohr" *(rgya smyug),* einem „Spindelrohr" *('phang smyug)* und einem Pfeilrohr *(mda' smyug)* die Rede. (Siehe Franckes Hochzeitslieder 48b.) Im Lied 50b wird berichtet, wie das Rohr geschnitten und weiterverarbeitet wurde.

135 Franckes Hochzeitslied 55b. Hinweise auf Lieder über den Ritualpfeil finden sich auch in Ribbach 1940: 98—100, der sich jedoch auch auf die von Francke zusammengetragenen Lieder stützt.

136 Siehe Kapitel „Die Hochzeitslieder als Spiegel der Weltordnung".

137 Vielleicht ein dardisches Wort für die Braut. Siehe auch Lied O.

138 Damit ist der *bkra shis pa* gemeint.

139 Ein ähnliches Lied findet sich in Hanlon 1892: 625, Lied No. 97. Nach Tashi Rabgias beginnt das Lied mit dem Satz: In dieser Nacht sah ich einen sehr guten Traum: (dann folgt dieses Lied). Bemerkungen zum *mda' dar* finden sich auch in Lessing 1942: 143. Ein ladakhisches Lied über Pfeil (und Spindel) findet sich in Francke 1902 (6), Lied 22.

Das Anvertrauen der Braut an die nyo pa (nyo bcol)

Das Abholen der Braut ist ein genau vorgeschriebenes *procedere,* das seinen Beginn bereits im Haus des Bräutigams nimmt: Im Verlaufe des Nachmittags des vom Astrologen zu diesem Zwecke festgelegten Tages versammeln sich der Vater und der Mutterbruder des Bräutigams, die *nyo pa* und deren Diener wie auch *pha spun* der Bräutigamfamilie, nicht jedoch der Bräutigam, in der Küche des Bräutigamhauses, wo sie mit Tee und Bier bewirtet werden und das folgende Abschiedslied (C) gesungen wird[140]:

Om, mögen Frieden, Glück und Wohlstand herrschen!

Oben im Raum ist eine Taube (= Braut),
Ein unsichtbarer Adler wird (dorthin) gehen, um sie zu fangen.
Für dieses Fangen reichen wir *dkon mchog*[141] ein Opfer dar.

Auf dem Berg ist ein weißes, weibliches Schaf (= Braut),
Ein junger, unsichtbarer Wolf wird dorthin gehen, um es zu fangen.
Für dieses Fangen reichen wir *dkon mchog* ein Opfer dar.

Mitten im reichen Haus ist eine schöne Braut,
Die *nyo pa* und ihre Pferde, die unsichtbar sind, gehen dorthin, um sie zu fangen.
Für dieses Fangen reichen wir *dkon mchog* ein Opfer dar. (. . .)

Bevor man zur Braut aufbricht, reicht der *bkra shis pa* draußen vor dem Haus, wo ein Mädchen[142] mit einem Bierkrug und ein Knabe mit einem Räuchergefäß stehen, ein Bieropfer an die Götter dar, das in dieser Art während des Hochzeitsfestes noch manche Male wiederholt wird. Hierzu taucht der *bkra shis pa* seinen Pfeil in ein mit Bier gefülltes Gefäß und sprengt ein paar Tropfen Bier in die Luft, während der *nyor dpon* ein Lied (D) anstimmt und die *nyo pa* um die beiden Kinder tanzen[143]:

Om, mögen Frieden, Glück und Wohlstand herrschen!

Ein Gebet und ein Opfer den Göttern *(lha),* den *ma mo* und *mkha' 'gro,*
Ein Opfer an *dBang po brGya byin,* den König der oberen Welt der *lha.*
(Möge es keinen Schnee und Wind auf dem Paß geben,
Schnee und Wind mögen den Feinden gegeben werden[144]!)

Ein Gebet und ein Opfer den Göttern, den *ma mo* und *mkha' 'gro,*
Ein Opfer an *lJogs po*[145], den König der untern *klu*-Welt.
(Mögen den Pferden keine Bauchkrankheiten gegeben werden,
Diese Bauchkrankheiten mögen den Feinden gegeben werden[144]!

Ein Gebet und ein Opfer den Göttern, den *ma mo* und *mkha' 'gro,*
Ein Opfer an *Yam shud*[146], den König der mittleren Welt der *btsan.*
(Mögen den Menschen keine Krankheiten, Erkältungen und kein Husten gegeben werden,
Krankheit, Erkältung und Husten mögen den Feinden gegeben werden[144].)

140 Dieses Lied wurde mir von Tashi Rabgias mitgeteilt.

141 = „Gott", gemeint ist die Dreiheit Buddha, Lehre, Gemeinde.

142 Manchmal die Bräutigammutter. Dann wird das Bieropfer *a ma'i dkar chol* genannt.

143 Bei diesem und den folgenden Hochzeitsliedern handelt es sich um diejenigen Gesänge, die noch heute bekannt sind und bei einer formellen Hochzeit so oder in ähnlicher Art gesungen werden. Sie wurden mir, sofern nicht anders vermerkt, von Tashi Phuntsok aus Skara mitgeteilt.

144 In einer von Tashi Rabgias überlieferten Version stehen diese beiden Zeilen zusätzlich. Rabgias 1970: 16.

145 In der von Tashi Rabgias überlieferten Version: *Ma dros gzi lcam.* Zu *lJogs po* siehe Anm. 160

146 In der von Tashi Rabgias überlieferten Version: Mutter *sKyabs sbyin.*

Ein Gebet und ein Opfer den Göttern den *ma mo* und *den mkha' 'gro,*
Ein Opfer an die *rtse lha,* die im Palast oder irgendwo sonst leben,

Ein Gebet und ein Opfer den Göttern, den *ma mo* und *mkha' 'gro,*
Ein Opfer an die *yul lha,* die im Dorf oder irgendwo sonst leben.

Ein Gebet und ein Opfer den Göttern, den *ma mo* und *mkha' 'gro,*
Ein Opfer an die *gzhi bdag,* die im Haus leben.

Ein Gebet und ein Opfer den Göttern, den *ma mo* und *mkha' 'gro,*
Ein Opfer an die neun Götter[147], welche die *nyo pa,* die sieben Brüder beschützen[148].

Nun erst brechen die Leute zum Brauthaus auf. Den Weg entlang stehen Gruppen von Dorfleuten mit Bier- und Räuchergefäßen, um welche die *nyo pa* wiederum singend tanzen – der Liedtext ist mit dem oben abgedruckten fast identisch –, worauf der *bkra shis pa* den Göttern etwas Bier opfert.

Irgendwo auf dem Weg zum Brauthaus wird das folgende Lied (E) gesungen, in dem die Absicht der *nyo pa,* die Braut abzuholen, zum Ausdruck kommt:

Oben im blauen Himmel wohnen Sonne und Mond, die beiden,
Oben im Himmel wohnen die zahlreichen Sterne.
Angeführt von Sonne und Mond, den beiden, werden wir gehen, um den Edelstein zu holen[149].

Oben im viereckigen religiösen Lehrhaus lebt der (hinaufführende?) *bla ma,*
Oben im viereckigen religiösen Lehrhaus leben zahlreiche Mönche.
Angeführt von den *bla ma* werden wir gehen, um den Edelstein zu holen.

Oben im Palast wohnt der große, höchste Mann,
Oben im Palast wohnen die zahlreichen Noblen und Gewöhnlichen.
Angeführt vom großen, höchsten Mann werden wir gehen, um den Edelstein zu holen.

Oben im viereckigen Mutterhaus wohnen Vater und Mutter,
Oben im viereckigen Mutterhaus wohnen die zahlreichen nahen Verwandten.
Angeführt von Mutter und Vater werden wir gehen, um den Edelstein zu holen.

Oben im viereckigen *do ra*[150] wohnt der große *nyor dpon,*
Oben im viereckigen *do ra* wohnen die sieben *nyo pa*-Brüder.
Angeführt vom großen *nyor dpon* werden wir gehen, um den Edelstein zu holen.

Eine von Tashi Rabgias überlieferte Version desselben Liedes lautet etwas anders (F):

Oben im blauen Himmel ist ein Schatz von Sonne und Mond.
Mit Gesang und Musik der zahlreichen Sterne werden wir alle gehen,
Um Sonne und Mond zu ergreifen[151].

Oben im vierstöckigen, religiösen Lehrhaus ist ein Schatz von geweihten Dingen.
Mit Gesang und Musik der zahlreichen Mönche werden wir alle gehen,
Um die geweihten Dinge zu ergreifen.

Oben im hohen Palast ist ein Schatz von Gold und Silber.
Mit Gesang und Musik der zahlreichen Noblen und Gewöhnlichen werden wir alle gehen,
Um Gold und Silber zu ergreifen.

147 Nach Tashi Rabgias Text: *rabs lha* (Abstammungsgott?).
148 Siehe hierzu auch Franckes Hochzeitslied Kh. Ch. IV.
149 Die *nyo pa* werden in diesem Lied mit den Sternen (in den anderen Strophen mit den Mönchen, Noblen und Gewöhnlichen und nahen Verwandten), ihr Anführer, der *nyor dpon,* mit Sonne und Mond (den *bla ma,* dem höchsten Mann (= König) und Vater und Mutter) verglichen.
150 = Festplatz.
151 In diesem Lied wird die Braut mit Sonne/Mond, geweihten Dingen *(byin rlabs),* Gold und Silber, den fünf Getreidearten und einem Geräteschatz verglichen.

Oben im viereckigen reichen Haus ist ein Schatz von fünf Getreidearten.
Mit Gesang und Musik der zahlreichen nahen Verwandten werden wir alle gehen,
Um das Getreide zu ergreifen.

Oben im viereckigen *do ra* ist ein Schatz von Geräten.
Mit Gesang und Musik der Freunde und Kameraden werden wir alle gehen,
Um die Geräte zu ergreifen.

Wie die beiden zuletzt wiedergegebenen Lieder zeigen, können Gesänge, die von ihrem Grundaufbau her identisch sind, recht unterschiedliche Formen annehmen. Der Grund liegt darin, daß die Lieder äußerst selten niedergeschrieben werden. Das kann sogar dazu führen, daß Lieder gesungen werden, deren Inhalt nur noch wenig Sinn ergibt.

Kommt die kleine Prozession in der Nähe eines Göttersitzes *(lha tho)* oder eines Klosters vorbei, wird zu Ehren der dort wohnenden numinosen Wesen ein *dar lcog* aufgestellt – meistens in Form eines weißen Fähnchens – oder eine Glücksschleife hingelegt.

Vor dem Brauthaus

Beim Brauthaus angelangt, singen die *nyo pa* wieder Lieder und tanzen um einen Bierkrug und ein Räuchergefäß, die von zwei Kindern gehalten werden, manchmal auch um einen großen Teigberg *('brang rgyas)* und einen gekochten Schafsrumpf. Es handelt sich bei diesen Gesängen, auf die im Kapitel „Rätsellieder" näher eingegangen werden soll, um die Überreste eines umfangreichen Zyklus von Rätselliedern, die heute kaum mehr bekannt sind. Typisch daran ist, daß die „inneren Leute" *(nang mi)*[152], die Leute des Brauthauses, bestimmte Fragen stellen, welche von der äußeren Seite, den *nyo pa,* welche das Bräutigamhaus vertreten, beantwortet werden müssen (Lied G):

Fragen der inneren Seite:

Schaut zum oberen Teil des Tales!
Wem gehört und wozu ist das weiße Gletscherwasser dort?
Wem gehört und wozu ist das kühle Felsenwasser?
Wem gehört und wozu ist das kleine Quellwasser?
Wem gehört und wozu ist das blaue Flußwasser?
Hört zu und antwortet!

Die äußere Seite antwortet:

Wenn wir zum oberen Teil des Tales schauen,
Ist dort das weiße Gletscherwasser, welches die jungen Hirsche erfrischt,
Ist dort das kühle Felsenwasser, welches das Mutterfeld ernährt,
Ist dort das kleine Quellwasser, welches die jungen Vögel erfrischt,
Ist dort das blaue Flußwasser, welches die jungen Fische erfrischt.
Hört zu, wir denken, es ist gut so[153]!

Ein anderes Rätsellied (H), das heute auch noch gesungen wird, lautet folgendermaßen:

Die innere Seite sagt:

Die Spitze des Pfeils berührt den Himmel, niemand anders als der Vogelkönig, der Adler, kann dorthin segeln.

152 Nach Peter 1963: 350 auch *ya do mdza bo,* „companion friends", genannt.
153 Siehe hierzu das ähnliche Lied in Francke 1901 (5), Song IIa und b und Francke 1923: 65 (IIa und b).

Ihr großen Gäste, woher kommt ihr?
wo wohntet ihr zuvor?
woher kamet ihr anfangs?
wie steht ihr am Morgen auf?
wie schläft ihr in der Nacht?
wer heckte den Plan aus?
wer entschied den Plan?
wer unterstützte den Beschluß?

Ihr großen Gäste, woher kommt ihr?
kommt ihr vom Osten oder vom Süden?
vom Westen oder Norden?
von oben oder von unten?
vom oberen Teil des Tales (= Berge) oder
vom unteren Teil des Tales (= Ebene)?
Hört und denkt darüber nach!

Die äußere Seite antwortet:

Was vom Osten kam, ist die (glänzende) Sonne.
Wenn ihr eine Frage habt, stellt sie ihr (der Sonne).

Was vom Süden kam, sind die dunklen Wolken.
Wenn ihr eine Frage habt, stellt sie ihnen (den Wolken).

Was vom Westen kam, ist der blasende (?) Wind.
Wenn ihr eine Frage habt, stellt sie ihm (dem Wind).

Was vom Norden kam, ist der weiße, klare Mond.
Wenn ihr eine Frage habt, stellt sie ihm (dem Mond).

Was von oben kam, ist Schnee, Regen und Schneesturm.
Wenn ihr eine Frage habt, stellt sie ihm (dem Schneesturm).

Was von unten kam, ist das Türkisweidenrohr.
Wenn ihr eine Frage habt, stellt sie ihm (dem Türkisweidenrohr).

Was vom oberen Teil des Tales kam, ist das kühle Felsenwasser.
Wenn ihr eine Frage habt, stellt sie ihm (dem Felsenwasser).

Was vom mittleren Teil des Tales kam, ist der König der Vögel, der Adler.
Wenn ihr eine Frage habt, stellt sie ihm (dem König der Vögel).

Was vom unteren Teil des Tales kam, ist der *'jol mo*[154] Fuchs.
Wenn ihr eine Frage habt, stellt sie ihm (dem Fuchs).

Wir können (es) nicht erklären.
Wir stehen morgens auf, wie die eilenden (?) Hirschmännchen es tun.
Wir gehen, so wie es die strahlend aussehenden wilden Pferdemännchen *(rkyang pho)* tun.
Wir schlafen in der Nacht wie die versammelten Yakmännchen.
Der Plan (zur Hochzeit) wurde durch die Mutter ausgeheckt,
Der Entscheid (zur Hochzeit) wurde durch Vater gefällt,
Der Ort, an dem wir entstanden, ist der Ort, an dem großer Reichtum herrscht.

Der Vater des Bräutigams hat auch eine Bitte.
Die Mutter des Bräutigams hat auch eine Bitte.

154 Es ist unklar, was mit diesem Namen gemeint ist. *'jol mo* ist eine bestimmte Vogelart, die in den Bergen unterhalb des ewigen Schnees lebt. *'jol mo* kann aber nach einem ladakhischen Informanten auch mit „prächtig" übersetzt werden.

Der Sohn kann den Pfeil seines Vaters auch brauchen.
Wir kamen von Indien, wir kamen hierher singend und tanzend.

Das folgende Lied (J), ebenfalls ein Rätsellied, nennt sich *phogs rabs* und wird vor dem Eingang des Brauthauses beim Räuchergefäß *(pog phor)* gesungen:

Die innere Seite fragt:

Weshalb und zu welchem Zweck zieht dieser blaue Rauch gegen Osten?
Für wen und zu welchem Zweck zieht dieser blaue Rauch gegen Süden?
Weshalb und zu welchem Zweck zieht dieser blaue Rauch gegen Westen?
Für wen und zu welchem Zweck zieht dieser blaue Rauch gegen Norden?
Weshalb und zu welchem Zweck zieht dieser blaue Rauch gegen oben?
Für wen und zu welchem Zweck zieht dieser blaue Rauch gegen unten?
Weshalb und zu welchem Zweck zieht dieser blaue Rauch gegen den mittleren Teil des Tales?
Für wen und zu welchem Zweck zieht dieser blaue Rauch gegen den oberen Teil des Tales (= Berge)?
Weshalb und zu welchem Zweck zieht dieser blaue Rauch gegen den unteren Teil des Tales (= Ebene)?
Bitte erklärt dies gut!

Die äußere Seite antwortet:

Dieser blaue Rauch, der gegen Osten zieht,
Ist ein reines Wacholderopfer an *rDo rje sems dpa'*[155],
Gegen den wir nichts haben, an den wir keinen Wunsch haben.
Dieser blaue Rauch, der gegen Süden zieht,
Ist ein reines Wacholderopfer an *Rin chen 'byung ldan*[156],
Gegen den wir nichts haben, an den wir keinen Wunsch haben.
Dieser blaue Rauch, der gegen Westen zieht,
Ist ein reines Wacholderopfer an *sNang ba mtha' yas*[157], (. . .)
Dieser blaue Rauch, der gegen Norden zieht,
Ist ein reines Wacholderopfer an *Don yod grub pa*[158], (. . .)
Dieser blaue Rauch, der gegen oben zieht,
Ist ein reines Wacholderopfer an *dBang po brgya byin*[159], (. . .)
Dieser blaue Rauch, der gegen unten zieht,
Ist ein reines Wacholderopfer an den *klu*-König *'Jog po*[160], (. . .)
Dieser blaue Rauch, der gegen die Mitte des Tales zieht,
Ist ein reines Wacholderopfer an *Yam shud*, den *btsan*-König, (. . .)
Dieser blaue Rauch, der gegen den oberen Teil des Tales zieht,
Ist ein reines Wacholderopfer an die weiße Eislöwin *(dar seng dkar mo)*, (. . .)
Dieser blaue Rauch, der gegen den unteren Teil des Tales zieht,
Ist ein reines Wacholderopfer an den prächtigen Fuchs[161], (. . .)

Hört und denkt darüber nach!

155 Vajrasattva.
156 Ratnasambhava.
157 Amitâbha.
158 Amoghasiddhi.
159 Indra.
160 Die richtige Schreibweise dieses Götternamens ist umstritten. Manchmal steht *lJogs po,* in Jäschke 1938 jedoch *'Jog po* und *'Jag po,* Francke 1923: 10 meint, daß *lJogs po* wahrscheinlich eine dialektische Form von *lCogs po zei,* welches nach Jäschke „niedrig" heiße. Ein anderer Name, der mit der *klu*-Welt manchmal in Beziehung gebracht wird, ist *Ma dros zil chen,* in einem Lied ist die Rede von *lJog po ma dros zil chen* (Francke 1923: 39–40). *Ma dros zil chen's* (Anavatapta) Wohnsitz ist nach Francke der See *Ma dros,* der Manosarowarsee.
161 Siehe Anmerkung 154.

Nach diesen Liedern begeben sich alle ins Haus, wo weitere Tänze und Opferdarreichungen folgen und man sich während der ganzen Nacht an Tanz, Gesang, Speisen und Getränken erfreut.

Die Braut wegnehmen (bag ma len ces)

Am frühen Morgen des folgenden Tages wird ein Lied (K) gesungen, in dem Vater, Mutter, Bruder, Freunde und Dorfleute der Braut aufgefordert werden, aufzuwachen und die Mitgift vorzubereiten:

Beim ersten Dämmern im ersten Stadium des Morgens:

Oh Vater der *no mo*[162], wach auf und bereite die Mitgift für *'dzom pa*[163],
Oh Vater der *'dzom pa,* wach auf und bereite die Mitgift für *no mo*!
Mache Gegenstände und Kleider als Mitgift für die *no mo* bereit,
Mache Gegenstände und Kleider als Mitgift für die *'dzom pa* bereit!
Die *no mo* wird gezwungen, in ein anderes Dorf zu gehen,
Die *'dzom pa* wird gezwungen, in ein anderes Dorf zu gehen.
Der Vater verkaufte kühn *'dzom pa* für einen Krug voll Bier,
Der Vater verkaufte kühn *no mo* für einen Krug voll Bier.

Beim ersten Dämmern im zweiten Stadium des Morgens:

Oh Mutter der *no mo,* wach auf und bereite die Mitgift für *'dzom pa,*
Oh Mutter der *'dzom pa,* wach auf und bereite die Mitgift für *no mo*!
Mache schönen Schmuck als Mitgift für *no mo* bereit,
Mache die besten Türkise als Mitgift für *'dzom pa* bereit!
Die *no mo* wird gezwungen, in ein anderes Dorf zu gehen,
Die *'dzom pa* wird gezwungen, in ein anderes Dorf zu gehen.
Der Vater verkaufte kühn *'dzom pa* für einen Krug voll Bier,
Der Vater verkaufte kühn *no mo* für einen Krug voll Bier.
Die Mutter verkaufte kühn *'dzom pa* für einen Krug voll Bier,
Die Mutter verkaufte kühn *no mo* für einen Krug voll Bier.

Beim ersten Dämmern im dritten Stadium des Morgens:

Oh kleiner Bruder von *no mo ('dzom pa),* wach auf und bereite die Mitgift für *'dzom pa (no mo)*[164]!
Mache drei Arten von Getreide als Mitgift für *no mo ('dzom pa)* bereit!
Die *no mo ('dzom pa)* wird gezwungen, in ein anderes Dorf zu gehen.
Der Vater verkaufte kühn *no mo ('dzom pa)* für einen Krug voll Bier.
Die Mutter verkaufte kühn *no mo ('dzom pa)* für einen Krug voll Bier.
Der jüngere Bruder verkaufte kühn *no mo ('dzom pa)* für einen Krug voll Bier.

Beim ersten Dämmern im vierten Stadium des Morgens:

Oh Freunde der *no mo ('dzom pa),* wacht auf und bereitet die Mitgift für *'dzom pa (no mo)*!
Macht Armreife und Ringe als Mitgift für *'dzom pa (no mo)* bereit!
Die *no mo ('dzom pa)* wird gezwungen, in ein anderes Dorf zu gehen.
Der Vater verkaufte kühn *no mo ('dzom pa)* für einen Krug voll Bier.
Die Mutter verkaufte kühn *no mo ('dzom pa)* für einen Krug voll Bier.
Der jüngere Bruder verkaufte kühn *no mo ('dzom pa)* für einen Krug voll Bier.
Die Freunde verkauften kühn *no mo ('dzom pa)* für einen Krug voll Bier.

162 Jüngere Schwester, hier Name für die Braut.
163 Nach ladakhischen Informanten ebenfalls Name für die Braut. Nach Tashi Rabgias *'dzoms pa* geschrieben.
164 In Klammern werden die Wörter angegeben, die jeweils in der nächsten, hier nicht abgedruckten Zeile anders sind.

Beim ersten Dämmern im fünften Stadium des Morgens:

Oh Dorfleute, wacht auf und bereitet die Mitgift für *no mo ('dzom pa)*!
Macht die reinen *dkar chol*[165] als Mitgift für *no mo ('dzom pa)* bereit!
Die *no mo ('dzom pa)* wird gezwungen, in ein anderes Dorf zu gehen.
Der Vater verkaufte kühn *no mo ('dzom pa)* für einen Krug voll Bier.
Die Mutter verkaufte kühn *no mo ('dzom pa)* für einen Krug voll Bier.
Der jüngere Bruder verkaufte kühn *no mo ('dzom pa)* für einen Krug voll Bier.
Die Freunde verkauften kühn *no mo ('dzom pa)* für einen Krug voll Bier.
Die Dorfleute verkauften kühn *no mo ('dzom pa)* für einen Krug voll Bier.

Nach diesem Lied versammeln sich die Gäste in der Küche des Brauthauses. In einigen Orten geschieht dies bereits in der Nacht zwischen Mitternacht und Sonnenaufgang, nämlich in all den Dörfern, in denen ein König residierte – z. B. in Leh, Basgo, Stog, She und Mato. Dieser Brauch wird noch immer ernst genommen. So waren einst Dorfleute und der König von Stog sehr ungehalten, als vor noch nicht so langer Zeit die Prozession einer Braut ins Bräutigamhaus nach Sonnenaufgang stattfand.

Hielt man sich in alten Zeiten nicht an das Gebot, die Braut zu nächtlicher Stunde aus ihrem Elternhaus zu führen, hatten die Fehlbaren dem König ein Pferd zu schenken, und das Ehepaar mußte ins benachbarte Kloster gehen und dort um Vergebung bitten. Eine andere Quelle spricht von einer Buße, die in einem solchen Fall dem König oder einem Kloster bezahlt werden mußte[166].

Die folgende Skizze zeigt die Sitzordnung der in der Küche versammelten Festteilnehmer und gleichzeitig die allgemeine Anordnung einer ladakhischen Küche:

Standort von Opfergaben: *'brang rgyas, skyin* aus Teig, Schale mit Mehl und Butterlampe.

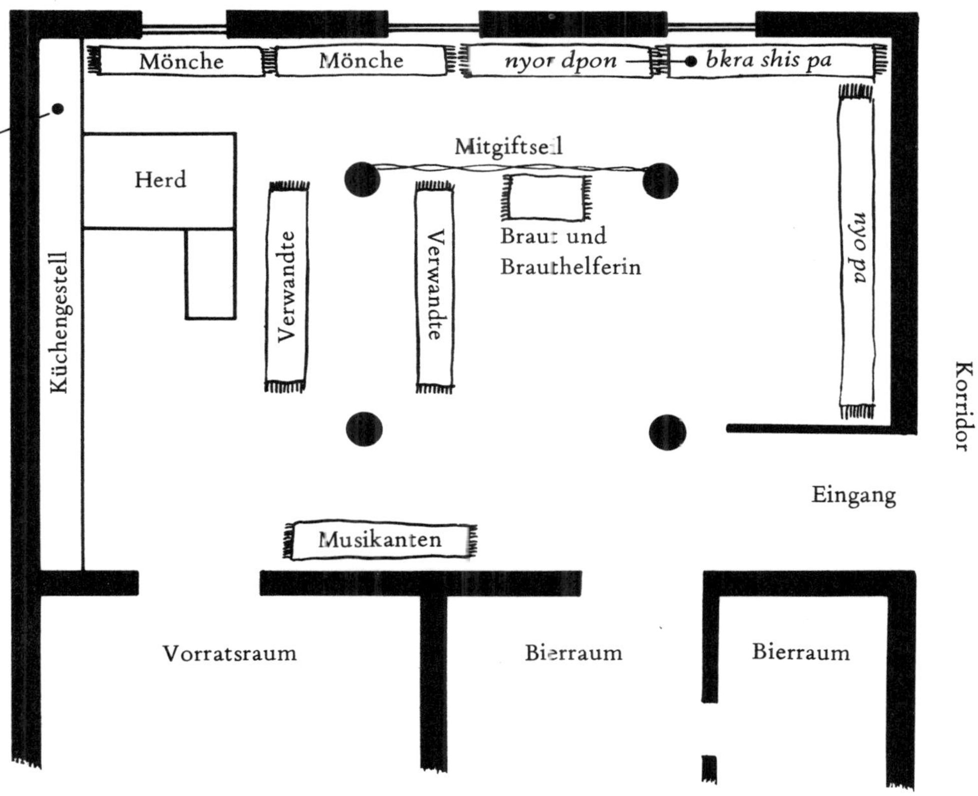

Abb. 3:
Küche mit Lage der Sitzteppiche während der Hochzeitsfeierlichkeiten im Brauthaus.

165 In alten Zeiten soll es sich beim *dkar chol* um mit Wasser vermischte Milch gehandelt haben, heute ist es Bier.
166 Heber 1976: 187.

Ein besonderer Festschmuck fehlt in der Küche. Einzig auf dem obersten Tablar des Gestells hinter dem Herd stehen einige mit Glücksschleifen umwickelte Mehlberge *('brang rgyas)* und daneben zwei aus Mehl gefertigte Steinbockfiguren *(skyin),* gleich wie diejenigen, die am ladakhischen Neujahr Verwendung finden, eine Butterlampe und eine Schale mit Mehl als glückbringende Opfergaben.

Anfänglich werden die in der Küche sitzenden Leute mit Getränken bewirtet. Nach einem kurzen Tanz begeben sich die *nyo pa* in den Bierraum, um dort vom in großen Ledersäcken aufbewahrten Bier zu kosten. Der Vater und der Onkel der Braut tun es ihnen nacheinander nach, während die Hochzeitsgäste von der „Bierfrau" *(chang ma)* aufgefordert werden, Bier zu trinken.

Die Braut weilt zu diesem Zeitpunkt noch nicht unter den Leuten in der Küche. Sie sitzt – anfänglich noch in ihrer Alltagskleidung – auf der Hausterrasse, wo ihr einige Frauen Glücksschleifen übergeben und der Vater und Onkel des Bräutigams ihr zureden, sie solle sich nun für die Hochzeit bereit machen. Anfänglich hilft das Zureden nicht, doch schließlich kleidet sich die Braut mit Hilfe ihrer Tante, sie ist die Brauthelferin *(bag rogs* oder *ma rogs),* und anderen Helferinnen an. Dies und das Zurechtmachen der Haare der Braut zieht sich wiederum in die Länge, und erst nachdem die Helferinnen Geld bekommen haben, beeilen sie sich[167]. Ganz am Schluß wirft sich die Braut das *'bog* genannte Tuch, an dem alle der Braut überbrachten Glücksschleifen angeknotet werden, über den Rücken. So bekleidet begibt sich die Braut zusammen mit dem *bkra shis pa,* dessen Helfer und der *bag rogs* in die Vorratskammer, wo sie sich schluchzend und das Haupt vornübergeneigt niedersetzt und der *bkra shis pa* ein Lied (L) anstimmt. Dieses bezieht sich auf die Glücksschleife, die mit drei Knoten versehen ist und die am *be rag* der Braut befestigt wird. Diese spezielle Kopfbedeckung – die früher wahrscheinlich ein kleiner weißer Hut war[168] – wird *mgo ras,* Kopfstoff, genannt:

Sonne und Mond bedecken den oberen blauen Himmel wie ein Dach.
Diese Decke von Sonne und Mond wird ringsherum von Sternen umgeben.
Ein Hut wie dieser ist der Hut des ganzen blauen Himmels.
Wenn wir ihn erhalten, reichen wir ihn nicht dar.

Der (zum Himmel) führende *bla ma* bedeckt das viereckige religiöse Lehrhaus wie ein Dach.
Diese Decke des führenden *bla ma* wird ringsherum von Schülern umgeben.
Ein Hut wie dieser ist der Hut aller religiösen Lehrhäuser.
Wenn wir ihn erhalten, reichen wir ihn nicht dar.

Der große Mann (König) bedeckt den hohen Palast wie ein Dach.
Diese Decke des großen Mannes wird ringsherum von Noblen und Gewöhnlichen umgeben.
Ein Hut wie dieser ist der Hut aller Paläste.
Wenn wir ihn erhalten, reichen wir ihn nicht dar.

Vater und Mutter bedecken das reiche viereckige Haus wie ein Dach.
Diese Decke von Vater und Mutter wird ringsherum von nahen Verwandten umgeben.
Ein Hut wie dieser ist der Hut aller reichen Häuser.
Wenn wir ihn erhalten, reichen wir ihn natürlich dar[169].

Der weiße Filz bedeckt die Braut[170] wie ein Dach.
Diese weiße Filzdecke ist ringsherum von Otterfell umgeben.

167 Nach Peter 1963: 350 wird das Geld dem Vater und dem Onkel der Braut überreicht.

168 Nach Ramsay 1890: 70 wurde der Hochzeitshut *sham skor i teebi* genannt: „with very broad brim, furlined underneath and velvet covered above".

169 Wahrscheinlich sollte es richtigerweise auch hier „reichen wir ihn n i c h t dar" heißen.

170 Die Braut wird hier *a drung mna' ma* genannt.

Ein Hut wie dieser ist der Hut aller Bräute.
Wenn wir ihn erhalten, reichen wir ihn natürlich dar[171].

Nach diesem Gesang legt der *bkra shis pa* die *mgo ras* genannte Glücksschleife über den *be rag* der Braut, an dem er sie mit Nadeln befestigt. Nach Darreichung eines Bieropfers geleitet er das Mädchen und die Brauthelferin in die Küche. Dort setzt sich die Braut auf einen in der Mitte der Küche ausgebreiteten Teppich, auf dem zuvor mit Gerstenkörnern eine Swastika gezeichnet worden ist[172], rechts neben ihr sitzt die Brauthelferin. Zwischen zwei Pfeilern wird eine lange, weiße Schärpe[173], das Mitgiftseil *(rdzongs thag)*, aufgespannt, über die man die als Mitgift dienenden Kleidungsstücke hängt. Die Mitgift *(rdzongs* oder *sbrag thag)*[174] besteht neben Kleidern aus allerlei Haushaltgerät wie Pfannen, Silbersachen, Tischchen, Sitzkissen, Löffeln, weiter aus Schuhen, Schmuck und Geld, alles Dinge, die vor der Braut aufgeschichtet werden. Zu der Mitgift können auch Pferde, Kühe und Gerste gehören, bei ärmeren Familien Ziegen und Schafe. Im folgenden wird die Mitgiftliste *(rdzongs tho* oder *rdzongs yig)* einer gutgestellten Familie in Übersetzung wiedergegeben. Sie beginnt und endet mit einer festen Formel, dazwischen werden die einzelnen in die Ehe eingebrachten Güter aufgezählt:

Om Swa sti. *rNam thos sras* ist der Herrscher des Nordens. *Arya Dzam bha la* ist der Besitzer von allem Reichtum, *Lha mo Nor rgyun ma* ist die Vernichterin von Armut. Oh, mögen die Götter des Reichtums und die Besitzer des Schatzes uns helfen!

Am 19. Tag des ersten Monats des Feuer-Drachen-Jahres des 16. *rab 'byung*[175], an der Hochzeit von K. D., Tochter des S. G., der M.-Familie aus Leh, mit Herrn S. T., Sohn des T. T., der N.-Familie aus dem Dorfe Nurla, ist die Liste der Besitztümer, die ihr als Mitgift gegeben wurden, die folgende:

Ein *be rag* mit einem sehr guten Stirn-Türkis und 1300 kleinen Türkisen,
ein Gold-Amulett, fünf *to la*[176] wiegend, mit Juwelen verziert,
ein Schmuckstück, aus fünf Korallensträngen, die von einer sehr feinen vergoldeten Silberbrosche zusammengehalten werden.
ein Paar Silber-*then ('then?) thag* (Ketten),
ein Paar Silber-*srung ba* mit Glöckchen *(drul drul)*,
ein Paar Silber-Glücksknoten *(dpal dpe'u (beu?))* mit Glöckchen,
ein Paar „Ohrdeckel", mit Otterfell eingefaßt *(rna (s)lan sram skor)*,
ein Paar „Ohrdeckel" ohne Otterfell,
eine Halskette, verziert mit Korallen und Türkisen von bester Qualität,
eine neunsträngige Perlenhalskette mit Türkisen dazwischen,
ein goldenes Amulettkästchen von neun *to la* Gewicht, mit Edelsteinen und Türkisen verziert,
zwei Ohrgehänge aus sieben Perlenreihen mit goldenen *bum tshangs* (?) (kleine, aus vielen Silberkügelchen gebildete Würfel), mit Türkisen verziert,
ein Zähnereiniger *(so 'drus (so 'khrud?))* aus Silber, fünfteilig,
ein *ldo cha (glo cha)* mit fünf Strängen,
ein Fingerring aus Gold gefertigt, von einem *to la* Gewicht,
drei Silberringe mit Türkisen und Imitationssteinen.

171 Das Lied wird hier in der Version von Tashi Rabgias 1970: 19—21 wiedergegeben. Die Version von Tashi Phuntsok ist unverständlich. In Hanlon 1892: 625 ist ein ähnliches Lied abgedruckt.

172 

173 Nach Tashi Phuntsok sollten es zwei zusammengeknüpfte weiße Schärpen sein.

174 Die richtige Schreibweise des letztgenannten Begriffs ist unklar. Ein Ladakhi schrieb das Wort *„sgrag tag"*, wahrscheinlich ist *sbrag thag* = Dasjenige, das man über das Seil legt (= Mitgift). Nach Peter 1963: 348 heißt es *rag tag* oder *rag rtags* (?).

175 *Rab 'byung* = eine Einheit von 60 Jahren (unserem Jahrhundert entsprechend), die für die Zeitrechnung verwendet wird.

176 1 *to la* = ca. 11,5 Gramm.

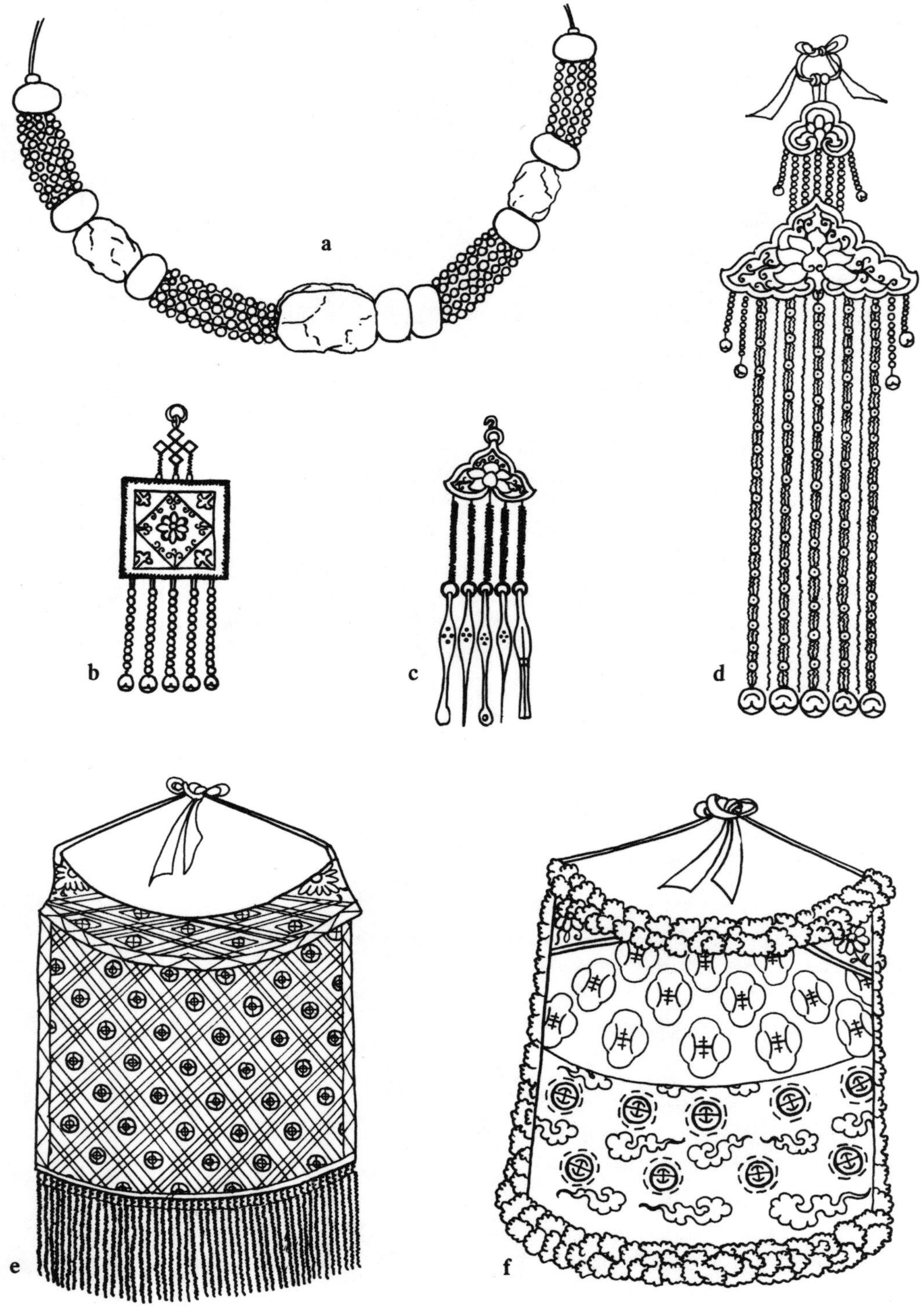

Abb. 4:
Einige der in der Mitgiftliste (siehe Seiten 55 und 58) erwähnten Schmuck- und Kleidungsstücke: **a**: Perlenhalskette mit Korallen und Türkisen verziert; **b**: Silber-*srung ba* mit Glöckchen; **c**: Zähnereiniger aus Silber, fünfteilig; **d**: *ldo (glo) cha* mit fünf Strängen; **e**: Rückentuch *('bog)* aus Brokat; **f**: Seiden-*slo gor* (Zeichnungen eines ladakhischen Künstlers).

Abb. 5:
Einige der in der Mitgiftliste (siehe Seiten 55 und 58) erwähnten Haushaltsgeräte: **a**: Schöpflöffel *(dra zu)*; **b**: Schüssel; **c**: kleine Trinkschale *(sgor mo)*; **d**: Bierkrug mit Deckel; **e**: (Kupfer-)Teekrug *(tib ril)*; **f**: kleiner (Kupfer-)Kessel *('dig)*; **g**: Teekrug *(khra 'u)*; **h**: großer (Kupfer-)Kessel (Zeichnungen eines ladakhischen Künstlers).

Kleider:
zwei *na bza'* (Kleider) aus Samt *(mag mal)* mit Brokatbordüre,
sieben rote Wollkleider *(na bza')* mit normaler Bordüre,
zwei Kleider aus *sag lad*-Stoff, mit Bordüre,
drei rote wollene Kleider ohne Bordüre,
ein Rückentuch *('bog)* aus Brokat,
zwei *'bog* aus *shal* (?),
ein Seiden-*slo gor* (Rückentuch mit Fell gefüttert) von bester Qualität,
ein sehr feines Ziegen-*slog pa* (Rückenüberwurf aus Fell),
ein Paar wollene Pluderhosen,
zwei Hosen aus *sag lad*-Stoff,
drei Hemden aus Rohseide *(bu ras),*
drei Hemden aus Seide,
zwei Hemden aus Baumwolle *(ke re?),*
drei Gürtel aus Rohseide, zwei wollene Gürtel aus *thig ma* (farbiges Wollmaterial).

Schuhe:
zwei Paar Schuhe aus *thig ma,*
ein Paar Schuhe aus *sag lad*-Stoff,
zwei Paar Schuhe aus *khu lu* (Wolle aus feinen Yakhaaren),
drei Paar Schuhe mit Socken drin.

Geräte:
zwei große Kupferkessel *('dig, dig),*
ein kleiner *'dig,*
zwei Pfannen mit Deckel,
zwei kleine Pfannen,
fünf Kupferteller,
zwei große Schüsseln,
ein Bierkrug mit Deckel,
fünf kleine Trinkschalen *(sgor mo),*
zwei große Trinkschalen,
drei Schöpflöffel *(dra zu),*
ein Kupfer-Teekrug
ein Kupfer-Teekrug *(tib ril),*
ein *khra'u,*
eine Silberschale,
zwei Porzellanschalen,
eine Kiste mit 300 Rupien Bargeld drin,
30 *khal* Weizen[177],
eine Kuh,
fünf Ziegen,
Saat für die Felder für ein Jahr,
von Onkel Thondup ein sehr feines Seidenkleid *(gos chen),*
von *no no* (älterer Bruder) Sonam ein feiner Seidengürtel,
von *a ma* (Mutter) Dolma ein rotes Wollkleid,
von *ma chung* (jüngere Mutter) Kunzes ein Hemd,
ein bemaltes Tischchen,
zwei Tischchen,
zwei Kissen,
ein Paar chinesische Teppiche,
ein paar indische Teppiche.

177 1 *khal* = 13,5 kg.

Von nun an ist K. D. während des ganzen Lebens Frau des S. T., Sohn des T. T. Es wird keinen Wechsel geben und keine Zweifel. Der gesamte Besitz von T. T., einschließlich gewöhnliche *mya lo*[178] vom oberen Teil des Tales und *sbor lo*[179] vom unteren Teil des Tales, einschließlich jedes Landstück von der Größe einer Handfläche, einschließlich jeder Stein, so klein wie ein Würfel, alles dies wird unter den Stirntürkis[180] vor K. D. gelegt. (Unterschrieben von *a zhang* und mehreren *pha spun.*)

Während der gesamten Hochzeitsfeier treten die Mönche nicht stark in Erscheinung. Einzig vor dem Abschied der Braut aus ihrem Haus und bei der Ankunft beim Haus des Bräutigams findet je ein kurzer Ritus statt. Im Brauthaus ist es die *gyang 'gugs*-Zeremonie[181], die allgemein dazu dient, Glück herbeizubringen und insbesondere verhindern soll, daß durch den Wegzug der Braut ein Teil des Glücks *(gyang)* der Brautfamilie verlorengeht. Im Bräutigamhaus handelt es sich um einen sogenannten *bgegs sprod*-Ritus, auf den wir später zu sprechen kommen.

Der Text, welcher der *gyang 'gugs*-Zeremonie zugrunde liegt, soll ursprünglich von Gautama Buddha und den Göttern Brahma und Indra einem „Hausvater" überreicht worden sein. Vom gleichen Text wird auch gesagt, der heilige Padmasambhava habe ihn dem König *Khri srong lde brtsan* überbracht.

Die *gyang 'gugs*-Zeremonie dient dazu, Glück in die Welt zu bringen, die Armut zu bekämpfen, die Wünsche der die Zeremonie Ausübenden und derjenigen, welche sie durchführen lassen, zu erfüllen und die „drei Welten" *(khams gsum)*[182] unter Kontrolle zu bringen. Richtigerweise sollte für die Durchführung der Zeremonie ein weißes Ochsenfell als Basis ausgelegt werden. Darauf müssen wertvolle Getreidekörner aufgehäuft, eine wunscherfüllende Glücksvase hingestellt und darum herum rot gefärbte Lebenspillen *(tshe ril)* hingelegt werden. Ferner werden für den Ritus vier Elemente aus den vier Himmelsrichtungen gebraucht:

Aus dem Osten Wasser, um die Hindernisse *(bar chad)* zu beheben,
aus dem Süden Erde, um Leben, Reichtum und Glück zu vermehren,
aus dem Westen Feuer, um die „drei Welten" unter Kontrolle zu bringen
und aus dem Norden Wind, um die negativen Kräfte *(dgra bgegs)*[183] zerstören zu können.

Ferner wird eine Opferspeise benötigt, um die Essenz des Glücks aus den vier Zwischenrichtungen[184] herbeizubringen. Die Glücksvase wird mit Getreidekörnern und anderem wunscherfüllenden Inhalt gefüllt, mit einem gekreuzten *rdo rje* verschlossen und einem roten Tuch umwunden. Weiter werden benötigt Lebensbier *(tshe chang)*[185], ein aus Butter gefertigtes Schaf, um das Glück der Tiere herbeizuführen. Dieses Schaf trägt auf dem Rücken ein Juwel, das dazu dient, die Wünsche zu erfüllen. Schließlich braucht man zur Durchführung der Zeremonie einen mit weißen Getreidekörnern gefüllten Holzbehälter mit einem in den Körnern steckenden Pfeil *(mda' dar)*, an dem verschiedenfarbige Tücher hängen.

Nach diesen Vorbereitungen werden mehrere Götter und Geister angerufen und gebeten, Glück, langes Leben und Erhabenheit so reichlich wie Regen zu bringen. Das sind in erster Linie die bereits auf der Mitgiftliste erwähnten *rNam thos sras, Dzam bha la* und *Nor rgyun ma,* ferner die acht *klu*-Könige, die 28 *sde dpon,* die 32 *mthu chen* (Mächtigen), die vier „großen Könige" *(rgyal chen),* die Göttinnen der

178 Wilde Pflanzen der Species Polygonum?
179 Eine Anemonenart?
180 Gemeint ist damit der größte Türkis des *be rag,* der zuvorderst über der Stirne befestigt ist.
181 In Ladakh auch *(g)yang khug* genannt. Der Name bedeutet „Glück sammeln" oder „Glück zusammenbringen".
182 Das sind die Welt der Sinne oder Begierden *('dod khams),* die Welt der Formen *(gzugs khams)* und die Welt ohne Formen *(gzugs med khams).*
183 Oder: um die feindlichen *bgegs*-Geister zerstören zu können.
184 Himmelsrichtungen zwischen den vier Himmelsrichtungen.
185 Das als lebensverlängernd gilt.

fünf Buddhafamilien *(rigs)* und die Göttinnen der vier Buddhahandlungen[186], die Götter *(lha)*, Wassergeister *(klu)* und weitere Geister wie die *bdud, dmu btsan, ma mo, rgyal po, gza'* (Rahu), *gnyan, sa bdag, the' u rang* usw.

Schließlich wird von demjenigen, der die Zeremonie durchführt, in Gedanken ein Maṇḍala errichtet, in dem die folgenden Ḍâkinîs Platz nehmen sollen:

Vom Osten kommen 100.000 weiße Reichtumsherrinnen *(phyug bdag)*, mit Haken in der rechten und Vasen in den linken Händen. Sie sollen Glück *(gyang)*, leuchtende Körperfarbe *(bkrag mdangs)* und Erhabenheit so zahlreich wie Regen herbeibringen.

Vom Süden kommen 100.000 gelbe Reichtumsherrinnen mit Juwelen in den Händen. Sie sollen Silberreichtum herbeiführen.

Vom Westen kommen 100.000 rote Reichtumsherrinnen mit wunscherfüllenden Schafen. Sie sollen Tierglück und Vermehrung der Tiere bewirken.

Vom Norden kommen 100.000 blaue Reichtumsherrinnen mit Getreideähren. Sie sollen Getreideglück herbeibringen.

Vom Zentrum kommen schließlich 100.000 Reichtumsherrinnen mit *mar zan*-Speisen[187]. Sie sollen Nahrungsmittelglück bringen[188].

Während die Mönche die beschriebene *gyang 'gugs*-Zeremonie durchführen, tragen die anwesenden Laien ihren Teil für eine glückliche Zukunft für die Braut bei, indem sie viele Male glückverheißende Laute wie „*gyang 'gugs, gyang 'gugs*"[189] oder „*phyang 'gugs, phyang 'gugs*"[190] rufen und dabei zuvor verteilte kleine Stoffstücke, eine Art Gebetsfähnchen, über ihren Köpfen hin- und herschwenken.

Nach dieser Glück und Segen herbeiführenden Handlung wendet man sich wieder der Mitgift der Braut zu. Ein gelehrter Mann liest gegen den Herd schauend – ursprünglich wohl, um die dort wohnende Herdgöttin als Zeugin aufzurufen – laut die einzelnen auf der Mitgiftliste niedergeschriebenen Güter herunter. Die Männer aus dem Bräutigamhaus – einschließlich der *pha spun* des Bräutigams – danken für jede Ware mit einem „*ju*", da diese ja in ihre Familie beziehungsweise in ihre *pha spun*-Gruppe eingebracht wird.

Die bereits einige Tage zuvor geschriebene Mitgiftliste wird in zwei Exemplaren – eines für die Eltern des Bräutigams, das andere für die Eltern der Braut – angefertigt. Alle anwesenden *pha spun*[191] und der Onkel des Bräutigams haben die Liste zu unterschreiben, um damit deren Echtheit und Richtigkeit zu bestätigen. Im Falle einer Scheidung wird die Liste für die Aufteilung der Güter konsultiert[192].

Während des Aufzählens der einzelnen Güter wird die Mitgift durch *pha spun* des Bräutigams in Kisten und Säcke verpackt. Neben der Mitgift muß die Braut zusätzlich einen Teller voll Reis und ein Stück Fleisch ins Bräutigamhaus bringen lassen, wohl um zu bewirken, daß die neugegründete Familie stets mit genügend Nahrungsmitteln gesegnet sein wird.

Für den Transport all dieser Güter ins Bräutigamhaus sind ebenfalls die *pha spun* des Bräutigams verantwortlich. Weitere Aufgaben besitzen jedoch weder die *pha spun* der Bräutigam- noch diejenigen der Brautfamilie. Denkt man beispielsweise an die vielen Pflichten der *pha spun* bei einem Todesfall in ihrer eigenen Gruppe, erscheint ihre Bedeutung während der Hochzeitsfeier als recht unbedeutend.

186 *'phrin las bzhi:* Besänftigung, Vermehrung, Kontrolle, Zerstörung.

187 Zu *mar zan* siehe Seiten 33 und 37.

188 Eine Beschreibung einer *gyang 'gugs*-Zeremonie findet sich in Lessing 1942: 139 ff.

189 Nach Tashi Phuntsok: *gyang khug.*

190 Nach Tashi Phuntsok: *chang khug.*

191 Nach Peter 1963: 351 unterschreiben der *gnya dpon (= nyor dpon)* und der Vater des Bräutigams.

192 Nach Tashi Phuntsok erhält die Frau dasjenige, das sie in die Ehe einbrachte, bei einer Scheidung wieder zurück, sofern der Grund für die Scheidung beim Mann liegt.

Nach dem Verpacken der Mitgift steht die Braut auf, dankt ihren Eltern und Verwandten für alles, was sie für sie getan haben, und bittet sie, sie gehen zu lassen. Die nächsten Verwandten, der angesehenste Mönch und die restlichen Anwesenden legen der Braut zum Abschied Glücksschleifen über die Schultern, während die *nyo pa* nochmals um einen der Küchenpfeiler tanzen und ein Lied (M) singen. Dabei opfert der *bkra shis pa* ein wenig Bier, indem er mit seinem Pfeil über ein Biergefäß fährt, dessen Rand mit Butterklümpchen verziert ist. Von dieser Butter klebt der *bkra shis pa* ein bißchen an die Spitze seines Pfeils, wie er dies zuvor bei jedem Bieropfer gemacht hat und noch manche Male auf seinem Weg zum Haus des Bräutigams tun wird, nämlich überall dort, wo ihm Dorfleute am Wegrand Bier und Räucherwerk entgegenhalten.

Die Farben der Seiden-Goldhüte scheinen,
Die Farben der Samthüte scheinen.
Wir bitten den *nyor dpon* aufzustehen,
Wir bitten den großen *nyor dpon* aufzustehen.
Die *no mo*[193] führend gehen wir in unser Dorf.
Die *kun mdzes sgrol ma*[194] führend gehen wir in unser Dorf.
In der rechten Tasche ist Gold,
In der linken Tasche ist Silber.
Nehmt das feste Gold, indem ihr es wägt,
Nehmt das Pulvergold, indem ihr es in Maßbehälter füllt.

Was wurde für den wunderschönen Körper der *no mo* bezahlt?
Was wurde für den wunderschönen Körper der *'dzom pa*[194] bezahlt?
Beim Vater[195], es wurden 100 *sho* Gold bezahlt,
Bei der Mutter[195], es wurden 1000 *sho* aus Silber bezahlt.
Was war der Anlaß, 100 Gold-*sho* zu bezahlen?
Was war der Anlaß, 1000 Silber-*sho* zu bezahlen?
Beim Vater, man brachte es mit frohem Geist,
Bei der Mutter, man brachte es mit frohem Herzen.

Was wurde für die wunderschönen Zähne der *no mo* bezahlt?
Was wurde für die wunderschönen Zähne der *'dzom pa* bezahlt?
Beim Vater, es wurden 100 *sho* Gold bezahlt, (. . .)

Was wurde für die wunderschönen Haare der *no mo* bezahlt?
Was wurde für die wunderschönen Haare der *'dzom pa* bezahlt? (. . .)

Was wurde für das wunderschöne Gesicht der *no mo* bezahlt?
Was wurde für das wunderschöne Gesicht der *'dzom pa* bezahlt? (. . .)

Was wurde für die wunderschönen Hüften der *no mo* bezahlt?
Was wurde für die wunderschönen Hüften der *'dzom pa* bezahlt? (. . .)

Vor dem Verlassen ihres Elternhauses begibt sich die Braut zusammen mit dem *bkra shis pa* und der Brauthelferin in den Kultraum des Hauses, wo sie sich von den Göttern des Elternhauses verabschiedet, indem sie sich weinend dreimal auf den Boden wirft. Denn am heutigen Tag verläßt die Braut ihre *pha spun*-Gruppe und tritt in diejenige ihres Mannes ein, das heißt, sie kommt unter dessen *pha lha* zu stehen. Von nun an sind der Hauskultraum ihres Elternhauses sowie der *lha tho* des *pha lha* ihrer Eltern tabu für sie.

Im Falle einer Scheidung und Rückkehr der Braut ins Elternhaus muß die Frau den *pha lha* ihrer

193 = jüngere Schwester, hier Bezeichnung für die Braut.
194 Bezeichnet ebenfalls die Braut.
195 Richtig „beim Fleisch des Vaters" bzw. „beim Fleisch der Mutter".

Eltern unter Darreichung von Opfergaben und indem sie sich auf den Boden wirft, bitten, sie wieder als Mitglied der *pha spun*-Gruppe ihrer Eltern zu akzeptieren (*gshag pa,* Wiedergutmachen, genannt).

Die Hochzeitsprozession

Nach dieser Lostrennung von der eigenen *pha spun*-Gruppe machen sich die Braut und ihre Begleiter sowie die Gäste aus dem Bräutigamhaus auf den Weg zum zukünftigen Wohnort der Braut[196]. Gleich wie am Vortage stehen vor dem zu verlassenden Haus ein Knabe und ein Mädchen mit Bier, Räucherwerk und Mehl, um die herum die singenden *nyo pa* tanzen. Erst danach setzt sich der Hochzeitszug in Bewegung. Dieser wird von Musikanten – Oboespielern und Trommlern – angeführt. Dahinter gehen die *nyo pa*, dann folgen die Braut und die Brauthelferin und zuhinterst die paar Verwandten des Bräutigams und diejenigen der Braut. Von den letzteren geht niemand außer der Brauthelferin und einigen wenigen männlichen Verwandten weiter als bis zum Dorfrand.

Den Weg entlang stehen wie bereits am Vortag hier und da Dorfleute mit Bier- und Räuchergefäßen und manchmal auch etwas Mehl, welche die *nyo pa* in stets der gleichen Art tanzend und singend umkreisen und bei denen der *bkra shis pa* ein Bieropfer darreicht und ein bißchen Butter an den Ritualpfeil klebt.

Das folgende Opferlied *(gsol mchod)* (N) singen die *nyo pa* auf dem Weg vom Brauthaus zum Haus des Bräutigams überall dort, wo ihnen Dorfleute Bier entgegenhalten:

Om, mögen Glück und Wohlstand herrschen,
Om, mögen Glück und Wohlstand herrschen,
Om, mögen Glück und Wohlstand herrschen!

Dieses reine *gser skyems*[197], dieses unberührte Erstlingsopfer,
Wird *dBang po brGya byin* von der oberen Welt der Götter *(lha)* geopfert.

Dieses reine *gser skyems,* dieses unberührte Erstlingsopfer,
Wird dem *klu*-König *'Jog po*[198] der unteren Welt der *klu* geopfert.

Dieses reine *gser skyems,* dieses unberührte Erstlingsopfer,
Wird dem *btsan*-König *Yam shud*[199] von der mittleren Welt der *btsan* geopfert.

Dieses reine *gser skyems,* dieses unberührte Erstlingsopfer,
Wird den *rtse lha* von den Palästen, wo immer diese sind, geopfert.

Dieses reine *gser skyems,* dieses unberührte Erstlingsopfer,
Wird den *yul lha,* wo immer diese im Land leben, geopfert.

Dieses reine *gser skyems,* dieses unberührte Erstlingsopfer,
Wird den *gzhi bdag,* die an diesem Ort leben, geopfert.

Dieses reine *gser skyems,* dieses unberührte Erstlingsopfer,
Wird den neun beschützenden Göttern[200] der sieben *nyo pa*-Brüder geopfert.

196 Nach Ramsay 1890: 70 wird die Braut vom *a zhang* aus dem Haus hinausgetragen. Im von mir beobachteten Fall wurde sie vom *bkra shis pa* aus dem Haus geleitet.
197 = Goldgetränk, Goldbier. Opfer von Bier mit Getreidekörnern darin.
198 Nach Tashi Rabgias 1970: 17: *Ma dro gzi lcam.*
199 Nach Tashi Rabgias 1970: 17: Die *btsan*-Mutter *sKyabs sbyin.*
200 Nach Tashi Rabgias 1970: 17: *rabs lha.*

Den mit Bier und Räucherwerk am Weg stehenden Dorfleuten übergeben der Vater und der Onkel des Bräutigams Geld – etwa eine Rupie pro Person – als Dank für die glückverheißenden Opfergaben des Vortages und für diejenigen, die nun hingehalten werden[201]. An einigen Stellen werden die am Hochzeitszug Teilnehmenden reichlich bewirtet. Zu diesem Zweck breiten die Donatorenfamilien auf einem ebenen Platz Sitzteppiche aus und stellen davor kleine Tische hin. In der Mitte stehen Pfannen und Bierkrüge, um die herum die *nyo pa,* bevor sie sich setzen, wiederum kurz tanzen. Die auf den Tellern übriggebliebenen Speisen dienen als Entlohnung für die Musikanten, welche die Speisereste in mitgebrachte Säcke abfüllen[202].

In der Nähe eines Klosters oder *lha tho* wird ebenfalls ein kurzer Halt eingeschaltet. An solchen Stellen schlägt der Trommler seine Trommel zu Ehren der an dieser Stelle hausenden Götter, ein Trommeln, das *lha rnga* genannt wird. Am Wegrand wird eine kleine Gebetsfahne in den Boden gesteckt, während die *nyo pa* die Götter mit den Worten *„kyi kyi so so lha rgyal lo"*[203] willkommen heißen.

Beim erneuten Aufbruch, und manchmal auch dazwischen, rufen die *nyo pa „ya sha ho, ya sha ho".* Dieser Ausdruck von Freude steht in starkem Gegensatz zur Trauer der Braut, die während der ganzen Hochzeitsfeier zum Ausdruck bringt, daß sie sich nur unwillig ins Haus des Bräutigams begibt.

Vor dem Haus des Bräutigams

Beim Haus des Bräutigams angelangt, werden die Prozessionsteilnehmer wiederum von einem schön bekleideten Mädchen und einem Knaben, beides Geschwister des Bräutigams, empfangen. Das Mädchen trägt einen mit Butterflocken verzierten Bierkrug, der Knabe ein Räuchergefäß. Vor den beiden Kindern wird die Mitgift von den Tragtieren geladen und um den dort ausgebreiteten Teppich aufgeschichtet. Auf diesen setzen sich kurz darauf die Braut und ihre Helferin.

Nachdem die *nyo pa* in der bereits mehrmals beschriebenen Art um die beiden Kinder getanzt haben, stellen sie sich gegenüber der Braut auf und singen das bereits abgedruckte *gsol mchod*-Lied (N).

Das nun folgende *bgegs sprod-* oder *bgegs gtor*-Ritual[204] richtet sich gegen böse Geister oder Hindernisse *(bgegs),* welche der Braut unter Umständen gefolgt sind, und wird wie die *gyang 'gugs*-Zeremonie von Mönchen durchgeführt. Häufig wird hierzu der *cha gsum*-Text rezitiert.

Danach nähert sich einer der Mönche tanzend und mit einem unter seinem Gewand versteckt gehaltenen kugelförmigen Tonkrug einem Stein. Auf diesen mit einem schwarzen Doppel-*rdo rje* bemalten Stein wirft der Geistliche unter Aufsagen von kurzen Beschwörungsformeln plötzlich den Krug, so daß dieser zerbricht und sein Inhalt – ein sogenanntes *rdzab blud*[205] – weitherum verspritzt wird. Beim *rdzab blud* handelt es sich um Nahrungsmittel – wie Fleisch, Radieschen, Salz, gebrauchtes Teekraut, von der Bierherstellung übrig gebliebene Gerstenkörner und *chang bu*[206] der Mitglieder der Bräutigamfamilie,

201 Am Wegrand standen bei einer von mir beobachteten Hochzeit auch Muslime – hauptsächlich Kinder –, von denen einige den *nyo pa* statt Bier nur Wasser entgegenhielten. Doch auch sie bekamen vom Vater und Onkel des Bräutigams Geld, wohl weil es als schlechtes Omen gegolten hätte, hätte man ihnen nichts gegeben.

202 Bei ein und demselben Zwischenhalt können mehrere Familien den Hochzeitsleuten Speisen vorsetzen. In einem solchen Fall wiederholt sich das *procedere* – Tanz um Speisen und Gesang, Essen und Verteilen der Speisereste an die Musikanten – so oft, bis jede Spenderfamilie einmal an der Reihe war, d. h. ihre Speisen den Gästen vorsetzen konnte.

203 Nach Ribbach 1940: 78 *„kye kye gsol gsol lha rgyal lo".*

204 Der Name dieser Zeremonie ist unklar. Man findet auch die Schreibweise *'gyahs sprod,* nach Peter 1963: 351 heißt sie *rgyag ch'hod* = „casting the hindrance away".

205 Ton-Substitut. Manchmal auch *rdza blugs* geschrieben: Ton-Gefäß (?).

206 Wurstförmiges Gebilde, das dadurch entsteht, daß man ein bißchen angefeuchtetes (geröstetes) Mehl in der Faust zusammenpreßt, mit dem man den ganzen Körper leicht abreibt, um dadurch mögliche Krankheiten auf den Teig zu bannen.

FOTOS ZUM KAPITEL GEBURT
(Die Bilder 12–14 wurden in Sabu aufgenommen)

11 Kleinkind mit dem typischen schwarzen Strich auf der Stirn, der – wie die Amulette am Hut – das Kind vor Unheil bewahren soll. (Foto Hans Dreyseitel, Schlieren).

12 Fest am dreißigsten Tag nach einer Geburt: Die von den Vertretern der einzelnen Dorffamilien mitgebrachten Geschenke werden in der Mitte des für diesen Anlaß errichteten Zeltes aufgeschichtet, . . .

13 . . . während die Gäste reichlich bewirtet werden.

14 Zu den Gaben gehören unter anderem ein komplettes Kinderkleidchen und ein Hut *(ti pi)*. Beide zuoberst auf dem Gabenberg liegenden Geschenke stammen von der Mutter des Elternteils, der in den betreffenden Haushalt einheiratete. Im Vordergrund sind die Säcke zu sehen, in die das von jedem Besucher überreichte Mehl gefüllt wird.

FOTOS ZUM KAPITEL HOCHZEIT
(Die Fotos 15–32 wurden in Phyiang aufgenommen)

15 Die *nyo pa*, die wichtigsten Hochzeitshelfer. Charakteristisch für ihre Kleidung sind die mit Goldfäden geschmückten Hüte sowie die Brokatmäntel.

16 Bedeutendstes Requisit der *nyo pa* ist der mit einer Glücksschleife, fünf verschiedenfarbigen Tüchern, einem Spiegel, einem Ring und einem Fersenknochen eines Schafs oder einer Ziege behängte Pfeil, der *mda' dar*.

17 Ein kleiner Mehlberg *('brang rgyas)*, ein Opfer an die Götter.

18 Während die Leute der Bräutigamseite bereits in der Küche des Brauthauses feiern, sitzt die Braut trauernd auf dem Dach des Hauses und lehnt es anfänglich trotz langem Zureden ab, sich für die Hochzeit bereit zu machen.

19 Vor dem Brauthaus werden die Götter mit Opfergaben – Räucherwerk und Bier – günstig gestimmt . . .

20 . . . während die Braut – geführt vom *bkra shis pa* – ihr Haus verläßt.

21 Beim Haus des Bräutigams angelangt, vollführen Mönche den *bgegs gtor*-Ritus gegen böse Geister und Hindernisse, welche der im Vordergrund des Bildes zu sehenden, am Boden kauernden Braut unter Umständen gefolgt sind.

22 Auch vor dem Bräutigamhaus werden ein Räucher- und ein Bieropfer dargereicht. Das Bild zeigt den mit Butterflocken kunstvoll verzierten Bierkrug.

23 Ankunft der Mitgift beim Bräutigamhaus. Für den Transport der Waren sind die *pha spun* des Bräutigams verantwortlich.

24 Typisch für das Hochzeitskleid der Braut ist in erster Linie die mit drei Knoten versehene Glücksschleife (*mgo ras* genannt), die der *bkra shis pa* am Kopfschmuck *(be rag)* der Frau befestigt.

25 Die Braut bringt während der ganzen Hochzeitsfeier zum Ausdruck, daß sie über die Trennung von ihrer Familie sehr traurig ist und sich nur unwillig in das Haus ihres zukünftigen Mannes begibt.

26 Ein Teil der Mitgift, die vor dem Abtransport in der Küche des Brauthauses aufgeschichtet beziehungsweise auf das „Mitgiftseil" gelegt wird.

27 An einigen Stellen des Weges zwischen Braut- und Bräutigamhaus werden die an der Hochzeitsprozession Teilnehmenden reichlich bewirtet. Die Braut ißt jedoch – ebenfalls ein Zeichen ihrer Trauer – nichts.

28 Die einzelnen Haushalte eines Dorfes lassen am *bag ston*-Tag Bier zum Haus des Bräutigams bringen, eine Spende, über die genau Buch geführt wird.

29 Der Anführer der *nyo pa*, der *bkra shis pa*, mit seinem wichtigen Requisit, dem Ritualpfeil *(mda' dar)*.

30 Am Weg zwischen Braut- und Bräutigamhaus stehen hier und da Dorfbewohner mit Bier, Räucherwerk und Mehl, welche die *nyo pa* in stets derselben Art tanzend und singend umkreisen, und bei denen der *bkra shis pa* jedesmal ein Bieropfer darreicht.

31 In der Mitte des neben dem Bräutigamhaus liegenden Festplatzes stehen ein großer, mit Bier gefüllter irdener Topf und ein aus Teig geformter „Berg", ein sogenannter *'bang rgyas*, an dem ein gehäuteter Schafs- oder Ziegenrumpf lehnt.

32 Die Speisen und das Bier werden von den *nyo pa* tanzend umkreist, worauf sie an die anwesenden Gäste verteilt werden.

12

13

15

16

17

19

21

22

23

24

25

26

28

29

30

31

32

alles Dinge, die mit dem Übel der Bräutigamfamilie behaftet sind und durch das Zerschmettern auf dem Stein endgültig zerstört werden[207].

Bevor sich die Leute in das Haus begeben, wirft der Onkel des Bräutigams mehrmals Geldstücke in die Luft – ein Geschenk an die anwesenden Gäste und gleichzeitig ein gutes Omen für die Brautleute, das zukünftigen Reichtum verspricht. Beim Hauseingang begrüßt die Mutter des Bräutigams die Ankömmlinge. Mit der einen Hand hält sie einen mit Gerstenkörnern gefüllten Teller, mit der andern gibt sie jedem, der an ihr vorbeigeht – das sind zuerst die *nyo pa* und deren Helfer, dann die Braut, ihre Helferin, der Vater und Onkel des Bräutigams –, als glückverheißendes Begrüßungsgeschenk eine Glücksschleife. Die Braut, welche die Schwiegermutter ehrfurchtsvoll mit Gesten und Worten grüßt, darf das Haus nicht sofort betreten, da die Brauthelferin ihren Tribut, eine sogenannte Türsteuer *(sgo 'bab)* für ihre bis anhin geleisteten Dienste und das Weggeben der Braut fordert. Nach kurzem Hin und Her erhält die Braut von der Schwiegermutter etwa fünf bis zehn Rupien, die sie an die Helferin weitergibt, worauf die Braut das Haus betreten darf. Kommt die Braut zu Pferd bei ihrem zukünftigen Wohnhaus an[208], muß ein zusätzlicher Tribut bezahlt werden: Die *bag rogs* läßt die Frau nur dann vom Pferd herunter, wenn sie zuvor vom Vater oder *a zhang* des Bräutigams die sogenannte Pferdesteuer *(rta 'bab)* erhalten hat.

Im Haus des Bräutigams

In der Küche erwartet der Bräutigam[209], auf einem kleinen Teppich[210] sitzend, die Braut. Neben ihm liegt ein zweiter Teppich, auf den sich die Braut, den Kopf noch immer in angeblicher Trauer nach vorne geneigt, setzt (*bag sgrig* = die Brautleute zusammensetzen). Auf den beiden Sitzteppichen, deren genaue Lage ein Astrologe bestimmt hat, wurde zuvor mit Gerstenkörnern je eine Swastika gezeichnet[211]. Links von den Brautleuten nimmt die Brauthelferin ihren Platz ein, die anderen Gäste sitzen den Wänden entlang, den Brautleuten zugewandt.

Vor den Gästen werden in kurzen Abständen verschiedenste Speisen und Getränke aufgetischt: Mehl und einige Stückchen getrocknetes Fleisch, Tee, runde Brote und gedörrte, in Wasser aufgekochte Aprikosen, ein Gemisch von flüssiger Butter, Tee, Zucker und geröstetem Mehl (*phye mar* genannt), Bier in großen Silberschalen, Reis mit Kartoffeln und Fleisch usw. Viele Speisen werden von den Gästen stehengelassen, was nicht als unhöflich gilt, sondern im Gegenteil zum guten Ton gehört, da man auf diese Weise zeigt, daß genügend Speisen aufgetischt wurden.

Für das gemeinsame Mahl – es ist die erste gemeinsame Handlung der Brautleute – begibt sich das vom *bkra shis pa* angeführte Ehepaar in die Vorratskammer. Dort wird beiden Eheleuten ein mit gekochtem Reis, Gemüse und Butter gefüllter Teller hingehalten, von dem zuerst der Bräutigam und dann die Braut mit demselben Löffel ein wenig essen[212]. Darauf trinken beide nacheinander aus der gleichen Schale etwas Bier, was – wie das Essen vom gleichen Teller – als gutes Omen für die Eheleute gilt.

207 Siehe hierzu auch Heber 1976: 188.

208 Manchmal reitet die Braut auf einem weißen Pferd, ebenso die *nyo pa*.

209 Bei einer polyandrischen Brüderehe die Bräutigame (Brüder).

210 Nach Peter 1963: 351 auf einem weißen Stoff.

211 Nach einigen Informanten sollte auf den Sitzteppich des Mannes eine Swastika, auf denjenigen der Frau eine Triratna (Drei Juwelen) gezeichnet werden:

Nach Tinley aus Sabu wird auf den Teppich der Braut ein achtblütiger Lotus gezeichnet, nach Heber ein Juwel.
Als weitere mögliche Schreibweisen für *bag sgrig* wurden genannt: *bag rig* und *bag sgrag*.

212 Manchmal „füttert" der *bkra shis pa* die beiden mit einem Löffel. Nach Tinlay aus Sabu reicht die Bräutigammutter den beiden das Essen dar.

Während der *bkra shis pa* die *mgo ras* von den Köpfen der Brautleute wegnimmt und die Schleier auf einen mit Gerstenkörnern gefüllten Teller legt, der danach während einiger Tage im Vorratsraum aufbewahrt wird, stimmen die *nyo pa* ein Lied (O) mit folgendem Text an:

Om, mögen Glück, Frieden und Wohlstand herrschen,
Om, mögen Glück, Frieden und Wohlstand herrschen,
Om, mögen Glück, Frieden und Wohlstand herrschen!

Beim Herunternehmen ein Hut, zwei Hut[213],
Bringt bitte einen gelb-goldenen Teller!

Beim Herunternehmen ein Hut, zwei Hut,
Bringt bitte einen weiß-silbrigen Teller!

Beim Herunternehmen ein Hut, zwei Hut,
Bringt bitte einen Teller mit blauer Gerste darauf!

Gebt den Hut des Himmels in die Hände von Sonne und Mond.
Om, der *bkra shis pa* soll sich gegen Osten drehen.

Den *gangs rta*-Hut[214] gebt in die Hände des Gletscherlöwen.
Om, der *bkra shis pa* soll sich gegen Osten drehen.

Den *ha nu*-Hut[215] gebt in die Hände von Vater und Mutter.
Om, der *bkra shis pa* soll sich gegen Osten drehen.

Möge Friede herrschen, unsere Wünsche mögen in Erfüllung gehen,
Mögen Friede und Glück herrschen für das Erlangen dieses Ziels!
Mögen Friede, Glück und Wohlstand herrschen[216]!

Der erste Teil der Festlichkeiten im Bräutigamhaus geht damit seinem Ende entgegen. Die Eheleute begeben sich nacheinander in den Kultraum des Hauses, um dort die Götter zu begrüßen, und danach in den obersten Stock des Hauses, wo sie sich bei den Texte lesenden[217] Mönchen für ihre guten Dienste bedanken. In der Zwischenzeit werden in der Küche mehrere Tänze aufgeführt, so von den *nyo pa*, ihren Helfern, dem *a zhang* und dem Vater des Bräutigams.

Auf dem Festplatz (bag ston)

Nach diesen Festlichkeiten im Bräutigamhaus, die einige Stunden andauern können, begeben sich die *nyo pa* und ihre Helfer zu einem in der Nähe des Hauses liegenden Platz, wo sich viele eingeladene Gäste – zur Hauptsache Frauen, da die Männer größtenteils in der Küche zurückgeblieben sind – eingefunden haben und Bier trinken. Dieses wurde im Verlaufe des Tages von Dorffrauen zum Festplatz getragen, ist demnach eine Spende einzelner Dorffamilien, über deren Gaben – wie wir noch sehen werden – genau Buch geführt wird. Die Einladung der einzelnen Familien erfolgte einige Tage zuvor, indem ein „Rufer" von Haus zu Haus ging und über die bevorstehende Hochzeit informierte[218].

213 Damit sind der *mgo ras* der Braut und derjenige des Bräutigams gemeint.
214 *gangs rta*-Hut heißt übersetzt „Gletscher-Pferd-Hut", was keinen Sinn ergibt.
215 Es ist unklar, was mit diesem Namen gemeint ist. Eventuell bedeutet *ha nu* Braut und ist identisch mit dem ebenfalls unklaren Wort *ha sru* des Liedes B.
216 Nach Peter 1963: 351 steckt der *bkra shis pa* nach dem Entfernen der *mgo ras* den Pfeil hinten in den Kragen der Braut als Zeichen dafür, daß er sie wegnimmt und dem Bräutigam übergibt.
217 Welche Texte die Mönche zu lesen haben, entscheidet in der Regel ein Astrologe.
218 Dieser „Rufer" hält sein Amt während eines Jahres inne und muß in dieser Zeit die Dorffamilien auch für andere Versammlungen zusammenrufen.

Abb. 6:
Brautleute, Tänzer (zuvorderst der *bkra shis pa* mit dem Ritualpfeil, dann der *nyor dpon,* ein weiterer *nyo pa* und ein *spun*) und zwei Musikanten. Im Zentrum Speisen und Bier (Zeichnung eines ladakhischen Künstlers).

In der Mitte des Platzes stehen ein großer irdener Biertopf und ein aus geröstetem Mehl geformter „Berg", ein mit vielen Butterflocken dekorierter sogenannter *'brang rgyas* (großer Wohnort?), an dem ein gehäuteter Schaf- oder Ziegenrumpf lehnt. Das für die Herstellung des *'brang rgyas* benötigte Mehl wird vom *a zhang* – manchmal auch von mehreren Onkeln – des Bräutigams beigebracht. Verglichen mit früheren Zeiten[219] sind diese Mehlgebilde heutzutage eher bescheiden, sie können aber noch immer die respektable Höhe von ein bis eineinhalb Metern erreichen.

Vor diesem stupaähnlichen Mehlberg haben die *nyo pa* und deren Helfer nochmals ein Lied (P) zu singen, worauf sie sich tanzend um ihn herum bewegen:

Om, mögen Frieden, Glück und Wohlstand herrschen!
Im Osten des indischen Bodh Gayâ
Ist über dem Seeungeheuer *Pa tra* ein Edelstein geboren worden.
Mit besten Absichten wird dieser Edelstein Gott geopfert.
Mit besten Absichten wird ein solch höchster Reichtum Gott geopfert.

Im Süden des indischen Bodh Gayâ
Ist über einem Sandelbaumstamm ein Edelstein geboren worden.

219 Siehe Abbildung in Ribbach 1940: 128. Dort sind drei etwa menschengroße, aus ziegelförmigen Mehlklötzen aufgebaute quadratische *'brang rgyas* zu sehen.

Mit besten Absichten wird dieser Edelstein Gott geopfert.
Mit besten Absichten wird ein solch höchster Reichtum Gott geopfert.

Im Westen des indischen Bodh Gayâ
Ist über dem Ganges-Fluß ein Edelstein geboren worden.
Mit besten Absichten . . .

Im Norden des indischen Bodh Gayâ
Ist über zucker- und glasähnlichem Salz ein Edelstein geboren worden.
Mit besten Absichten . . .

Im Zentrum des indischen Bodh Gayâ
Ist aus brauner (?) Erde ein Edelstein geboren worden.
Mit besten Absichten . . .

Om, des *bkra shis pa* Gesicht schaut gegen Osten.
Mögen alle unsere Wünsche wegen der eben dargebrachten Opfer erfüllt werden!
Mögen wir glücklich sein, indem sich alle unsere Wünsche erfüllen!
Om, mögen Frieden, Glück und Wohlstand herrschen[220]!

Ohne Zweifel ist der *'brang rgyas* eine symbolische Darstellung des Weltenberges. Darauf deutet einmal sein stupaähnlicher Aufbau – der obere Teil ist deutlich in vier Sektoren, die vier Himmelsrichtungen, eingeteilt –, aber auch das vor dem *'brang rgyas* gesungene Lied. Denn das im Lied erwähnte Bodh Gayâ gilt für die Tibeter als Zentrum der Welt[221]. Dadurch, daß man den *'brang rgyas* mit Bodh Gayâ in Beziehung bringt, wird der Mehlberg – wie Bodh Gayâ – zum Weltzentrum. Der Festplatz *(do ra),* in dessen Mitte er steht, symbolisiert dann das Universum.

Ähnliches schreibt auch Tucci über den in Poo (in Ober-Kunawar) *dog ra* genannten Tanzplatz. Für Tucci ist der *dog ra* nicht nur die Projektion des Universums in seiner Ausdehnung, sondern ist auch die Projektion der drei Existenzsphären *(lha, btsan, klu).* Am Ende des letzten Liedes der Poo-Sammlung ist die Rede vom *rgyal ri* (Königsberg), der sich offensichtlich im Zentrum des *dog ra* befindet und dem *'brang rgyas* des eben beschriebenen ladakhischen Hochzeitsrituals entspricht[222].

Gegen Abend begeben sich die Braut, ihre Helferin und der Bräutigam auf den Festplatz, wo sie jedem Gast mit Worten und Gesten danken. Ist dies geschehen, stellen sich der Vater des Bräutigams, der Bräutigam, die Brauthelferin und die Braut in eine Reihe, und alle Gäste gehen an ihnen vorbei und bezahlen einige Rupien. Diese Geldgaben werden im *'brel tho,* der „Vereinigungsliste", säuberlich eingeschrieben, wie zuvor die von den Dorfleuten gespendeten Brote und das Bier. Die *'brel tho* wird dann zu Rate gezogen, wenn in einer Donatorenfamilie ebenfalls eine Hochzeit stattfindet.

Als Dank für seine Gabe erhält jeder ein Gegengeschenk, eine Glücksschleife und einen Teil des Mehlberges sowie des Fleisches. Das größte Fleischstück sowie der oberste Teil des *'brang rgyas* gehen an den höchsten anwesenden Mönch, das nächstbeste Stück erhält der Dorfvorsteher, die Reste werden unter den Dorfleuten verteilt, die sich anschließend auf den Heimweg machen.

220 Ein ähnliches Lied findet sich in Hanlon 1892: 624–625. Nach diesem Text steht
der Osten von Bodh Gayâ mit dem Wassermonster Pata und Reichtum,
der Süden von Bodh Gayâ mit Reichtum, Getreide von allen Sorten,
der Westen von Bodh Gayâ mit Glück, Gewürzen, Balsam und Medizinen,
der Norden von Bodh Gayâ mit Kristallen, Glas, Salz und Zucker
in Beziehung. – Dieses Lied kann auch im Brauthaus gesungen werden vor dem *'brang rgyas,* sofern ein solcher überhaupt beim Brauthaus aufgestellt wurde. Ein Lied mit ähnlichem Aufbau ist auch das von Francke überlieferte Lied Kh. Ch. III. Siehe auch Tucci 1966: 111–112.

221 Norbu/Turnbull 1972: 28.

222 Tucci 1966: 64–65, 111–112.

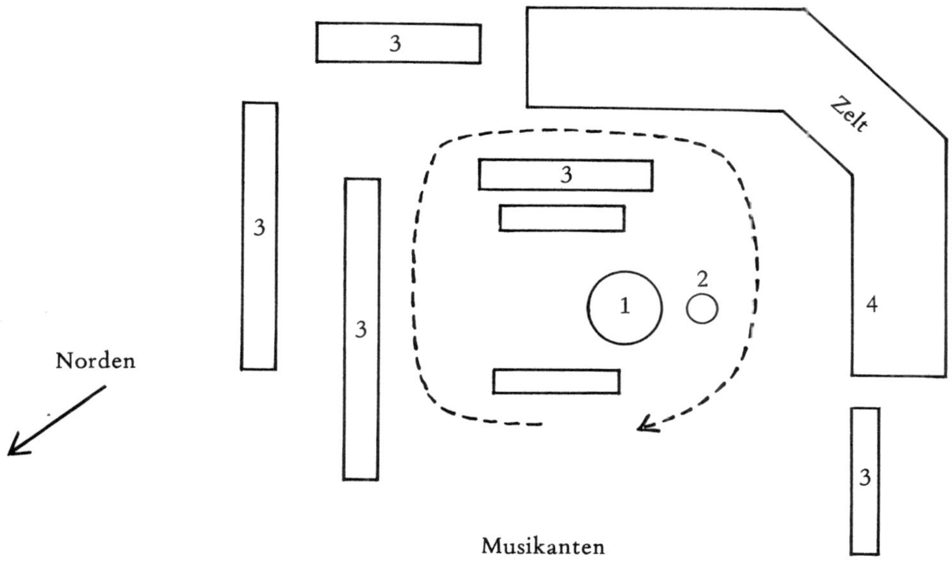

Abb. 7: Der Festplatz
1 = *'brang rgyas*
2 = großes Biergefäß
3 = Sitzteppiche für Gäste
4 = Sitzplätze der *nyo pa*
---> Tanzrichtung

Die Verwandten und engeren Bekannten der Brautleute begeben sich nochmals in die Küche, wo das Fest mit Gesang, Tanz, Essen und Trinken seine Fortsetzung findet.

Verwandtenfest und „Kleines Fest"

Am nächsten, dritten Tag werden Verwandte des Bräutigams und der Braut sowie Bekannte und Freunde mit Speisen und Bier bewirtet, eine Einladung, die Verwandtenfest *(gnyen mgron)* genannt wird. Nun tragen die *nyo pa* nicht mehr ihre Seidengewänder und Goldhüte, sondern Kleider aus *sag lad*-Stoff und schwarze Samthüte *(mag mal)*. Am vierten und letzten Tag findet im Bräutigamhaus eine weitere Einladung statt, das sogenannte kleine Fest *(mgron chung)*, an dem die nächsten Verwandten des Bräutigams und der Braut teilnehmen. An diesem Tag müssen die Eltern des Bräutigams alle diejenigen entlohnen, die zum Gelingen der Hochzeitsfeier beitrugen. Das sind in erster Linie die *nyo pa,* ferner die Bierkellnerin *(chang ma)*, Köche, Musikanten und weitere Helfer, nicht jedoch die *pha spun.* Diese Auszahlung der Helfer wird „Wegende" *(lam mjug ('jug))* genannt. Mit diesem vierten Festtag, an dem das folgende Abschlußlied (Q) gesungen wird, findet die Hochzeit ihr endgültiges Ende.

Möge Glück herrschen, möge Glück herrschen!
Wenn Sonne und Mond, die beiden, unverändert am glücklichen, hohen Himmel sind,
Dann mögen Freude und Glück herrschen!
Wenn die zahlreichen Sterne unverändert sind,
Dann mögen Freude und Glück herrschen!

Möge Glück herrschen, möge Glück herrschen!
Wenn der *bla ma* unverändert im glücklichen, viereckigen, religiösen Lehrhaus ist,
Dann mögen Freude und Glück herrschen!
Wenn die zahlreichen Schüler unverändert sind,
Dann mögen Freude und Glück herrschen!

Möge Glück herrschen, möge Glück herrschen!
Wenn der große Mann unverändert im glücklichen, hohen Schloß ist,

Dann mögen Freude und Glück herrschen!
Wenn die zahlreichen Noblen und Gewöhnlichen unverändert sind,
Dann mögen Freude und Glück herrschen!

Möge Glück herrschen, möge Glück herrschen!
Wenn Vater und Mutter unverändert im glücklichen, reichen, viereckigen Haus sind,
Dann mögen Freude und Glück herrschen!
Wenn die zahlreichen nahen Verwandten unverändert sind,
Dann mögen Freude und Glück herrschen!

Möge Glück herrschen, möge Glück herrschen!
Wenn die *nyo pa,* die sieben Brüder, unverändert im glücklichen, viereckigen *do ra*[223] sind,
Dann mögen Freude und Glück herrschen!
Wenn die Freunde und Kameraden unverändert sind,
Dann mögen Freude und Glück herrschen!

Rätsellieder

In alten Zeiten war der Weg zum Brauthaus bedeutend beschwerlicher als dies heute der Fall ist. Die *nyo pa* und ihre Begleiter mußten nämlich in zwei Etappen bestimmte Hindernisse überwinden:

Beim Hoftor des Brauthauses angelangt, begehrten die *nyo pa* Einlaß. Dieser wurde ihnen jedoch so lange verwehrt, bis sie ihre göttliche Herkunft durch die Beantwortung vieler in Liedform gestellter Fragen beweisen konnten. Die meisten dieser Rätsellieder haben die ladakhische Mythologie zum Thema. So geht es in ihnen um die Frage, wie die *nyo pa* die vielen Hindernisse überwanden, die sich ihnen angeblich in den Weg stellten, als sie vom Himmel über mehrere Zwischenstationen zum Brauthaus zogen; welches die tiefere Bedeutung der Weidenstöcke sei, die dazu dienten, die *nyo pa* zu schlagen, wenn sie eine Frage nicht beantworten konnten[224]; wer in den verschiedenen Himmelsrichtungen Herrscher sei; welche drei Schlösser, Seen, Länder und Unbegrenztheiten es gebe, usw. War die Beantwortung einer Frage nicht möglich, wurden die *nyo pa* von der Brautseite, der „innern Seite", mit Stöcken geschlagen, und erst wenn alle Fragen richtig beantwortet werden konnten, öffnete man ihnen das Tor und sie durften den Hof betreten. Neunzehn dieser beim Hoftor zu singenden Lieder sind von Francke veröffentlicht worden, weshalb hier nicht mehr näher auf sie eingegangen werden soll[225]. Dieses Frage- und Antwortspiel findet heute längst nicht mehr so ausführlich statt wie in früheren Zeiten. Einige wenige Lieder werden aber gelegentlich noch gesungen, so das Lied J, das schon Francke in sehr ähnlicher Form publizierte[226].

Von einem anderen Hindernis vor dem Hoftor erzählte mir ein ladakhischer Informant. Nach ihm wurde früher in einiger Entfernung vom Brauthaus ein Pfeil *(mda' dar)* in den Boden gesteckt. Zwischen diesem und dem Haus vergrub man an verschiedenen Stellen je ein Holz oder einen Stein. Die *nyo pa* mußten sich, vom *mda' dar* ausgehend und indem sie Lieder sangen, dem Haus nähern und nach jeder Strophe mit einem Stab in den Boden stechen, um den vergrabenen Stein oder das Holzstück zu finden und auszugraben. Gelang dies nicht, wurden sie von Verwandten der Braut mit Stöcken geschlagen. Über einen ähnlichen Brauch berichten auch die Heber[227].

223 *do ra:* Name für den Festplatz. Siehe auch Anm. 250.
224 Interessanterweise stehen diese Ruten mit dem Weltenbaum (siehe Seite 45 ff und 76 ff) in Beziehung. Siehe Francke 1923: 37–43.
225 Francke 1923.
226 Francke 1901 (5): 4–6, Francke 1923: 61.
227 Heber 1976: 186.

Im H o f des Brauthauses befand sich früher die zweite Serie von zu überwindenden Hindernissen, nämlich viele Gruppen von sogenannten *tho* (Haufen), kleinen Bauten aus Steinen und Lehm. Die *nyo pa* hatten, von Gruppe zu Gruppe gehend, die Aufgabe, die Bedeutung der einzelnen *tho* singend zu erklären. War dies geschehen, durften sie die betreffende *tho*-Gruppe niederreißen und zerstampfen und bis zur nächsten Gruppe schreiten, bis schließlich alle Haufen erklärt und zerstört waren.

Das Aufstellen von Steinhaufen und das Singen der damit in Zusammenhang stehenden Rätsellieder wird in Oberladakh kaum mehr praktiziert. Bekannt ist es nach Tinley aus Sabu noch in Chimre, Sakti, Rong, Changtang, Lahul und in Unterladakh. Hinweise auf die bei dieser Gelegenheit gesungenen Lieder *(tho glu)* finden sich nur selten in der Literatur über Ladakh[228], weshalb ich kurz auf die Lieder eingehen möchte. Der Aufbau der *tho glu* ist grundsätzlich stets derselbe: Die innere Seite stellt die *tho* anfänglich vor und fordert – manchmal unter Drohungen – die Leute der äußeren Seite, nämlich die *nyo pa,* auf, den *tho* Opfer darzureichen und einen Opfergesang *(glu phul)* zu singen, ansonsten sie sich wegscheren sollten. So angesprochen, charakterisiert die äußere Seite die einzelnen vor ihr stehenden *tho* genauer, worauf sie sie umwerfen und zertreten darf.

Das folgende Lied[229] steht stellvertretend für die meisten *tho*-Lieder, die sich wie gesagt im Aufbau sehr ähnlich sind:

Innere Seite: Dieser *tho,* der vor uns steht, hat vier große *gnyan*[230].
Verehre den *tho* und bete zu ihm!
Reiche dem *tho* einen *'brang rgyas*[231] dar!
Singe dem *tho* einen Opfergesang!
Wenn ihr ihm keinen *'brang rgyas* gebt,
Dann geht weg, ihr schlechten Gäste!
Ist es gut so?

Äußere Seite: Da ist der *gnyan* der Sonne und des Mondes im blauen Himmel.
Da ist der *gnyan* des Windes über dem hohen Felsen.
Da ist der *gnyan* der Wellen im Ozean.
Da ist der *gnyan* des Tosens des Flusses.
Dies sind die vier *gnyan*[232].

Auch wenn es aufgrund des vorhandenen Materials nicht möglich ist, alle *tho* genau zu erklären, zeigen die Unterlagen von Francke und Tucci doch deutlich, daß viele *tho* kosmologische Bedeutung besitzen. Sie stellen die Elemente dar, welche die Welt des Ladakhi ausmachen und strukturieren, so die Himmelsrichtungen, Farben und wertvollen Materialien, die Elemente, verschiedene Grenzarten, soziale Schichten usw.

Auch Tucci ist der Meinung, daß einige der mit den *tho* in Zusammenhang stehenden Riten und Lieder eine kosmologische Bedeutung besitzen. Nach ihm dienen sie dazu, das Universum an den Ort zu verlegen, an dem die Hochzeitszeremonie stattfindet, und das Haus der Braut ins Weltzentrum zu versetzen[233]. Am deutlichsten kommt der kosmologische Gehalt der *tho* in der „neun *tho* der Weltordnung" genannten Gruppe zum Ausdruck, die den gesamten Kosmos symbolisiert und aus folgenden Haufen besteht:

228 Siehe Tucci 1966: 115–19; Ribbach 1940: 245, Anm. 95; Heber 1976: 186.
229 Es handelt sich hierbei um das Lied 20 aus der Franckschen Liedersammlung.
230 Übelwollende Geister, die zwischen Erde und Himmel wohnen.
231 Mehlspeise in Form eines Berges.
232 Ähnliche und zusätzliche *gnyan*-Klassen erwähnt Nebesky-Wojkowitz 1975: 289.
233 Tucci 1966: 117.

Der *tho* der 1000 Welten: Königberg Meru,
Der *tho* der Weltformation: die (darum liegenden) vier und acht Kontinente,
Der *tho* des Trennens von Tag und Nacht: Sonne und Mond,
Der *tho* der Zeit und Daten: Planeten und die *rgyu*-Sterne,
Der *tho,* welcher die Mitte des Himmels bezeichnet: die Milchstraße,
Der *tho* der Raumgrenze: das leuchtend rote Blitzen,
Der *tho* des Trennens von Sommer und Winter: der blaue Türkisendrache (Donner),
Der *tho* des höchsten klaren und perfekten Wissens: das indische Bodh Gayâ,
Der *tho* des Trennens vom Hören und Predigen: das Denken an die heilige Lehre[234].

Die Hochzeitslieder als Spiegel der Weltordnung

Wir wollen in den nächsten Kapiteln die ladakhischen Hochzeitslieder etwas genauer analysieren. Da ich dabei auch auf Lieder Bezug nehmen werde, die von anderen Autoren veröffentlicht wurden, gebe ich im folgenden einen kurzen Überblick über das vorhandene Quellenmaterial:

Am eingehendsten beschäftigte sich bis heute Francke mit den ladakhischen Hochzeitsliedern. Insgesamt sammelte er 60 solche Lieder[235], die sich in drei Kategorien einteilen lassen:

Die erste Gruppe umfaßt Lieder, welche von den Brautkäufern vor der Tür der Braut gesungen werden *(nyo pas sgo la btang ces kyi glu).* Es handelt sich dabei um Lieder aus Tagmacig und Khalatse, die Francke übersetzt und veröffentlicht hat[236]. Der zweite Teil der Liedersammlung, die aus Tagmacig stammt, heißt *tho rabs.* Er enthält diejenigen Lieder, die von den Brautkäufern auf ihrem Weg vom Tor bis zum Festplatz gesungen werden. Die letzte Kategorie umfaßt die sogenannten Bierlieder *(chang glu),* die in Khalatse gesammelt wurden[237], und die – wie auch die Lieder der zweiten Kategorie – nicht in übersetzter Form veröffentlicht worden sind, obschon die Publikation derselben von Francke in Aussicht gestellt wurde[238].

Die von Ribbach veröffentlichten Lieder[239] sind identisch mit den von Francke publizierten Hochzeitsliedern von Tagmacig und Khalatse. Die Übersetzung weicht nur in einigen kleinen Details von derjenigen von Francke ab.

Einige ladakhische Hochzeitslieder wurden ferner von einem etwa 1890 in Leh stationiert gewesenen katholischen Missionar der St. Peter's Mission, H. Hanlon, aufnotiert und zusammen mit anderen Liedern übersetzt und veröffentlicht[240].

Das wichtigste Material, das zum Vergleich mit den ladakhischen Hochzeitsliedern beigezogen werden muß, sind die von Tucci übersetzten Neujahrslieder des *dGra lha* aus Poo sowie die Hochzeitslieder aus Gyantse[241].

In ihrem Aufbau gleichen sich viele der in den obgenannten Sammlungen enthaltenen Lieder. Auffallend an ihnen ist vor allem, daß in ihnen immer wieder eine Beziehung hergestellt wird zwischen dem Festplatz, beziehungsweise den Festteilnehmern und kosmischen Größen. Dabei wird in der Regel vom Himmel und den ihm zugeordneten Attributen Sonne, Mond und Sternen ausgegangen, und über die vier

234 Francke, Lied 29. Siehe hierzu auch Tucci 1966: 116, der die *tho* der achten von ihm erwähnten Gruppe sehr ähnlich benennt.
235 Alle diese Lieder sind archiviert in der Staatsbibliothek Preußischer Kulturbesitz Berlin, teilweise auch im Archiv der Brüder-Unität in Herrnhut.
236 Francke 1901 (5) und 1923.
237 Siehe Francke 1902 (3): *men tog lnga ldan gyi chang glu bshug so.*
238 Eine ganz andere Art von Hochzeitsliedern, *nyo pai glu,* sammelte Francke in She und Phyiang. Es sind dies Preislieder auf Könige und Minister.
239 Ribbach 1940: 80–101.
240 Hanlon 1892.
241 Tucci 1966: 61–112, 33–38 resp. 52–58.

Himmelsrichtungen (oder manchmal nur links und rechts) und oben und unten nähert man sich – häufig über einige Zwischenstationen wie Berggipfel, Gletscher, Tal, Burg usw. – dem eigentlichen Ort des Festgeschehens[242].

Selbstverständlich gibt es im Aufbau dieser gleichartigen Lieder auch viele Abweichungen, was verständlich ist, wenn man bedenkt, daß die Gesänge nur selten niedergeschrieben wurden und die uns bekannten Lieder zudem aus zum Teil weit auseinander liegenden Gebieten stammen.

In den meisten Liedern, die in dieser Arbeit wiedergegeben wurden oder in den oben genannten Sammlungen enthalten sind, spiegeln sich mehrere Ordnungssysteme wider, nämlich eine Ordnung der Natur, Ordnung der menschlichen Gesellschaft und Ordnung der Götter, alle drei hierarchisch und miteinander in Beziehung stehend, und ein diesen übergeordnetes, recht unabhängiges kosmologisches Ordnungssystem. Letzteres geht von den vier Himmelsrichtungen aus, denen je eine bestimmte buddhistische Gottheit, Farbe, Ware und Region zugeordnet wird, so daß sich aus der Analyse der Lieder folgendes Bild ergibt:

KOSMOLOGISCHES SYSTEM

Osten: Licht weiß Muschel	Sonne, Mond, Sterne	*rDo rje sems dpa'* (Vajrasattva)	Indien, wo die Religion aufgestellt wurde: *Sha kya thub pa* (Buddha Śâkyamuni)
Süden: Getreide golden Gold	Reis, Weizen, Gerste	*Rin chen 'byung ldan* (Ratnasambhava)	China, wo die Astrologie aufgestellt wurde: *'Jam dpal* (Mañjushrî)
Westen: Medizinen rot[243] Koralle	Kampfer, Aloe, Muskatnuß	*sNang ba mtha' yas* (Amitâbha)	(Das Land) wo der rote *li khri* aufgestellt wurde: *mKhyen rab mi yong*[244]
Norden: Salz u. Wolle[245] oder Farben schwarz (od. blau) Eisen	Salz, Borax, Soda	*Don yod grub pa* (Amoghasiddhi)	(Das Land) wo die Menschenreligion *(mi chos)* aufgestellt wurde: *rGyal rje(s) dkar po*

242 Siehe Francke 1899, Lieder 15 und 30, Francke 1923, Lieder 33, 36, 62–63, 65–66 usw. und die Lieder B, E, F, L, N, O, Q usw. in diesem Buch. Bei den noch heute gesungenen Liedern fällt jedoch auf, daß in ihnen die Örtlichkeiten in der Natur kaum mehr genannt werden.

243 In einem Lied (Francke 42b) wird dem Westen die blaue Farbe zugeordnet.

244 Die Bedeutung dieses Namens ist unklar. Ev. richtig *gShen rab mi bo*, der berühmte *Bon po*-Heilige? Die Bedeutung von *li khri* ist auch unklar. Ev. der Thron *(khri)* von Khotan *(li)*.

245 In Tucci 1966: 102 werden den Himmelsrichtungen andere Dinge zugeordnet. Osten: heilige Bücher, Süden: Wolle, Westen: Knoblauch, Norden: Reitpferde. Auch die Lieder H und P in der vorliegenden Arbeit weichen von diesem Schema ab.

NATUR-, GESELLSCHAFTS- UND GÖTTERORDNUNG

Ordnung der Natur		Ordnung der menschlichen Gesellschaft		Ordnung der Götter	
Geographie	*Tiere*	*Architektur*	*Menschen*		
Himmel mit Sonne/Mond und Sternen (Planeten):	wilder Vogelkönig = Adler *(bya rgyal rgod po)*[246]				oben: LHA (Götter) mit König *dBang po brgya byin*
Gletscher:	weiße Löwin mit Türkisenmähne und zahlreiche Junge				
Felsen:	alter, großer Steinbock *(skyin)* und zahlreiches junges Wild	viereckiges Lehrhaus:	*bla ma* und Schüler		Mitte: BTSAN mit König *Yam shud* (oder mit Mutter *sKyabs 'dun*)
Erde/Wiese:	schwarzer, wilder Yak[248]	Hoher Palast: [Dorf:	König und Untertanen[247] Minister und Volk (?)[249]]	*rtse lha* *yul lha*	
Ebene:	Fuchs	viereckiges Mutterhaus:	Vater/Mutter und nahe Verwandte	*khyim lha (gzhi bdag)*	
Wald:	zweifarbiger Tiger				
		Festplatz[250]	Gäste, Freunde und Kameraden, *nyo pa*[251]		
See/Wasser:	Fisch *khyu ru* (manchmal weibl. Goldaugenfisch genannt)				unten: KLU mit König *'Jog po (Ma dros zil chen)*

246 In einigen Liedern wird vor der Natur- und Gesellschaftsordnung das diesen scheinbar übergeordnete kosmische Ordnungssystem (vier Himmelsrichtungen, oben, unten) genannt.

247 Statt König kann „Herr aller Schwarzköpfe" oder „höchster Mann" stehen, statt Untertanen „Hohe und Niedere" bzw. „Noble und Gewöhnliche".

248 In den von Tucci wiedergegebenen Liedern aus Poo ist das zu den Wiesen gehörende Tier der Hirsch. Tucci 1966: 68 usw.

249 Aus den Liedern kommt zu wenig deutlich zum Ausdruck, ob zwischen dem Palast und dem Mutterhaus eine weitere Einheit, das Dorf, einzufügen ist. Auf alle Fälle wird in einigen Liedern ein vom König und Vater/Mutter unabhängiger Minister genannt.

250 *Do ra* oder *dog ra* genannt.

251 Bei Hochzeitsliedern.

Obschon im Schema auf Seite 73 die vier Himmelsrichtungen, zu denen manchmal noch eine fünfte (Mitte: *btsan*-König *Yam shud*), eine sechste (oben: Götter-König *dBang po brgya byin*) und siebte (unten: *klu*-König *'Jog po*) dazukommen, gleichbedeutend scheinen, kommt dem Osten dennoch eine übergeordnete Rolle zu, da bei der Darstellung dieses Schemas stets vom Osten ausgegangen wird, und ihm neben Licht auch Sonne, Mond und die Sterne zugeteilt werden, Dinge, die eindeutig zum Himmel, dem obersten Prinzip, gehören.

Wie bereits erwähnt, wird in vielen Liedern vom Himmel, von den ihn bewohnenden Herrschern (Sonne und Mond) und deren „Kindern" oder „Untertanen" (Sterne) ausgegangen. Hierauf folgt die Aufzählung weiterer wichtiger Örtlichkeiten in der Natur und unter den Menschen. Diese unteren Ebenen bis hinunter zum Festplatz scheinen eine Art Abbilder des höchsten Prinzips, des Himmels, darzustellen: Jede dem Himmel folgende Örtlichkeit besitzt nämlich ebenfalls einen Herrscher, dem eine Schar von „Kindern" oder „Untergebenen" unterstellt ist. (Siehe Schema auf Seite 74).

Dadurch, daß die Lieder stets mit dem Himmel und dem dortigen Herrschersystem beginnen, wird aufgezeigt, daß das Herrscher/Untertanen-Verhältnis auf der höchsten Ebene – im Himmel – verankert ist, und die Existenz von Herrschern und Untertanen auf unteren Ebenen in der Tier- und Menschenwelt lediglich eine Widerspiegelung dieser höchsten Ordnung darstellt. Durch das Singen der Lieder wird dieses „Naturgesetz" immer wieder in Erinnerung gerufen und bekräftigt.

In einigen Gesängen geht es aber noch um mehr: Bestimmte Dinge, die für das betreffende Fest oder das Leben der Menschen im allgemeinen wichtig sind, müssen erklärt werden. Das kann am besten dadurch geschehen, daß man zeigt, welchen Platz sie in vorgegebenen Ordnungssystemen einnehmen, manchmal in der Art, daß man die Entwicklung des zu Erklärenden aus dem höchsten Prinzip heraus – dem Himmel – beschreibt.

In der Mitte des zweiten Schemas spiegelt sich deutlich die soziale Ordnung Ladakhs wider. Am höchsten stehen die *bla ma* und Mönche, denen der König, der Minister und schließlich die gewöhnlichen Leute, das Volk, folgen. Daß auf der linken Seite (Naturordnung) die Reihenfolge der Tiere ebenfalls Auskunft über die „soziale Stellung" der einzelnen Tiere gibt, kann vermutet werden. Den verschiedenen altladakhischen Liedern kann auf alle Fälle entnommen werden, daß die Gletscherlöwin, der Adler und der Steinbock innerhalb der Tiergesellschaft die höchste Stellung einnehmen.

Abb. 8: Gletscherlöwe

Der Kosmologische Baum: Zentrum der Weltentstehung

Neben der eben beschriebenen Natur- und Gesellschaftsordnung ist in einigen Hochzeitsliedern von einem Baum die Rede, der eine zentrale kosmologische Bedeutung zu haben scheint[252]. Im folgenden soll kurz auf diesen Baum, der in einem Lied „König der Baumarten" *(shing sde rgyal)*[253] genannt wird, eingegangen werden.

Analysiert man die einzelnen Lieder, die von jenem Baum handeln und vergleicht sie miteinander, so kann der Baum folgendermaßen charakterisiert werden:

Der Baum besitzt eine bestimmte Anzahl von Zweigen – die Zahl variiert je nach Lied zwischen drei und sieben Ästen[254] –, auf denen je ein Vogel in einem Nest sitzt und auf einem Ei brütet. Jeder Ast und dazu gehörende Vogel mit Ei besitzt eine bestimmte Farbe[255], und jedem Ast scheint eine Himmelsrichtung zugeordnet zu sein[256]:

Dem weißen Ast mit dem weißen Vogel und dem Muschelei der Osten, dem goldenen Ast, Vogel und Ei der Süden, dem roten Ast und Vogel und dem Korallenei der Westen und dem schwarzen Ast und Vogel mit dem Eisenei der Norden. Ferner ist in zwei Liedern[257] von einem Türkisenei die Rede, das wahrscheinlich der Himmelsrichtung „unten" zuzuordnen ist, und in einem Lied wird ein Silberei erwähnt[258].

Ein Gesang[259], in dem weder Nester noch Vögel erwähnt werden, beschreibt besonders anschaulich den Standort des kosmologischen Baumes. Er lautet zusammengefaßt folgendermaßen:

Nach dem Überschreiten des *sho ma*-Passes und dem Durchschreiten eines Tales gelangt man zum Löwenpaß.
Dort ist ein Hang, der Wölfinabhang.
Dort ist ein Abhang, der Füchsinabhang.
Dort ist eine Ebene, die Froschebene.
In der Mitte dieser Ebene liegt der *nu men*-See[260], in der Mitte dieses Sees liegt der *rdo rje*-Fels.
In der Mitte dieses Felsens steht der Sandelholzbaum.
Dieser Baum besitzt etwa fünf Zweige.
Diese Zweige haben 1000 Blätter und fünf Blüten.
Die eine Blüte ist wie eine Gold-*bum pa*[261].
Die eine Blüte ist wie eine Kupfer-*bum pa,*
Die eine Blüte ist wie eine Silber-*bum pa,*
Die eine Blüte ist wie eine Türkis-*bum pa,*
Die eine Blüte ist wie eine Muschel-*bum pa.*
Jede Blüte, beziehungsweise *bum pa,* wird darauf mit einer Gruppe von Lebewesen in Beziehung gebracht:
Die goldene *bum pa* wird den oben wohnenden Göttern, deren Status sehr hoch ist, geopfert,

252 Die folgenden von Francke gesammelten Lieder haben diesen Baum zum Thema: Lied 7 (in Francke 1923) und die Lieder 36, 39, 41, 58, (in Franckes handschriftlichen Aufzeichnungen, archiviert in der Staatsbibliothek Preußischer Kulturbesitz Berlin) und Lied 2 (in Francke 1905 [3]).

253 Lied 36. Siehe auch Francke 1923: 14.

254 Vier Äste: Lied 41, fünf Äste: Lied 39, sechs Äste: Lied 7 (Francke 1923), sieben Äste: Lied 36.

255 Der Baum wird in keinem Lied so ausführlich wie hier beschrieben. Aus dem Vergleich der Lieder untereinander kann jedoch dieser „Prototyp" des Baumes abgeleitet werden.

256 In zwei Liedern fehlt die genaue Zuordnung einer Himmelsrichtung zu den Ästen (Lied 39 und Lied 7), sie kann jedoch als gegeben vorausgesetzt werden.

257 Lieder 39 und 7.

258 Lied 7.

259 Lied 58.

260 Richtig wohl *mu men*-See. *Mu men* ist der Name für einen blauen Stein.

261 *Bum pa:* Weihwasserkanne.

Die kupferne *bum pa* wird den *btsan* der Zwischenwelt, deren „Rückenberg" sehr hoch ist, geopfert,
Die silberne *bum pa* wird den Menschen, deren Verstand scharf ist, geopfert,
Die Türkisen-*bum pa* wird den unten lebenden *klu*, die reich an Kindern und Reichtum sind, geopfert,
Die Muschel-*bum pa* wird den Kindern und Verwandten geopfert, die tanzen und singen.

Von besonderem Interesse dürfte ein anderes Lied sein[262], in dem fünf Eier erwähnt werden, von denen jedes von einer Menschengruppe und deren Anführer bewohnt ist. Es scheint somit, daß in diesem Gesang der Baum als Ursprungsort oder Nährpflanze der Menschheit oder doch zumindest bestimmter Menschengruppen aufgefaßt wird:

Im roten Korallenei:	die von *U rgyan pad ma* angeführten 108 Tantriker *(snags pa),* die Rotmützen.
im gelben Goldei:	die von *mTshan ldan bla ma*[263] angeführten 108 Mönche, die Gelbmützen.
im weißen Muschelei:	die vom König, dem Herrn der Erde, angeführten 108 jungen Männer, die Gepanzerten.
im blauen Türkisei:	die von der lieblichen Dame *'Brug mo*[264] angeführten 108 Edelfrauen mit Türkis-Kopfbedeckung.
im schwarzen Eisenei:	die vom Schmied *A nag* angeführten 108 Schmiede, mit großem Hammer.

Ich verstehe diese Lieder nicht als Beschreibungen eines statischen Zustands, auch wenn sie beim ersten Lesen diesen Eindruck erwecken. Sie sind vielmehr Ausdruck eines dynamischen Vorgangs früher Zeiten, nämlich der Weltentstehung. Die Lieder wären – so gesehen – Teile einer ladakhischen Weltentstehungsmythe: Inmitten eines Gewässers entstand ein Fels, auf diesem wuchs ein Baum, dieser entwickelte eine bestimmte Anzahl Äste, an denen je eine Blüte entstand, aus denen die verschiedenen Arten von Lebewesen (Götter, *btsan,* Menschen und *klu*) hervorgingen. Nach dem zweiten Lied war der Baum auch Entstehungsort von fünf Menschenklassen, nämlich der Tantriker, Mönche, Könige/Krieger, *'Brug mo*/Edelfrauen und der niedrigsten Schicht, der Schmiede[265].

Ähnliche Vorstellungen finden sich bei vielen zentral- und nordasiatischen Schamanen. So schreibt Findeisen: „Innerhalb der vielgestaltigen Überlieferungen, die die Frage behandeln, wie man Schamane wird, gibt es eine Gruppe, wonach ein adlerartiger Vogel zu dem Weltbaum kommt, dort ein Nest baut und ein Ei legt, aus dem er dann die Seele des Schamanen ausbrütet. Dieser Vogel ist die ‚Tiermutter' des Schamanen"[266].

Aber nicht nur Schamanen entstehen auf dem kosmischen Baum. Die Golden, Dolganen und Tungusen sagen, daß auch die Seelen der Kinder vor der Geburt wie kleine Vögel auf den Zweigen des kosmischen Baumes sitzen und die Schamanen sie dort holen, wobei es sich hierbei anscheinend um ein Motiv handelt, das nicht auf Zentral- und Nordasien beschränkt ist[267].

In den bisher erwähnten Liedern ist nur von einem Baum die Rede. Ein anderer aus der Gegend von Dah und Hanu stammender Gesang, der anläßlich des *Bono na*-Festes gesungen wurde, handelt interessanterweise von drei Bäumen[268]: Auf einem See wächst eine Wiese, auf der sich drei Hügel erheben, die weißer, roter und blauer Edelstein genannt werden. Auf den Hügeln wachsen drei Bäume, der weiße, der rote und der blaue Sandelbaum, auf diesen hausen drei Vögel, ein Wildadler, eine Haushenne und eine Schwarzdrossel.

Es kann angenommen werden, daß die drei Vögel mit den drei Weltregionen in Beziehung stehen, so

262 Lied 39.
263 *Bla ma* mit besonderen moralischen Eigenschaften.
264 Gattin des Mythoshelden *Ge sar.*
265 Zum Thema „Weltenbaum" s. auch Francke 1923: 14–15.
266 Findeisen 1957: 82.
267 Eliade 1957: 262.
268 Francke 1905 (3): Lied No. 2.

der Adler mit der Himmelsregion, die Haushenne mit dem Zwischenbereich und die Schwarzdrossel mit der „Unterwelt". Jede der drei Regionen würde somit nach dieser Überlieferung ihren eigenen Baum besitzen[269].

TOD

Da die ladakhischen Totenzeremonien weitgehend identisch sind mit den tibetischen, über die bereits viel geschrieben worden ist, werde ich dieses Thema nur streifen und zur Hauptsache auf diejenigen Fragen näher eingehen, die für die Totenzeremonien Ladakhs typisch sind.

In einem Punkt unterscheiden sich die ladakhischen Totenbräuche deutlich von den tibetischen: In Ladakh werden – bis auf wenige Ausnahmen – alle Leichen verbrannt. Die Ausnahmen stellen Leute dar, die durch Epidemien starben und Kinder, die bei ihrem Tode noch nicht acht – nach anderen Informanten noch nicht zwölf – Jahre alt sind.

Falls der Astrologe nach dem Tode eines Kindes, „dessen erste Zähne noch nicht gekommen sind"[270], es als richtig erachtet, wird der Kinderleichnam in ein Kästchen gelegt und dieses in eine Wand des Elternhauses eingemauert. Zu einem solchen Einmauern des Kinderleichnams kommt es hauptsächlich dann, wenn der Astrologe herausfindet, daß das Glück *(gyang)* der Familie stark mit dem verstorbenen Kind verbunden ist. Wird der Leichnam dieses Kindes in der Hausmauer eingelassen, bleibt der betreffenden Familie das Glück erhalten[271]. Gewöhnlich wird jedoch der Leichnam eines Kindes, das jünger als acht oder zwölf Jahre alt ist, in einer mit Salz bestreuten Kiste auf einem Hügel deponiert oder unter einem Stein vergraben, manchmal auch in einen Fluß geworfen. Ein *bla ma* bringt zu diesem Zweck ein Opfer dar, spricht ein Gebet und gibt den anwesenden Kindern Brötchen *(phu li)*, geröstete Gerste usw., was das Kindermahl genannt wird[272].

Über den Tod eines Menschen werden zuerst die *pha spun* des Verstorbenen informiert, die ihrerseits einen Astrologen *('on po)* und einen Mönch benachrichtigen und ins Totenhaus kommen lassen. Der Astrologe wird mit dem Erstellen des Todeshoroskops beauftragt, dem Mönch fällt die Aufgabe zu, die bei Todeseintritt entwichene Seele beziehungsweise das Bewußtsein *(rnam shes)* wieder in den Körper zurückzuholen. Gelingt ihm dies, soll der Leichnam wieder warm werden und aus der Nase Blut fließen[273]. Als nächstes reißt der zelebrierende Mönch vom Scheitel des Toten ein Haarbüschel aus, wodurch die Seele den Körper zum zweiten Mal, nun aber unter der Kontrolle des Mönchs, durch eine kleine, durch das Ausreißen der Haare bewirkte Öffnung im Scheitel verläßt und in den Rückennerv des auf dem Kopf des Toten vorgestellten Buddha Amitâbha eindringt. Entweicht die Seele durch dieses Scheitelloch aus dem Körper, kann sie direkt ins Paradies des Amitâbha gelangen. Würde diese Zeremonie die *'pho ba gdab ces* oder *'pho ba 'debs pa* genannt wird, nicht praktiziert, träte die Seele aus anderen Öffnungen aus dem Leichnam, was sich auf ihre Zukunft sehr ungünstig auswirken könnte. Der diesen wichtigen Ritus durchführende Mönch wird für seine religiösen Dienste entlohnt, ein Almosen, das *'pho yon* genannt wird.

269 Eine ähnliche Vorstellung kennen die Golden, nach der ein kosmischer Baum im Himmel, einer auf der Erde und einer in der Unterwelt steht. S. Eliade 1957: 260.

270 Asboe 1932 (1): 66.

271 Nach Asboe ist mit diesem Brauch die Hoffnung verbunden, die Seele des Verstorbenen werde wieder in den Bauch der Mutter eingehen. Asboe 1932 (1): 66.

272 Nach Ribbach 1940: 211.

273 Nach Ramsay 1890: 26 bedeutet aus der Nase fließendes Blut, daß die betreffende Seele das Paradies erreicht hat.

Bis zum Abschluß der Zeremonie darf der Ehepartner des verstorbenen Menschen das Haus nicht verlassen. Auch sollte bis zu diesem Zeitpunkt niemand anderer als der zelebrierende Mönch den Leichnam berühren. Richtigerweise darf der Ehepartner des Toten das Haus sogar während eines ganzen Monats nicht verlassen, er muß in dieser Zeit aus eigenen Gefäßen trinken und essen und darf weder andere Eß- und Kochgeräte noch den Herd berühren[274]. Geht er doch hinaus, sollte er keinen Bach überschreiten oder – im Sommer – nicht in die Felder gehen[275]. Heutzutage werden diese Regeln nicht mehr überall befolgt. Auch das Waschen des Leichnams und das anschließende Einschmieren mit Öl oder heißer Butter wird nur noch hier und dort praktiziert.

Nach Vollendung der *'pho ba gdab ces*-Zeremonie wird der Tote in embryoartiger Haltung in ein Leichentuch *(ro ras)* eingewickelt, angeblich um das spätere Verbrennen des Leichnams zu erleichtern. Diese Arbeit übernehmen *pha spun,* da nur sie den Toten zu diesem Zeitpunkt berühren dürfen. Dazu ziehen sie den Kopf des Toten mit einem Seil gegen dessen Knie und legen seine Hände vor sein Gesicht in der Art, daß die Spitzen der kleinen Finger in die Nasenlöcher zu liegen kommen und die übrigen Finger die Augen bedecken[276]. Ist der Körper bereits starr, bevor man ihn zusammenschnürt, müssen die Knochen gebrochen werden.

Zeremonien zum Wohl des Verstorbenen

Verantwortlich für die Durchführung der ladakhischen Totenzeremonien sind einerseits Mönche, anderseits ein Astrologe *('on po),* der in einem anderen Raum als die Mönche eigene Riten durchführt. Die Dauer dieser Riten kann zwischen vier und zehn, manchmal sogar noch mehr Tagen variieren, je nach Reichtum des Verstorbenen – reiche Familien können längere Zeremonien finanzieren –, Berechnungen des Astrologen und Jahreszeit – im Winter kann ein Leichnam länger als im Sommer zu Hause aufbewahrt werden. Die Mönchsriten werden im Hauskultraum abgehalten, in dem manchmal auch der Tote aufbewahrt wird. In der Regel schließt man jedoch den Leichnam in einem angrenzenden Raum ein. Vor ihm stehen, bis er aus dem Haus getragen wird, eine brennende Butterlampe und Speisen und Getränke, die den Toten erfreuen sollen.

Die Art der von den Mönchen durchgeführten Riten hängt von der Schule ab, der die eingeladenen Mönche angehören. Bei allen vom Klerus durchgeführten Totenzeremonien geht es jedoch darum, das Bewußtsein des Verstorbenen darauf aufmerksam zu machen, daß es seinen Körper nun verlassen hat, und daß es sich den aufkommenden Visionen – Götter von verschiedener Art – gegenüber richtig, das heißt vor allem furchtlos, verhalten soll. Es ist hier nicht der Platz, im Detail auf diese interessanten Texte und Riten einzugehen, da sie sehr umfangreich sind, kaum den in diesem Buch behandelten volksreligiösen Riten zugehören und da zu diesem Thema bereits gute Literatur besteht[277].

Die vom *'on po* durchzuführenden Zeremonien hängen von seinen Divinationsberechnungen *(gshin rtsis)* ab.

Grundlegende Daten für die Berechnungen des Todeshoroskops waren in einem von mir beobachteten

274 Siehe auch Asboe 1932 (1): 67, der Gleiches für Manchat überliefert.

275 Siehe hierzu Ribbach 1940: 214.

276 Heute wird der Leichnam meistens erst am Abend vor dem Verbrennen in diese Stellung gebracht.

277 Evans-Wentz, W. Y.: Das tibetanische Totenbuch, oder die Nachtod-Erfahrungen auf der Bardo-Stufe, Olten 1971; – Trungpa, Chögyam und Fremantle, Francesca: Das Totenbuch der Tibeter, Düsseldorf/Köln 1976; – Dargyay, Eva und Dargyay, Geshe Lobsang: Das tibetische Buch der Toten, Bern 1977; u. a.

Fall nach Auskunft des betreffenden Astrologen: Der genaue Zeitpunkt des Todeseintritts (Tageszeit, Wochentag, Datumstag, „Mondhäuser"[278], Monat, Jahr), das Geburtsjahr des Toten und dessen *spar kha*[279]. Aufgrund dieser Daten und seiner Bücher klärte der *'on po* folgende Fragen ab:

War der Betreffende v o r der ihm eigentlich zustehenden Todeszeit verstorben und wenn ja, was kann dagegen getan werden?

Wo wird der Betreffende wiedergeboren und was muß unternommen werden, damit diese Art von Wiedergeburt auch tatsächlich eintritt?

Woran dachte der Verstorbene beim Todeseintritt und welche Riten sind notwendig, um mögliche negative Gedanken zu „neutralisieren"?

Im erwähnten Fall kam der Astrologe zum Schluß, daß zum Wohl des Verstorbenen und seiner Familie die Abhaltung der *brgya bzhi-*, der *bstan 'dos-*, der *dgra bzlog-*, der *mgo gsum-* und der *dur kha cho ga*-Zeremonien sinnvoll sei, Riten, die der *'on po* persönlich in der Zeit, in der der Leichnam im Totenhaus war, durchführte.

Wichtige Pflicht des Astrologen ist es auch, den Tag zu bestimmen, an dem der Leichnam aus dem Haus getragen und verbrannt werden soll. Besonders muß er darauf achten, daß die Verbrennung nicht an einem ungünstigen Tag stattfindet. Als ungünstig gelten von den 28 „Mondhäusern" das 4., 5. und 16. Haus, von den Wochentagen der Mittwoch, Samstag und Dienstag, von den Datumstagen der 9., 19. und 29. sowie der 8., 18. und 28. Tag[280]. Für seine Dienste wird der Astrologe mit etwa sechs Rupien pro Tag entlohnt, und er erhält nach Beendigung der Zeremonien die Gerstenkörner, welche für die Durchführung der einzelnen Riten gebraucht wurden. Zudem werden die Astrologen wie auch die einheimischen Ärzte *(am chi)* in der Saat- und Erntezeit für ihre Dienste zum Wohl der Dorfbevölkerung durch die einzelnen Haushalte unterstützt.

Besuche

Sobald die Verwandten, Freunde und Nachbarn vom Tode eines der Ihren hören, suchen sie die Trauerfamilie auf, um dieser Tee oder Bier zu bringen und die Familienangehörigen zu trösten. Auch die *pha spun* des Verstorbenen – pro *pha spun*-Familie ein Mitglied – gehen ins Totenhaus und helfen dort, indem sie kochen, servieren und Vorbereitungen für die Zeremonien treffen. Am Tag, an dem der Leichnam aus dem Haus getragen und verbrannt wird, werden von jeder Familie, die derselben *pha spun*-Gruppe angehört, zwei *pha spun* benötigt, in der Regel ein Mann und eine Frau, da an diesem Tag sehr viele Arbeiten zu verrichten sind. Dann finden sich nämlich alle Verwandten, Freunde und Dorfleute im, beziehungsweise vor dem Totenhaus ein. Die Verwandten werden drinnen bewirtet, die männlichen Verwandten in einem Raum neben dem Hauskultraum, die weiblichen Verwandten in der Küche, wo sie laut schluchzend Mantras aufsagen und eine Art Klagelieder singen, in denen sie die positiven Eigenschaften des Verstorbenen preisen und ihrem Bedauern Ausdruck verleihen, daß er verstorben ist. In einem speziellen Raum sitzen Verwandte, die von weither gekommen sind und denen bessere Speisen als den anderen Gästen aufgetischt werden.

278 Zur Bestimmung der Positionen der Planeten im Rahmen der rechnenden Astronomie wird die Mondbahn in 28 Mondhäuser *(rgyu skar)* eingeteilt. Siehe Schuh, D.: Zur Geschichte der tibetischen Kalenderrechnung, Wiesbaden 1973: 52 und 65.

279 Geomantische Diagramme.

280 Nach Ribbach 1940: 224 sind auch der 1. und 30. Tag ungünstig, während der 5., 7., 15., 17., 25. und 27. Tag günstige Daten sind.

Die nächsten Verwandten des Verstorbenen und deren Familien sind für die Verpflegung aller Mönche, Hausbesucher und Helfer, manchmal auch für eine kleine Entlohnung für die Mönche verantwortlich. An jedem Tag vom Todeseintritt bis zum Verbrennungstag fällt diese Pflicht auf eine andere Familie und zwar in folgender Reihenfolge:

Verwandte, die im Haushalt des Verstorbenen leben,
Kinder des Verstorbenen, die außerhalb des Totenhauses leben, und zwar so, daß jedes Kind und dessen Familie je einen Tag übernimmt,
Brüder und Schwestern des Verstorbenen, die außerhalb des Totenhauses leben, indem jedes Geschwister und seine Familie für je einen Tag verantwortlich ist,
Geschwister des Ehepartners des Verstorbenen, sofern sie außerhalb des Hauses wohnen (fakultativ).

Die für einen Tag Verantwortlichen bringen vom Salz über den Reis bis zum Tee alle Nahrungsmittel und Zutaten mit, Gaben, die in der Vereinigungsliste *('brel tho)* aufnotiert werden[281].

Jeder der vielen Besucher, die am Verbrennungstag ins Totenhaus kommen – unter ihnen auch Christen und Muslime, welche die Familie des Verstorbenen gut kennen –, übergibt der Trauerfamilie oder einigen vor dem Haus sitzenden Helfern Geschenke: Eine ungerade Anzahl von Broten, Bier und/oder Geld – in der Regel zwischen einer und fünf Rupien –, Gaben, die ebenfalls in der Vereinigungsliste registriert werden, oder Mehl oder Bisquits, Waren, die nicht aufgeschrieben werden. Die Gäste werden als Gegenleistung reichlich mit Tee und Bier verköstigt. Nur die *pha spun* haben keine Geschenke zu übergeben. Ihre Pflicht besteht im Erbringen von Arbeitsleistungen, die von der Trauerfamilie durch freie Verpflegung, manchmal durch Gaben von Nahrungsmitteln, in erster Linie Brote, entschädigt wird.

Prozession, Verbrennung und Knochenzeremonie

Nach Vollendung der notwendigen Zeremonien durch die Mönche und den Astrologen reiben sich alle im Totenhaus Anwesenden mit zuvor verteilten Teigstückchen ihre Körper ab und formen mit dem Teig sogenannte *chang bu*[282]. Diese mit dem Übel der Leute behafteten Teigklümpchen werden aus dem Haus gebracht und in einiger Entfernung davon weggeworfen, worauf der Leichnam vor die Haustür getragen wird. Über die Frage, durch wen dies zu geschehen hat, herrscht Unklarheit. Einige Informanten meinten, in erster Linie müßte der Ehepartner den Toten oder, sofern dieser nicht mehr lebt, der Sohn den Vater, die Tochter die Mutter aus dem Haus bringen[283]. Andere waren der Ansicht, der Leichnam werde zuerst von einem *pha spun* getragen und nur ganz zuletzt von einem Verwandten, und noch andere sagten, abgesehen von der Regel, daß der Mann seine verstorbene Frau zu tragen hat, bestünden keine genauen Vorschriften[284].

Vor dem Haus wird der Leichnam in eine Sänfte *(spur sgam)* gesetzt, deren vier Seiten mit Tüchern zugedeckt sind und auf deren Dach in der Mitte und in den vier Ecken je ein Ehrenbanner *(rgyal mtshan)* befestigt ist. Getragen wird die Sänfte von *pha spun* oder Verwandten. Manchmal, wenn es sich um einen ärmeren Verstorbenen handelt, trägt ein *pha spun* den Leichnam auf dem Rücken zum außerhalb des Dorfes liegenden Verbrennungsplatz[285].

281 Zur Anwendung dieses Verzeichnisses siehe das Kapitel „Geburtsfeste“ und die Schlußbetrachtung.
282 Auch *zan ril* genannt. Siehe Anm. 206.
283 Dies stimmt in etwa mit der Aussage von Ramsay 1890: 28 überein, wonach der Haupttrauernde den Leichnam zu tragen hat.
284 Nach Heber 1976: 193 wird ein Verstorbener von dessen Bruder getragen.
285 Nach Nath 1931: 41 bestimmt der Astrologe, welche *pha spun* den Toten tragen dürfen.

Abb. 9: Sänfte *(spur sgam)* für Leichnam. **a**: Holzgestell, **b**: mit Stoff verzierte Sänfte.

Die prunkvolle Prozession, die in Tibet in dieser Art nur einem hohen Mönch zuteil kam, wird von mehreren mit Brennholz beladenen Männern angeführt. In einigen Gebieten Ladakhs, so in Zangskar, gehen ihnen zwei hintereinander schreitende Männer voran, die zwischen sich ein weißes Tuch von etwa drei Metern Länge halten. Dieses dient dazu, dem Toten den weißen Pfad ins Paradies des Amitâbha zu zeigen.

Der Vorhut folgen die Mönche, die an diesem letzten Tag mit dem „Weihekleid" *(dbang rdzas)* angetan sind, das aus einer Brokatschürze *(smad gyogs)*, einem großen Brokatkragen *(stod le)*, einem schwarzen Stirnband mit langen Zotteln[286], welche die Augen zudecken *(mig dar)*, einer *rigs lnga*-Krone und einer schwarzen, turbanartigen Kopfbedeckung *(gtsug tor)* besteht. Einige Mönche spielen Oboen *(rgya gling)*, andere schlagen große Trommeln oder Zimbeln, die restlichen Mönche halten in der Rechten eine kleine Sanduhrtrommel, in der Linken eine Glocke. Hinter den Mönchen gehen die Sänftenträger und alle männlichen Trauernden, die brennende Räucherstäbchen tragen. Die Frauen bleiben im Dorf zurück[287].

Beim Verbrennungsplatz angelangt, wird die Sänfte auf das Leichenhäuschen *(spur khang* oder *ro khang)* gestellt, in das sich die Mitglieder einer *pha spun*-Gruppe teilen. Die *pha spun* und Verwandten umkreisen zuerst dreimal den *spur khang* und werfen sich danach dreimal auf den Boden. Die Trauerleute bleiben nicht lange auf dem Verbrennungsplatz, sondern kehren bald zum Totenhaus zurück. Nur die *pha spun* und die Mönche verweilen beim Verbrennungsofen, um eine *sbyin sreg* genannte Feuerzeremonie zum Wohle des Verstorbenen abzuhalten[288]. Dazu muß ein weißes, mit einer bestimmten Maṇḍalazeichnung versehenes Tuch, das Ofendiagramm *(thab thig)*, in das Feuerloch gelegt werden, auf das Holz geschichtet wird. Ferner legen die Mönche mehrere Opfergaben bereit, die sie während der Zeremonie in die obere Öffnung des *spur khang*, in den zuvor der Leichnam versenkt wurde, leeren. Dies sind: viele gleichlange, regelmäßige Holzstäbe, die strahlendes, kräftiges Aussehen verleihen, flüssige Butter (Reichtum), Sesamkörner (Vernichtung der Sünden), Wurzeln eines bestimmten Krauts (langes Leben), Reis (Entwicklung von Tugend), mit Joghurt und Milch vermischtes *rtsam pa* (Glück und Zufriedenheit), Kushagras (Vernichtung von Schmutz), Senfkörner (Behebung von Hindernissen), Roggen (Entwicklung

286 Nach Nebesky-Wojkowitz 1975: 400 sollte es sich dabei um Bärenhaare handeln.

287 Nach Ribbach 1940: 229 gehen zwar auch die Frauen zum Leichenverbrennungshaus, was jedoch bei den vor mir beobachteten Totenzeremonien nicht der Fall war.

288 In Tibet wird eine solche Zeremonie nur beim Tod eines hohen Mönchs durchgeführt.

von Getreidereichtum), Gerste (Vernichtung von Krankheit), Erbsen (Entwicklung von körperlicher und geistiger Kraft), Weizen und *gtor ma,* welche zwar manchmal an anwesende Bettler verschenkt statt in den Ofen geworfen werden. In dieser Feuerzeremonie geht es neben der Darreichung der genannten Opfergaben an den Feuergott *(me lha)* und dessen Begleiter einerseits, und die Gottheit, deren Gnade herbeigeführt werden soll, andererseits, auch um eine Läuterung des Verstorbenen. Das Feuer soll alle Sünden und Leiden und die Hindernisse, welche sich einem auf dem Weg zur Befreiung vom Lebenskreislauf entgegenstellen, verbrennen. Insgesamt existieren vier Hauptarten der *sbyin sreg*-Zeremonie, den „vier (Buddha-)Handlungen" (*'phrin las bzhi:* Besänftigung, Vermehrung, Kontrolle und Zerstörung) entsprechend: *zhi ba'i sbyin sreg, rgyas pa'i sbyin sreg, dbang gi sbyin sreg* und *drag po'i sbyin sreg*, wobei die erstgenannte Art bei Leichenverbrennungen am häufigsten angewandt wird[289]. (S. auch Seiten 84 und 85).

Zusätzlich zu der von Mönchen durchgeführten *sbyin sreg*-Zeremonie rezitiert der Astrologe etwas abseits ein letztes Gebet *(dur kha cho ga),* nachdem zuvor zwei Teigfiguren, die er vom Totenhaus mitgebracht hatte, weit weggeworfen worden sind. Die Art dieser beiden Figuren, welche die Seele des Verstorbenen begleiten sollen, ist von den astrologischen Berechnungen des *'on po* abhängig[290].

Die zum Haus des Verstorbenen zurückgekehrten Gäste werden im Freien neben dem Totenhaus mit Bier bedient oder erhalten etwas Geld von der Trauerfamilie und deren Verwandten, um damit selbst Bier zu kaufen[291]. Letzteres ist häufiger, da Leute, die mit dem Toten nicht verwandt sind, während maximal eines Monats nach dem Hinaustragen des Leichnams keine Getränke und Speisen aus dem Totenhaus zu sich nehmen sollten. Die Verwandten und *pha spun,* die das Totenhaus ohne Gefahr betreten dürfen, werden drinnen bewirtet.

Die vom Verbrennungsplatz zurückkehrenden Mönche werden mit Speisen und Tee bewirtet, ferner erhalten sie – nach Ribbach[292] – einen großen Kloß *(tshogs 'khor)* und einen gebratenen Schafskopf, was ich jedoch nicht beobachten konnte. Am Ende versteigern die Mönche die persönlichen Habseligkeiten des Verstorbenen und Dinge, die von nahen Verwandten gespendet wurden, so Kleidungsstücke, Löffel, Pfannen, Schmuck usw. Der Erlös aus dieser Versteigerung kommt teils den Mönchen zugute, welche die Totenzeremonien durchführten, teils ihrem Kloster.

Einige *pha spun* und ein paar Mönche bleiben beim Verbrennungsofen zurück und warten, „bis der erste Knochen hinunterfällt". Wie ich beobachten konnte, handelt es sich bei diesem Knochenstück um einen Teil des Schädels des Verstorbenen, der „Blume" *(me tog)* genannt wird, und den *pha spun* und Mönche mit Oboenspiel ins Totenhaus bringen, wo er bis zum vierten Tag im Kultraum aufbewahrt wird.

Am frühen Morgen des vierten Tages *(bzhi rtsigs)*[293] nach der Verbrennung des Leichnams – der Verbrennungstag gilt als der erste Tag –, „wenn gerade die Handlinien erkennbar sind", gehen einige *pha spun* des Toten zum Verbrennungsofen, dem sie die Asche entnehmen. Diese wird von einem *pha spun* in einen Fluß geworfen, was einer Gabe an die *klu* gleichkommt, oder auf einen Berg gelegt, eine Gabe an die *lha.* Die Knochen und die Asche von sehr geliebten Leuten sollten, so sagten einige Informanten, wenn möglich nach Indien gebracht und dort in den Ganges geworfen werden.

Die *pha spun* reinigen an diesem Tag den Verbrennungsofen und reparieren ihn, indem sie herausgefallene Steine ersetzen und die Wände neu verputzen und weiß streichen. Sie decken die obere Öffnung

289 Zur *sbyin sreg*-Zeremonie siehe Nebesky-Wojkowitz 1975: 353, 528–32, Lessing 1942: 150–161, Schlagintweit, E., Buddhism in Tibet, London 1868: 249–253, Haas 1978: Abb. 19 bis 22.

290 Die Herstellung einer Totensänfte, Trauerbesuche, Totenprozession und eine Leichenverbrennung zeigt ein im Völkerkundemuseum der Universität Zürich archivierter Film (Produktion Hermann Schlenker).

291 Nach Ribbach 1940: 230 „Treffbier" *('phrad lugs kyi chang)* oder Straßenbiertrinken genannt.

292 Ribbach 1940: 230.

293 Die richtige Schreibweise ist unklar.

Abb. 10 a–d: Ofendiagramme *(thab thig)* für die auf den Seiten 82 und 83 beschriebene *sbyin sreg*-Zeremonie (Holzdrucke aus der Tibetsammlung des Völkerkundemuseums der Universität Zürich, Inv. Nr. 16002).

a) *zhi ba'i thab thig*

b) *rgyas pa'i thab thig*

von Getreidereichtum), Gerste (Vernichtung von Krankheit), Erbsen (Entwicklung von körperlicher und geistiger Kraft), Weizen und *gtor ma,* welche zwar manchmal an anwesende Bettler verschenkt statt in den Ofen geworfen werden. In dieser Feuerzeremonie geht es neben der Darreichung der genannten Opfergaben an den Feuergott *(me lha)* und dessen Begleiter einerseits, und die Gottheit, deren Gnade herbeigeführt werden soll, andererseits, auch um eine Läuterung des Verstorbenen. Das Feuer soll alle Sünden und Leiden und die Hindernisse, welche sich einem auf dem Weg zur Befreiung vom Lebenskreislauf entgegenstellen, verbrennen. Insgesamt existieren vier Hauptarten der *sbyin sreg*-Zeremonie, den „vier (Buddha-)Handlungen" (*'phrin las bzhi:* Besänftigung, Vermehrung, Kontrolle und Zerstörung) entsprechend: *zhi ba'i sbyin sreg, rgyas pa'i sbyin sreg, dbang gi sbyin sreg* und *drag po'i sbyin sreg*, wobei die erstgenannte Art bei Leichenverbrennungen am häufigsten angewandt wird[289]. (S. auch Seiten 84 und 85).

Zusätzlich zu der von Mönchen durchgeführten *sbyin sreg*-Zeremonie rezitiert der Astrologe etwas abseits ein letztes Gebet *(dur kha cho ga),* nachdem zuvor zwei Teigfiguren, die er vom Totenhaus mitgebracht hatte, weit weggeworfen worden sind. Die Art dieser beiden Figuren, welche die Seele des Verstorbenen begleiten sollen, ist von den astrologischen Berechnungen des *'on po* abhängig[290].

Die zum Haus des Verstorbenen zurückgekehrten Gäste werden im Freien neben dem Totenhaus mit Bier bedient oder erhalten etwas Geld von der Trauerfamilie und deren Verwandten, um damit selbst Bier zu kaufen[291]. Letzteres ist häufiger, da Leute, die mit dem Toten nicht verwandt sind, während maximal eines Monats nach dem Hinaustragen des Leichnams keine Getränke und Speisen aus dem Totenhaus zu sich nehmen sollten. Die Verwandten und *pha spun,* die das Totenhaus ohne Gefahr betreten dürfen, werden drinnen bewirtet.

Die vom Verbrennungsplatz zurückkehrenden Mönche werden mit Speisen und Tee bewirtet, ferner erhalten sie – nach Ribbach[292] – einen großen Kloß *('tshogs 'khor)* und einen gebratenen Schafskopf, was ich jedoch nicht beobachten konnte. Am Ende versteigern die Mönche die persönlichen Habseligkeiten des Verstorbenen und Dinge, die von nahen Verwandten gespendet wurden, so Kleidungsstücke, Löffel, Pfannen, Schmuck usw. Der Erlös aus dieser Versteigerung kommt teils den Mönchen zugute, welche die Totenzeremonien durchführten, teils ihrem Kloster.

Einige *pha spun* und ein paar Mönche bleiben beim Verbrennungsofen zurück und warten, „bis der erste Knochen hinunterfällt". Wie ich beobachten konnte, handelt es sich bei diesem Knochenstück um einen Teil des Schädels des Verstorbenen, der „Blume" *(me tog)* genannt wird, und den *pha spun* und Mönche mit Oboenspiel ins Totenhaus bringen, wo er bis zum vierten Tag im Kultraum aufbewahrt wird.

Am frühen Morgen des vierten Tages *(bzhi rtsigs)*[293] nach der Verbrennung des Leichnams – der Verbrennungstag gilt als der erste Tag –, „wenn gerade die Handlinien erkennbar sind", gehen einige *pha spun* des Toten zum Verbrennungsofen, dem sie die Asche entnehmen. Diese wird von einem *pha spun* in einen Fluß geworfen, was einer Gabe an die *klu* gleichkommt, oder auf einen Berg gelegt, eine Gabe an die *lha.* Die Knochen und die Asche von sehr geliebten Leuten sollten, so sagten einige Informanten, wenn möglich nach Indien gebracht und dort in den Ganges geworfen werden.

Die *pha spun* reinigen an diesem Tag den Verbrennungsofen und reparieren ihn, indem sie herausgefallene Steine ersetzen und die Wände neu verputzen und weiß streichen. Sie decken die obere Öffnung

289 Zur *sbyin sreg*-Zeremonie siehe Nebesky-Wojkowitz 1975: 353, 528–32, Lessing 1942: 150–161, Schlagintweit, E., Buddhism in Tibet, London 1868: 249–253, Haas 1978: Abb. 19 bis 22.

290 Die Herstellung einer Totensänfte, Trauerbesuche, Totenprozession und eine Leichenverbrennung zeigt ein im Völkerkundemuseum der Universität Zürich archivierter Film (Produktion Hermann Schlenker).

291 Nach Ribbach 1940: 230 „Treffbier" *('phrad lugs kyi chang)* oder Straßenbiertrinker genannt.

292 Ribbach 1940: 230.

293 Die richtige Schreibweise ist unklar.

Abb. 10 a–d: Ofendiagramme *(thab thig)* für die auf den Seiten 82 und 83 beschriebene *sbyin sreg*-Zeremonie (Holzdrucke aus der Tibetsammlung des Völkerkundemuseums der Universität Zürich, Inv. Nr. 16002).

a) *zhi ba'i thab thig*

b) *rgyas pa'i thab thig*

c) *dbang gi thab thig*

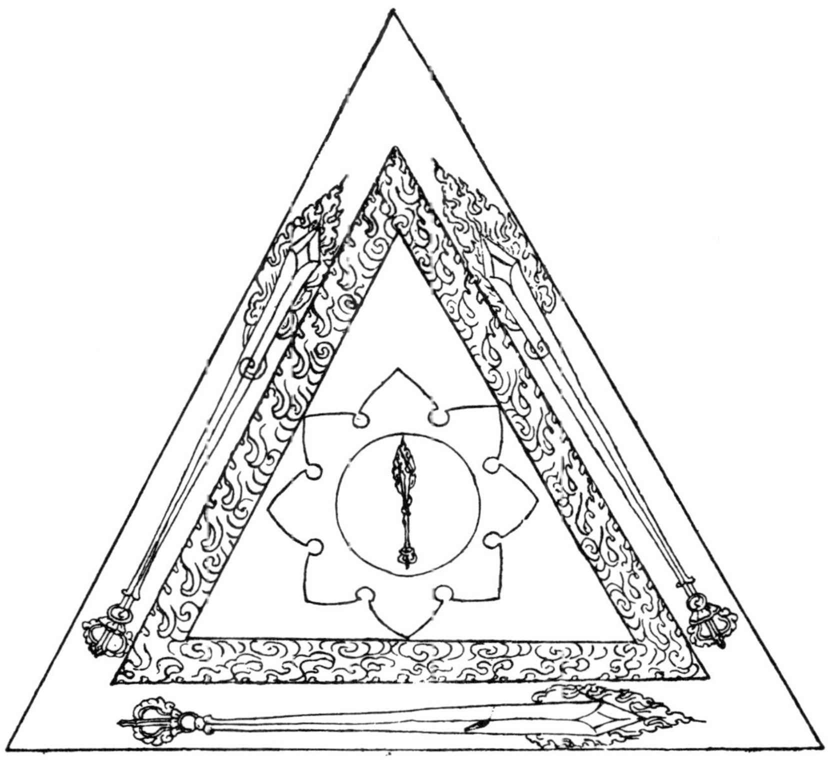

d) *drag po'i thab thig*

mit Zweigen und Steinen zu und stecken zwischen die Zweige einen Stab mit einem weißen Gebetsfähnchen.

Am Morgen dieses Tages versammeln sich Mönche im Haus des Verstorbenen, um zu seinem Wohl Tonfigürchen *(tsha tsha)* herzustellen[294] und das auf Geheiß des Astrologen angefertigte Rollbild oder die Bronzefigur zu weihen *(rab gnas)*. Der Herstellung der *tsha tsha* geht die sogenannte Knochenzeremonie *(rus chog)* voran: Der zelebrierende Mönch muß sich zu Beginn selbst als eine Gottheit vorstellen und in diesem Zustand die vielen *bgegs*-Geister überwinden, welche sich beim Knochenstück des Verstorbenen, das dem Verbrennungsofen entnommen wurde, aufhalten mögen. Dann hat der Mönch über die „Leerheit" des betreffenden Knochenstücks zu meditieren, worauf er das Bewußtsein *(rnam shes)* des Verstorbenen herbeiruft, von allen Beschmutzungen reinigt und schließlich dasselbe in ein reines, heiliges Land *(dag zhing)* schickt.

Für die Herstellung der *tsha tsha* wird der Knochenteil von einem Mönch zu Pulver zerrieben, das er mit dem Staub von fünf Metallen und mit Ton vermischt. Aus dieser Masse stellt der Geistliche mit Hilfe eines Models mindestens ein Tonfigürchen *(tsha tsha)* her, das an einem reinen Ort, beispielsweise im Hauskultraum, auf einem Hügel, in der Nische eines *mchod rten* oder einer *ma ni*-Wand hingelegt wird. Am gleichen Tag besuchen nochmals Verwandte und nahe Bekannte das Totenhaus und bringen wieder Geschenke – Brote und Bier –, während die *pha spun* der Trauerfamilie beim Kochen und Bewirten helfen müssen.

Ahnengedenken in Ladakh

Es gibt einige Hinweise darauf, daß die Ladakhi zu bestimmten Zeiten ihrer Verstorbenen gedenken und diese sogar verehren. Am deutlichsten kommt eine solche Ahnenverehrung am noch zu beschreibenden *shi mi* zutage: Am frühen Morgen des 30. X., am letzten Tag eines Jahres, geht mindestens ein Mitglied pro Familie zum *spur khang* seiner *pha spun*-Gruppe, um dort alle Ahnen, an die man sich erinnern kann, anzurufen und ihnen Speisen und Getränke darzureichen[295].

Ferner werden – nach Asboe – am *shrub lha,* dem Fest der frühesten Ähren, die ersten Getreidekörner mit Teig vermischt, den man zu Kugeln formt. Jede Familie bringt solche Kugeln als Gaben an die verstorbenen Familienmitglieder zu ihrem Leichenverbrennungshaus *(spur khang)* und legt sie dort zur Speisung der Ahnen nieder[296]. Die beiden Beispiele zeigen deutlich, daß der *spur khang* nicht nur dazu dient, Leichen zu verbrennen, sondern er ist auch der Ort, an dem ab und zu zwischen den Lebenden und den Ahnen eine Art Kommunion stattfindet.

Ein weiterer Hinweis darauf, daß der Ahnen gelegentlich gedacht wird, findet sich im Kapitel über die Agrarfeste: Beim Pflügen wird auf einige der Steine, die das sogenannte Mutterfeld *(ma shing)* abgrenzen, mit flüssiger Butter vermischtes *pa ba*[297] hingelegt, als Opfer an die Ahnen, welche dieses Feld als erste anlegten und abgrenzten[298].

Nicht nur auf Ladakh beschränkt, sondern auch in Tibet bekannt ist ferner die Vorstellung, die Seelen einiger Verstorbener könnten bestimmter Gründe wegen – schlechtes Leben, falsche Gedanken

294 Nach Ribbach 1940: 232 geschieht die Herstellung der *tsha tsha* am Verbrennungstag, nach meinen eigenen Beobachtungen und den Auskünften meiner Informanten jedoch am *bzhi rtsigs.*

295 Siehe Kapitel „Opfer an die Verstorbenen".

296 Asboe 1938: 386. Ev. handelt es sich hierbei um einen nicht mehr befolgten Brauch, da er mir gegenüber nicht erwähnt wurde.

297 *Pa ba* ist in Wasser aufgekochtes Gersten- und Erbsenmehl.

298 Siehe Kapitel „Pflügzeremonien".

beim Todeseintritt usw. – nicht zur Ruhe kommen und schweiften deshalb, ohne eine befriedigende neue Existenz gefunden zu haben, als böswillige Geister *(gshin 'dre)*[299] unruhig hin und her. Dabei bereiten sie den Menschen, in erster Linie ihren noch lebenden Verwandten, Schwierigkeiten. Als Gegenmaßnahme versucht man, durch bestimmte Riten die *gshin 'dre* zu besänftigen, so daß die umherirrenden Seelen wiedergeboren werden können oder – zu friedvollen Lokalgöttern umfunktioniert – den Menschen hilfreich zur Seite stehen[300]. Daß Verstorbene unter bestimmten Umständen zu Wesen werden, welche sich in die Belange der Menschen einmischen und diese ihrerseits versuchen, die Geister zu beeinflussen, zeigt ebenfalls, daß der Ahnenglaube in Ladakh eine nicht zu unterschätzende Rolle spielt. Darauf deutet schließlich auch die Tatsache, daß häufig ein Jahr nach dem Tode eines Menschen zu dessen Ehre eine Zeremonie abgehalten wird[301]. Daß 30 und 49 Tage nach Todeseintritt solche Riten durchgeführt werden, ist naheliegend, wandert doch nach tibetisch-buddhistischer Auffassung das Bewußtsein eines Verstorbenen während insgesamt 49 Tagen umher, bevor es in eine neue Existenz eingeht. Wird eine Totengedenkfeier noch nach einem Jahr abgehalten, bedeutet dies jedoch, daß das Bewußtsein des betreffenden Verstorbenen auch dann noch herumschweift und eine von den überlebenden Verwandten ernst zu nehmende Kraft darstellt, auf die man Einfluß ausüben kann. Dies ist ein weiterer Hinweis darauf, daß dem Ladakhi Ahnengedenken und sogar -verehrung nicht völlig unbekannt sind.

Verhaltensregeln bei einem Todesfall

Interessanterweise gelten in traditionellen Familien bei einem Todesfall dieselben Verhaltensregeln wie bei einer Geburt. In einem Fall ist es der überlebende Ehepartner des Verstorbenen, im anderen sind es die Eltern des Neugeborenen, die das Haus nicht verlassen und den Herd nicht berühren dürfen und die eigenes Geschirr verwenden müssen. Auch Gästen eines Geburtshauses werden, sofern es sich bei ihnen um Nichtverwandte und nicht der gleichen *pha spun*-Gruppe angehörende Menschen handelt, gleiche Vorschriften auferlegt wie Gästen eines Totenhauses. So ist es diesen Besuchern nicht erlaubt, auf dem Herd des Geburts- beziehungsweise Totenhauses zubereitete Speisen zu sich zu nehmen und Eßbesteck und Teller von diesen Häusern zu benutzen.

Gleiche oder doch zumindest ähnliche Verhaltensregeln gelten, wie im Kapitel „Die soziale Schicht der Unreinen" dargelegt, auch zwischen „Gewöhnlichen" *(dmang rigs)* und Niedrigen *(rigs ngan)*. So gebrauchen die *dmang rigs* nie das Geschirr eines Niedrigen, und sie essen keine auf dem Herd eines Niedrigen zubereitete Speisen. Niedere werden auch nicht zum Herd eines *dmang rigs* gelassen und dürfen diesen schon gar nicht berühren. Es scheint somit, daß die Eltern im Falle einer Geburt, der überlebende Ehepartner bei einem Todesfall kurzfristig einen Status einnehmen, der demjenigen der Niedrigen *(rigs ngan)* sehr ähnlich ist. Die Verwandten und *pha spun* haben übrigens bei Geburt und Tod eine Zwischenstellung, indem für sie keine Tabus gelten.

Hier und da wird die Meinung vertreten, der Geburtsvorgang an sich und vor allem das Geburtsblut gälten als besonders beschmutzend und es gäbe bestimmte Leute, die mehr als andere dieser Beschmutzung ausgesetzt seien. Weil die Götter, in erster Linie die Herdgöttin, schmutzige Leute haßten, nähmen diese Leute eine Sonderstellung ein und hätten die oben genannten Verhaltensregeln zu beachten. Weshalb aber, so muß man sich dann fragen, gelten für den Vater eines Neugeborenen die gleichen Verhaltens-

299 Ein anderer Name für solche Geister lautet *ro langs*. Es gibt auch Ahnengeister, die *mtshun (tshun, btsun)* oder *mes btsun* heißen. Siehe Nebesky-Wojkowitz 1975: 311.

300 Siehe hierzu auch Ribbach 1940: 235.

301 Siehe auch Asboe 1932 (1): 67.

FOTOS ZUM KAPITEL TOD
(Die Fotos 33–38 wurden in Gönpa aufgenommen, die Fotos 39 und 40 in Leh, Foto 41 bei Alchi)

33 Die *pha spun* eines Verstorbenen haben im Trauerhaus viele Arbeiten zu verrichten. Sie helfen dort, indem sie kochen, servieren und Vorbereitungen für die Zeremonien treffen.

34 Jeder der vielen Besucher am Tag, an dem ein Leichnam verbrannt wird, übergibt der Trauerfamilie Geschenke, die in der *'brel tho* genannten Liste aufnotiert werden.

35 Neben Mönchen hat auch ein Astrologe *('on po)* Zeremonien zum Wohl eines Verstorbenen durchzuführen. Auf dem Bild ist eine Opfergabe zu sehen, die im sogenannten *mgo gsum*-Ritus Verwendung findet.

36 Für die letzte Zeremonie im Totenhaus tragen die Mönche das sogenannte Weihekleid, zu dem ein Stirnband mit langen Zotteln, eine *rigs lnga*-Krone und eine turbanartige Kopfbedeckung gehören.

37 Blick auf einen Verbrennungsofen *(spur khang)*. Links ist die von *pha spun* getragene Totensänfte zu sehen, rechts die Mönche, welche die *sbying sreg*-Zeremonie durchzuführen haben.

38 Nach der Verbrennung des Leichnams versteigern die Mönche die persönlichen Habseligkeiten des Verstorbenen.

39 Am frühen Morgen des vierten Tages nach der Verbrennung eines Leichnams gehen einige *pha spun* des Toten zum Verbrennungsofen, um diesen zu reinigen und zu reparieren.

40 Am vierten Tag nach der Verbrennung eines Leichnams stellen Mönche aus Ton und einem zu Pulver zerriebenen Knochenstück des Verstorbenen Figürchen *(tsha tsha)* her, die an einem reinen Ort hingelegt werden.

41 Ein beliebter Ablegeort für Tonfigürchen *(tsha tsha)*, die aus der Asche von Verstorbenen hergestellt werden: Eine Nische mit drei Stupas, die Dreiheit von Avalokiteshvara, Mañjushrî und Vajrapaṇi darstellend.

33

34

35

36

37

38

39

3. Teil: Feste im Jahresablauf

NEUJAHR

Einleitung

Gemäß mündlicher Überlieferung wurde in Ladakh während der *Lha chen*-Dynastie (etwa 1000 bis 1470) und zu Beginn der *rNam rgyal*-Dynastie nur ein Neujahrsfest gefeiert, das mit dem in Tibet im ersten Monat gefeierten Neujahrsfest zusammenfiel. In der Zeit des Königs *'Jam dbyangs rnam rgyal* (ca. 1580–1590)[303] soll das ladakhische Neujahr um zwei Monate vorverschoben worden sein. Als Grund für diesen Wandel wird ein historisches Ereignis erwähnt:

Während der Regierungszeit dieses Königs verschlechterten sich die Beziehungen zwischen Ladakh und Purig so sehr, daß schließlich der ladakhische König und dessen Minister entschieden, einen Krieg gegen den feindlichen Nachbarn zu führen; ein Krieg, der für den ladakhischen König in einer Katastrophe endete, da die Baltis intervenierten und die ladakhische Armee besiegten[304].

Bevor das ladakhische Heer in den Krieg zog, erklärten die Minister dem König, es sei zweifelhaft, ob die Krieger für das in etwa zwei Monaten folgende Neujahrsfest zurück sein würden. Sie rieten deshalb ihrem Herrscher, das Fest um zwei Monate vorzuverschieben, um so nicht das Risiko einzugehen, es zu verpassen, was als sehr schlechtes Omen gegolten hätte. Der König befolgte die Ratschläge seiner Minister, und seit damals – so weiß die ladakhische Legende zu berichten – soll das ladakhische Neujahrsfest stets zwei Monate vor demjenigen der Tibeter gefeiert werden[305].

Diese Erklärung erscheint anfänglich unglaubwürdig, umso mehr, weil sich in keiner ladakhischen Chronik eine Stelle finden läßt, welche diese Legende untermauern hilft. Der Zufall wollte es, daß ich auf eine ähnliche Geschichte aus einer ganz anderen Region Tibets stieß, nämlich aus dem ungefähr 1600 km östlich von Ladakh liegenden Kongpo. Auch dort waren zwei Neujahrsfeiern bekannt: Eine im ersten tibetischen Monat und eine um zwei Monate frühere Feier zu Beginn des zehnten Monats, welche Kongpo-Neujahr *(Kong po lo gsar)*, [*Kong po*] *Agye rgyal po lo gsar*[306] oder auch Zehnter-Monat-Neujahr *(zla ba bcu pa lo gsar)* genannt wurde, während das Neujahrsfest im ersten Monat, das dem allgemein üblichen, in ganz Tibet verbreiteten Neujahrsfest entspricht, in Kongpo aber weniger beachtet wurde, Königs-Neujahr *(rgyal po lo gsar)* oder ganz einfach „tibetisches Neujahr“ *(bod pa'i lo gsar)* hieß.

Das Interessante hierbei ist nun, daß nicht nur der Zeitpunkt des Kongpo-Neujahrs mit demjenigen von Ladakh übereinstimmt, sondern daß auch die mündlich überlieferte Legende um die Entstehung dieses Neujahrsfestes in beiden so weit von einander entfernten Gegenden völlig identisch ist. Die Leute aus Kongpo erzählen sich nämlich, daß ein König, sein Name wird mit *Agye* oder *age rgyal po* angegeben,

303 Petech 1939: 136; Francke 1926: 106.

304 Petech 1939: 133–136. Nach einer anderen Quelle, Asboe 1938: 376, soll das ladakhische Neujahr erst kurz vor dem Dograkrieg (1834–40) um zwei Montate vorverschoben worden sein, was sicher nicht geschichtlichen Tatsachen entspricht.

305 Siehe auch Heber 1976: 172, Ribbach 1940: 249, Anm. 132, und Francke 1977: 109.

306 Nach anderen Informanten *age rgyal po lo gsar* genannt: alter(s) König Neujahr.

das „normale“ Neujahrsfest des ersten tibetischen Monats um zwei Monate vorverschieben ließ, weil er in den Krieg ziehen mußte und nicht sicher war, ob er rechtzeitig für das Neujahrsfest zurück sein werde.

Die Tatsache, daß sowohl in Ladakh wie auch in Kongpo die gleiche Geschichte über die Einführung des in jenen Gegenden wichtigeren Neujahrsfestes kursiert, könnte damit erklärt werden, daß diese Neujahrslegende, die wohl einen Kern Wahrheit enthält, in alten Zeiten über weite Teile Tibets verbreitet war. Sie geriet in jenen Gebieten immer mehr in Vergessenheit, in denen sich die „offizielle“, von China eingeführte Neujahrsfeier durchzusetzen vermochte[307], so daß sie sich schließlich nur noch in einigen wenigen Rückzugsgebieten – wie Ladakh und Kongpo – aufrechterhalten konnte. Dort erfolgten mit der Zeit lokale Anpassungen, indem beispielsweise ein lokaler König die Rolle des Neujahrserschaffers annahm.

Obschon in beiden Geschichten gerade das Gegenteil zum Ausdruck kommt, ist das angeblich um zwei Monate vorverschobene Neujahr bestimmt älter als das danach folgende. Mehrere Punkte deuten darauf hin:

> Das in Ladakh, Kongpo, in einigen Teilen Bhutans und in anderen Gebieten Tibets anzutreffende um zwei Monate frühere Neujahrsfest fällt ziemlich genau in die Zeit der Wintersonnenwende. Im Jahre 1976 begann beispielsweise das ladakhische Neujahr genau am 21. Dezember. Den Neubeginn eines Jahres in einer Zeit anzusetzen, in der die Sonne eben beginnt, wieder länger und intensiver zu scheinen, ist weit verbreitet und entspringt einem uralten menschlichen Gefühl der Naturverbundenheit.
>
> Das Neujahr Ladakhs – wie auch die Feste in anderen Gegenden, die diesem in Inhalt und Zeitpunkt gleichen – besteht zum überwiegenden Teil aus Riten und Bräuchen, die nicht buddhistisch sind, ein weiterer Hinweis darauf, daß es sich dabei um ein altes Fest handeln muß. Auch das sogenannte Königsneujahr enthält mehrere nichtbuddhistische Elemente, doch überwiegen dort eindeutig die zeitlich später anzusetzenden buddhistischen Einflüsse.
>
> Das im zehnten Monat gefeierte Neujahr findet sich in Randgebieten oder Gebieten, die nicht so stark unter dem Einfluß der klerikalen tibetischen Zentralregierung standen, in Gebieten also, in denen sich alte Bräuche länger halten konnten als in zentraler gelegenen Regionen Tibets, die unter dem direkten Einfluß der reformierten Kirche standen.

Mit der Annahme, daß es sich beim zwei Monate späteren Neujahrsfest um eine neuere Erscheinung handelt, stehe ich nicht allein da. Auch Stein und Aris kommen zum gleichen Schluß, beziehungsweise nehmen diesen Sachverhalt als selbstverständlich an[308]. Sie nennen das vorverschobene Neujahr *so nam lo gsar* oder „agricultural new year“, eine Bezeichnung, die in Ladakh nicht bekannt ist.

Einzelheiten des ladakhischen Neujahrsfestes sind bis heute weitgehend unerforscht geblieben. Einzig Francke und – etwas ausführlicher Asboe[309] weisen auf einige Neujahrsbräuche hin, ihre Berichte sind jedoch keineswegs vollständig.

Diese Informationslücke versuche ich im folgenden zu schließen. Dabei wird es unvermeidbar sein, teilweise auf kleine Details einzugehen, die mir jedoch im Hinblick auf die anschließende Analyse[310] wichtig erscheinen.

307 Wann und weshalb das alte tibetische Neujahrsfest durch ein neues abgelöst wurde, steht nicht fest. Stein 1962: 213 meint, dies sei in der Zeit der mongolischen Vorherrschaft in Tibet geschehen (13. Jh.). Anzunehmen ist, daß mit der Einführung der tibetischen Kalenderrechnung im Jahre 1027 gleichzeitig auch die Einführung des noch heute gültigen Datums für das Neujahrsfest erfolgte.

308 Stein 1962: 178 ff. und Aris 1976: 601.

309 Francke 1923: 28–29 und Asboe 1938: 376–381.

310 Siehe hierzu das Kapitel „Kulturelle Beziehungen zu Ethnien im Hindukusch“ und die Schlußbetrachtung.

25. Tag bis 29. Tag des zehnten Monats

Für den Ladakhi beginnen die Neujahrsfeierlichkeiten bereits am 25. Tag des zehnten Monats, dem Tag nämlich, an dem im ganzen tibetischen Kulturraum der Geburt und des Todes des Reformators *Tsong kha pa* gedacht wird *(dGa' ldan lnga mchod)*: In den Klöstern finden tagsüber – ohne Teilnahme der Laien – Lesungen heiliger Texte statt, und am Abend stellen die Leute zu Ehren des großen Reformators und als Opfer an die Götter viele Butterlämpchen entlang den Dachbrüstungen, vor den Fenstern und auf den Hausaltären hin[311].

Die Tage nach dieser *Tsong kha pa* gewidmeten Gedenkfeier werden für das Reinigen der Häuser, Ställe und Höfe verwendet. Auch stellt man in dieser Zeit das Gersten- oder Reisbier und ein spezielles Neujahrsgebäck, *ku ra*[312] (tib. *khab se*), her.

Am 29. X. folgt ein auch unter Tibetern wohlbekannter Brauch, die Herstellung und das Verzehren der sogenannten *dgu thug*, der „Neun(er) Suppe". Diese Suppe wird gemäß einigen Informanten gegessen, um der betreffenden Haushaltung im kommenden Jahr geschmackvolles, nahrhaftes Essen zu sichern[313]. Nach anderen Informanten ißt man die *dgu thug*, damit man nach dem Tode in der Hölle schwer wiegt, was als günstig erachtet wird.

Auch der Name der Suppe wird unterschiedlich interpretiert: Die einen sind der Meinung, die *dgu thug* sollte aus neun Nahrungsmitteln gekocht werden, beispielsweise aus Mehlkügelchen, Gemüse, Fleisch, Trockenkäse, Erbsen, Radieschen, Öl, Zwiebeln und Salz[314]. Nach anderen Informanten bedeutet die Zahl Neun, daß in neun der vielen Teigbällchen, die man der Suppe beifügt, je ein bestimmter Bestandteil „eingepackt" werden soll, der als Omen gilt, wie beispielsweise Wolle, ein Ring, Papier, Kohle, Salz, Chilli, Wacholder, Gewürz oder Fleisch[315].

Erhält jemand ein Teigbällchen mit Inhalt, wird daraus auf den Charakter des Betreffenden geschlossen. Ein Ring weist beispielsweise auf das Vorhandensein einer Geliebten oder eine bevorstehende Heirat hin, derjenige, der eine Teigkugel mit einem Wacholderzweig erhält, hat einen guten Charakter, derjenige mit Kohle einen schlechten. Ein Papierstück in einem Teigbällchen deutet auf eine religiöse, fromme Person, usw.

Die *dgu thug* wird, wie wir eben gesehen haben, auf verschiedenste Art hergestellt. Auch die in den Teig eingeschlossenen Dinge variieren von Familie zu Familie in Anzahl und Bedeutung. Gewisse Inhalte jedoch – wie Wacholder, symbolisch dargestellte Sonne und Mond, Papier, weiße, ungesponnene Wolle – scheinen stets auf eine positive, andere – Kohle, Dornen, Radieschen – auf eine negative Charaktereigenschaft hinzuweisen.

Früher wurde vor dem Neujahrsfest von jeder Familie, sofern es ihre wirtschaftliche Lage erlaubte, ein Schaf, eine Ziege oder gar ein Yak geschlachtet. Ferner machte man Würste aus einem Gemisch von Mehl, Blut und Gewürzen, das man in die Gedärme der geschlachteten Tiere füllte.

Einen Teller davon schenkte man den Nachbarn[316], und die Würste, die nicht unmittelbar verzehrt wurden, schnitt man in Scheiben und reihte sie zum Trocknen auf eine Schnur.

311 Siehe hierzu auch Asboe 1938: 376.

312 Oder *khu ra* geschrieben, nach Jäschke 1934 : 42 *khur ba* oder *'khur ba*.

313 Siehe hierzu auch Namkhai Norbu 1966 (2): 147.

314 Nach Namkhai Norbu 1966 (2): 147: „Meat, wheat roll, rice, polentilla *(gro ma)*, cheese, peas, vegetables, vermicelli *(phyin)*, radish".

315 Nach Namkhai Norbu 1966 (2): 147 werden in neun Teigbällchen folgende Dinge getan: „A piece of paper, a fragment of wood, a little pebble, coal, salt, cattle dung, yak hair, *su-pan*. A bigger roll contains *phye mar* (flour roasted with melted butter and sugar)".

316 Nach Asboe 1938: 378.

Heute werden zur Neujahrszeit Tiere nur noch selten geschlachtet, da *Kushok Bakula* vor einiger Zeit erklärte, daß sich das Töten von Tieren zu Festzwecken einem Buddhisten nicht gezieme.

Fackelzüge

Das Entfachen von Feuern an mehreren Abenden vor dem Neujahr ist ein Brauchtum, das in vielen ladakhischen Dörfern sehr ausgeprägt ist und deutliche Parallelen zu Neujahrsbräuchen in „Dardistan" aufweist: Vom 25. bis 29. X. ziehen Knaben des Dorfes von Haus zu Haus und verlangen mit folgenden oder ähnlichen Worten von den Hausbewohnern Heu oder Holz:

Ein Knabe sagt:	Alle Knaben antworten:
An einem glücklichen Tag,	*lha so*
In der Zeit eines glücklichen Sterns,	*lha so*
Tag für Tag wachsend[317],	*lha so*
Jahr für Jahr wachsend[318],	*lha so*
das schlechte Jahr zurücklassend,	*lha so*
heißen wir das neue gute Jahr willkommen.	*lha so*
XY wurde eine Braut gebracht,	*lha so*
Ein Knabe wurde geboren,	*lha so*
Ein Geburtsfest wurde gefeiert (. . .)	*lha so*
Bitte gebt *Bagatam* ein bißchen Holz[319]!	

In Skyurbuchan lautet dieser letzte Satz „gebt uns *bagatam*", wonach die Knaben Brote, Aprikosen und Nüsse erhalten, und Francke[320] überliefert uns ein Lied aus Khalatse, in dem die Rede von einem Brot ist, das *bagatam* genannt wird[321]. Die Tage selbst, an denen Knaben von Haus zu Haus ziehen, werden in einigen Orten, so in Timosgam, *bagatam* genannt. Auf diesen sonderbaren Namen, der, wie sich hier zeigt, nicht einheitlich gebraucht wird, da seine Bedeutung kaum mehr bekannt ist, werden wir im Kapitel „*Bagatam*" noch näher eingehen.

Mit dem von den einzelnen Familien erhaltenen Heu oder Holz ziehen die Knaben jeden Abend auf ein freies Feld, wo sie es verbrennen. Darauf binden die Burschen – dies trifft auf Nimo zu, wird aber in anderen Dörfern weitgehend identisch praktiziert – Holzstäbe zu Bündeln zusammen, welche am Feuer angebrannt werden, und treffen sich mit Knaben aus anderen Dorfteilen[322], wo dieselben Vorbereitungen getroffen wurden, auf einem großen Platz. Dort steht eine Art Tisch, der aus drei aufgerichteten Steinen und einer darüber liegenden Steinplatte besteht. Auf diese Platte halten die Knaben die Spitzen der fackelartigen Bündel, während sie heulend um den Steintisch gehen und nach jedem Umgang die brennenden Holzbündel in die Höhe halten, was insgesamt dreimal geschieht.

Danach folgen Gefechte zwischen je zwei Knaben aus verschiedenen Dorfteilen, die manchmal zu

317 Oder: Tag für Tag.

318 Oder: Jahr für Jahr.

319 Dieses Lied stammt aus Nimo. Ein ähnliches Lied wurde mir auch aus Timosgam überliefert. Dort erhalten die Kinder neben Heu oder Holz auch einige Brote: am 26. X. sechs, am 27. X. sieben und am 28. X. acht Brote. Am 25. X. sammeln die Kinder selbst Heu, ohne von Haus zu Haus zu gehen.

320 Francke 1923: 28.

321 Unter Umständen hat Francke diesen Passus des Liedes falsch verstanden und hätte mit „gebt *Bagatam* ein Brot!" übersetzen sollen.

322 Für dieses Ereignis wird Nimo in vier Dorfgruppen geteilt, zwei davon bestehen aus je einer Zehner-Gruppe *(bcu tshogs)*, zwei andere aus je zwei *bcu tshogs* von Nimo (Nimo ist in insgesamt sechs *bcu tshogs* aufgeteilt).

wirklichen Kämpfen ausarten[323]. Schließlich ziehen die Knaben zu ihren Häusern zurück, wo sie Dinge aufsagen, die sonst tabu sind:

Ha sha la ha sha

Die Anzahl der *ha sha pa* beträgt zwölf, mich eingeschlossen dreizehn.
Mitten auf der Ebene kommt ein Reiter,
Vor ihm geht einer zu Fuß. Auf seiner Stirne sitzt eine Laus.
Eine Vagina ist dort, über dieser Vagina ist ein Penis.
Der Penis von *dPal par* (?), ein Penis so schwer wie eine Last von 18 Pferden.
Von dieser Ecke zu jener Ecke bewege ihn mit Kraft.
Bring zwei Schalen . . . hervor und dann laß es es berühren.
(Hier folgt die Imitation einiger abgehender Blähungen.)
Darug darug, tönt die hölzerne Säule.
Im Mondlicht scheint das weiße Muschel-Armband.
Auf der Rückseite des *mchod rten*
Wurdest Du nicht vom Vater geschlagen,
Wurdest du nicht von der Mutter geschlagen,
Wurdest du nicht so lange geschlagen, bis der Stecken brach?
Der heilige Penis von Vater, dem König,
Ist so groß wie der Steinroller der Mühle von *cho chot pa* (?)
Fetter als dieser, runder als dieser.
Die heilige Vagina der Mutter, der Königin,
Ist so groß wie die Höhle von *Lha ri mo*,
Tiefer als diese, umfangreicher als diese.
Mögen Glück und Wohlstand nach Nimo kommen!

Me tho und das große Feuer

Am letzten Tag des Jahres, dem 30. X., nimmt jedes Familienmitglied ein bißchen Teig in die Hand und fährt damit über seinen eigenen Körper, speziell über die Stellen, die durch Krankheit beeinträchtigt sind.

Einige behaupten, Stirne und Herz sollten mit dem Teig nicht berührt werden, die Stirne, weil geglaubt wird, das Glück jeder Person sei auf ihrer Stirne eingeschrieben. Würde man sie mit dem Teig abreiben, bestünde die Gefahr, daß das Glück jener Person weggenommen würde.

Weshalb das Herz nicht abgerieben werden darf, konnte mir nicht gesagt werden. Wahrscheinlich, weil das Herz als Sitz des Lebens gilt und durch die Berührung mit dem Teigstück das Leben in Gefahr geriete.

Nachdem alle ihren Körper mit einem Teigstück abgerieben haben, müssen die Frauen den Teig in ihrer linken, die Männer in ihrer rechten Hand stark zusammendrücken, so daß er die Form des Fausthohlraums annimmt. Durch diesen Handabdruck sind die Teigstücke eine Art Substitute für die Hausbewohner geworden und werden *zan ril, chang bu* oder *len cha*[324] genannt.

Auch die wichtigeren Haustiere werden mit je einem Teigstück abgerieben, worauf alle *zan ril* für die Herstellung eines sogenannten *me tho* oder *mgal me* (Stecken-Feuer), einer Art Fackel, gebraucht werden. Die Herstellungsart dieser *me tho* variiert stark von Ort zu Ort und von Familie zu Familie. So tut man

323 Diese Gefechte finden am 29. X. nicht statt. Über ähnliche Bräuche in Lahul berichtet Asboe 1933: 191.
324 Siehe Anm. 206 und 282.

die *zan ril* beispielsweise in eine Dose, in die man einen mit viel Stoff umwickelten Stab steckt, nachdem dieser mit Petroleum benetzt worden ist. Andernorts gibt man die *zan ril* zusammen mit etwas Bier, alten gebrauchten Teeblättern, für die Herstellung von Bier gebrauchten Gerstenkörnern usw. in ein Tierhorn, das man mit feuchtem Teig verschließt. Zweige und Heu werden um das Horn gebunden und vor dem Hinaustragen dieser Fackel entzündet. Entlang einer weißen, mit Mehl auf den Boden gezeichneten Linie wird die Fackel unter *rgya ho ho*-Rufen[325] aus dem Zimmer ins Freie getragen. An einem bestimmten Platz werden die Fackeln der einzelnen Familien auf einen Haufen geworfen, so daß ein großes Feuer aufflammt[326].

Nach dem Hinaustragen des *me tho* muß sofort die weiße Linie weggewischt werden, denn die bösen Geister und das aus dem Haus verbannte Übel könnten sonst entlang der Linie wieder ins Haus gelangen und dort Unheil anrichten.

Auf dem Rückweg nimmt die Person, welche das *me tho* wegtrug – es ist dies meistens ein Knabe, nie eine Frau oder ein Mädchen –, ein bißchen Eis mit sich und betritt damit das Haus, indem sie laut „*heb pa la heb*" sagt, als ob sie etwas sehr Schweres tragen würde. Hinter irgend einer Tür wartet ein Familienmitglied, das Wasser gegen den Zurückgekehrten wirft, da diesem möglicherweise ein böser Geist gefolgt ist. Einen solchen unwillkommenen Gast will man mit der plötzlichen, kühlen Dusche erschrecken und davonjagen. Wiederum sagt der Zurückgekehrte „*heb pa la heb*", und jemand fragt ihn: „Was trägst Du mit Dir"? Er erwidert: „Ich bringe einen großen Felsen aus Gold, wo soll ich ihn aufbewahren"? Worauf die anderen ihn auffordern, er möge ihn in die hinterste Ecke des Vorratsraums tun, wo das Eisstück auf einen Getreidesack gelegt wird. Danach sitzt man zusammen und erfreut sich an Bier, Speisen, Gesang und Tanz.

In Leh findet am Abend des 30. X. etwas Ähnliches wie in den Dörfern statt. Dort tragen Burschen brennende Fackeln vom Kloster oberhalb des Palastes zum Basar hinunter, wobei eine Gruppe den Süd-, die andere den Nordweg hinunterrennt. Immer, wenn ein Fackelträger am oberen Ende des Basars eintrifft, wird er mit einem Trommelwirbel begrüßt.

Während ihres ganzen Laufs schwingen die etwa vierzig jungen Männer und Knaben ihre an einer Schnur hängenden Fackeln – mit Petroleum übergossene Stoffknäuel – kreisförmig über ihren Köpfen und rufen dabei laut:

ha sha la ha shal
an einem guten Tag
an einem guten Stern
ha sha la ha shal

Die Zuschauer – zur Hauptsache junge Leute – pfeifen jeweils, wenn ein Träger vorbeirennt, lassen Knallkörper explodieren und johlen laut: viel Lärm, der dem Ganzen die Züge einer Geisteraustreibung gibt.

Der Weg der Fackelträger endet südlich des Basars auf einem Platz, wo alle *me tho* unter Schreien auf einen Haufen geworfen werden. Danach kehren einige der Burschen zum Trommler im Basar zurück und vollführen dort einen einfachen Kreistanz um eine Petroleumlampe herum.

Francke gibt uns aus den zwanziger Jahren aus Khalatse Bericht über ganz ähnliche Bräuche. Es handelt sich dabei um eine Schilderung des Schullehrers aus Khalatse, die ich in Franckes Übersetzung wiedergebe:

325 Dies sollen die Ruflaute eines Helden sein, die jedoch richtig *kye ho* lauten müßten.
326 In einigen Dörfern wird das *me tho* nur so weit getragen, bis es erlischt, worauf man es wegwirft.

„Vom 15ten des zehnten Monats an bis zum 24ten tragen die Kinder Fackeln auf ein bestimmtes Feld. Vom 24ten bis zum 29ten zünden sie ein Feuer auf dem öffentlichen Tanzplatz an, wo sich alle Leute versammeln. . .
Der 30ste wird *sTon* (Beistand) genannt. Da bewirten sich die Verwandten gegenseitig. Nachmittags ziehen die Burschen mit Fackeln und Musik auf das Feld hinaus, und hier wird das *Bra-sol* (?) gespielt. Darauf müssen die *mon* fünf Austreibungen *(skrad)* vornehmen, wobei mit Flinten geschossen und *Te-ya-ho* gerufen wird. Dann werden die Fackeln aufgehäuft und um sie herum ein Tanz mit Schwertern und Flinten aufgeführt, als ob Krieg geführt würde. Nun kehren alle Leute zu ihren Häusern zurück. . .
Wenn es Abend wird, werden einige Leute als *Ba-ba* verkleidet, indem sie erst gewaschen, dann mit Ruß beschmiert und mit Kopfbedeckungen aus Stroh versehen werden. Sobald sie auf dem Festplatz erscheinen, werden ihnen zuerst drei Tänze gewidmet. Wenn dann alle tanzen, loht das Feuer hoch auf, und zwar dadurch, daß die *Ba-ba* ins Dorf laufen und von dort gestohlenes Holz ins Feuer werfen. . . So wird sieben Tage lang gefeiert . . .".

An diesem siebten Tag tanzen abends drei Masken, zwei Großväter und eine Großmutter, die vertrieben werden, und es finden weitere Zeremonien statt, auf die später eingegangen werden soll[327].

Vergleichen wir die Schilderungen Franckes mit den noch heute bekannten Bräuchen, sind verschiedene Übereinstimmungen unschwer zu erkennen: Die Fackeln werden von Burschen auf einen öffentlichen Platz getragen und dort verbrannt. Am 30. Tag findet eine besondere Austreibung statt, die durch laute Rufe und Geräusche begleitet wird. Interessant ist in Franckes Bericht die Erwähnung eines Tanzes mit Schwertern und Flinten um ein Feuer, „als ob Krieg geführt würde". Der noch heute zu beobachtende abschließende Tanz der Fackelträger um eine Lampe im Basar in Leh wie auch die Gefechte der Dorfknaben mit ihren Fackeln sind sicher Überbleibsel dieses einst viel spektakuläreren Tanzes.

Daß den Kindern bei diesen Festlichkeiten eine so große Bedeutung zukommt, ist nicht weiter verwunderlich: Sie stellen das Wachsende, das Sich-Entwickelnde dar, welches am besten geeignet scheint, das Schlechte und Vergangene zu zerstören und das Alte in Form der drei alten Leute am siebten Tag zu vertreiben. Auf diese Vertreibung von alten Leuten werden wir noch zu sprechen kommen, denn sie findet teilweise noch heute statt.

Eine etwas andere Schilderung des *me tho* gibt uns Asboe[328]. Nach ihm werden kurz nach Sonnenuntergang drei Bündel von Weiden- und Wacholderzweigen von jeder Familie ins Freie getragen und zu einem pyramidenartigen Gebilde aufgestellt. Sobald der *„Lon-Pu"*[329] sein *me tho* entzündet, machen es ihm alle Dorfbewohner nach[330] und tragen die Bündel an einen bestimmten Ort, wo sie auf den Boden geworfen werden, wobei ein Mann zwei Mantra ausruft. Das eine beginnt wieder mit der bereits mehrmals angetroffen *„ha sha la ha sha"*-Formel.

Bagatam

Die Feuerzeremonie ist ein Brauch, der nicht nur in Ladakh, sondern auch in westlich an Ladakh angrenzenden Gebieten bekannt ist.

327 Francke 1923: 28—29.
328 Asboe 1938: 379.
329 Damit ist bestimmt der *blon po* (hoher Beamter) gemeint.
330 In Hunza existiert ein ähnlicher Brauch. Dort verlassen alle Männer und Knaben gleichzeitig ihre Häuser mit einer brennenden Fackel in der Hand. Müller 1973: 36.

Diese Feuerzeremonien weisen hier wie dort frappante Übereinstimmungen auf, die sich nicht nur im äußerlichen Ablauf, sondern auch in den den Zeremonien zugrundeliegenden Legenden kundtun. So erzählen sich die Leute von Timosgam die folgende Geschichte über den Ursprung des großen Fackelfeuers vom 30. X.[331]:

Einst lebte im Palast von Timosgam ein König, der Eselsfüße hatte und *Bong rkhang chen* genannt wurde. Dieser Herrscher war sehr schlecht und grausam, weshalb die Leute beschlossen, ihn zu töten. So gruben sie in der Nähe des Palastes eine Grube, deckten diese mit Zweigen fein säuberlich zu und stellten den Thron des Königs darauf. Vor Anbruch des ersten Tages des neuen Jahres trat der König aus seinem Palast und wollte sich auf seinen im Freien aufgestellten Thron setzen. Als er jedoch auf die Äste trat, fiel er in das Loch, worauf alle Leute ihre Fackeln, die sie mit sich trugen, auf den König warfen, so daß dieser verbrannte.

Auch im westlich von Ladakh liegenden Gilgit werden in der Neujahrszeit wie in Ladakh große Feuerstöße und Fackeln entzündet. Nach der einen diesen Brauch erklärenden Legende lebte einst in Gilgit ebenfalls ein grausamer König, der *Śirí Badát* oder auch *Śirí Baġártham* genannt wurde. Um diesen König zu töten, wurde eine Grube in der Nähe des Königspalastes ausgehoben, wonach man den König, dessen Seele aus Schnee bestand, durch Hitze zwang, seinen Palast zu verlassen. Dabei stürzte der Herrscher zusammen mit seinem Pferd in die Grube und wurde von den Dorfbewohnern mit Fackeln beworfen, so daß sein Herz zerschmolz. Mit der alljährlichen Feuerzeremonie werden jene mythischen Geschehnisse nachvollzogen. Ähnliche Zeremonien und Vorstellungen findet man auch in Punyal und in Hunza[332].

Daß es sich bei dem eselfüßigen ladakhischen König und *Śiri Badát* oder *Baġártham* um ein und dieselbe Person handelt, liegt auf der Hand. Der Name *Bagatam* ist ja auch in Ladakh nicht unbekannt. Er hat, wie wir bereits gesehen haben und wie im folgenden noch deutlicher zum Ausdruck kommen wird, auch dort zum Neujahrsfest Bezug.

Nach einer zweiten Legende aus Gilgit wurde der König *Baġártham,* als man seiner überdrüssig wurde, nicht getötet, sondern mit Hilfe von Feuerbränden vertrieben, und seither lebt er im Exil. Mit der alljährlichen Entzündung von Feuern und Fackeln in der Neujahrszeit soll die Rückkehr des bösen Königs verhindert werden[333]. Auch in Ladakh traf ich auf die Vorstellung, daß *Bagatam* nicht getötet, sondern nur vertrieben wurde: Wenn nämlich am 30. X. in Lehdo, Chigtan, Mulbekh, Timosgam usw. alle Fackeln auf einen Haufen geworfen werden, schildert ein Mann auf die Frage, woher *Bagatam* gekommen sei, wie jener von Sabondi über Gilgit nach Skardo, Shigar, Barguti, Kharmang, Thorgu, Kargil, Mulbekh, Wakha, Chigtan, Lamayuru, Wanla usw. bis Leh, She, Chimre und Sakti gelangte.

In der Timosgam-Nurla-Version liegt der Ausgangspunkt von *Bagatams* Reise in Kaschmir und führt über Dras nach Kargil und von dort weiter nach Leh usw. Am Ende geht er von Sakti nach Changla[334] und wird von dort ins Exil weggejagt: Auch hier liegt demnach eine genaue Parallele zur zweiten Legende aus Gilgit vor.

Daß die *Bagatam*-Legende und die damit in Zusammenhang stehende Feuerzeremonie über die Grenzen „Dardistans" bis weit hinein nach Ladakh verbreitet ist, zeigt die enge Verquickung der ladakhischen Kultur mit derjenigen vieler Ethnien, die im Westen Ladakhs wohnen. Auch wenn wir daraus nicht ohne weiteres schließen dürfen, daß Ladakh einst von „Darden" bewohnt war, so können wir dies doch zumindest stark vermuten. Weitere frappante Übereinstimmungen zwischen ladakhischen und „dardischen" Bräuchen, auf die wir noch zu sprechen kommen, werden uns in dieser Vermutung bestärken.

331 Eine ähnliche Geschichte erzählen sich auch die Leute von Skyurbuchan.
332 Müller 1973: 23 und 35 ff.
333 Müller 1973: 1.
334 Nach einem anderen Informanten nach Chuschod.

Opfer an die Verstorbenen (shi mi)

Am 30. Tag *(gnam gang)* des zehnten Monats wird frühmorgens ein Opfer dargereicht, das „eines Jahres Anteil an die Verstorbenen", oder häufiger *shi mi,* genannt wird.

Für diese Speisung der Vorfahren begibt sich von jeder Familie mindestens ein Familienmitglied zum Leichen-Verbrennungshaus *(spur khang)* seiner *pha spun*-Gruppe. Mitglieder derselben *pha spun*-Gruppe besitzen, wie bereits erwähnt, ein und dasselbe Verbrennungshaus, das zusammen mit den Verbrennungshäusern der anderen *pha spun*-Gruppen etwas außerhalb des Dorfes steht.

Als erstes stellt jeder Vertreter der einzelnen Familien vor „seinem" *spur khang* aus Mehl gefertigte Butterlämpchen hin, zündet diese an, worauf ein Feuer entfacht wird, in das Gerstenmehl, Butter, Milch und Zucker gegeben werden. Es ist dies ein Opfer, das *bsur* genannt wird und eine Gabe an die anwesenden Götter darstellt.

Nun erst folgt die eigentliche Darreichung von Getränken und verschiedenen Speisen wie Reis, getrocknete Früchte, Zucker, Brote und *pa ba*[335] an die Verstorbenen. Früher legte man auch Fleischstücke hin[336], ein Brauch, der von *Kushok Bakula*[337], und der Buddhist Association verboten wurde und deshalb heute kaum mehr befolgt wird. Von jeder Speise nimmt derjenige, der das Opfer darreicht, ein wenig in eine Hand und ruft dabei den Namen eines verstorbenen Verwandten aus. Dann legt er die Speisen auf einen Stein und schüttet ein wenig Tee oder Bier darüber[338]. Die genaue Anrede an den Verstorbenen, in der die Speiseopfer mit dem „König der Berge", dem *Ri rab,* die Getränkeopfer mit dem Welt-Ozean in Beziehung gesetzt werden, lautet dabei:

> (Name des Verstorbenen, der angesprochen wird),
> Dies ist die Herdnahrung von einem Jahreszyklus.
> Möge diese Speise zum König der Berge *(Ri rab)* werden,
> Möge dieses Getränk zum Ozean *(rgya mtsho)* werden.

Oder in einer anderen Version:

> „*Ri rab*-Nahrung und Ozean-Getränk,
> Onkel . . ., Vater . . ., kostet davon"!

Auf diese Weise werden alle jene verstorbenen Verwandten angesprochen und mit Getränken und Speisen beschenkt, an die man sich erinnern kann. Am Ende nehmen die Anwesenden die übriggebliebenen Speisen selbst zu sich, sofern sie sie nicht an Bettler verteilen.

Das hier beschriebene *shi mi*-Opfer steht wie viele volksreligiöse Bräuche in einem gewissen Gegensatz zu der buddhistischen Lehre. Es kommt einer Ahnenverehrung gleich, die jedoch der buddhistischen Gedankenwelt widerspricht. Es ist deshalb interessant zu sehen, wie ein Vertreter des Klerus das *shi mi*-Opfer interpretiert: „Eigentlich verkennen die Leute die richtige Bedeutung des *shi mi*", meinte dieser Mönch. „Die Speisen und Getränke sollten nicht den Toten, sondern den *dur bdag,* den Grabwächtern, dargereicht werden, die man mit diesen Gaben günstig stimmen will. Man entschuldigt sich für falsch begangene Taten und wünscht, daß die eigene Familie nicht durch einen plötzlichen Tod heimgesucht werde". Diese Deutung durch einen ladakhischen Mönch ist interessant. Sie zeigt, wie versucht wird, den

335 In Wasser aufgekochtes Erbsen- und Gerstenmehl.
336 Siehe Asboe 1938: 378.
337 Siehe Anmerkung 88.
338 Statt dessen können die Speisen und Getränke auch einem dem *shi mi*-Opfer beiwohnenden Bettler gegeben werden.

nichtbuddhistischen Brauch mit buddhistischen Vorstellungen in Einklang zu bringen. Dabei übersieht der betreffende Mönch jedoch das Wichtigste: daß die Namen der einzelnen Verstorbenen genannt werden und nie die der *dur bdag*. Die Laien selbst machen sich keine Gedanken über dieses Problem. Befragt nach dem Widerspruch zwischen Wiedergeburtsglauben und dieser Zeremonie zu Ehren der Verstorbenen lautet die Antwort: „Wir können es nicht erklären, dies ist Sache von hohen *bla ma*“.

Die Teilnahme am *shi mi*-Opfer ist nach ladakhischem Glauben sehr wichtig. Sollte es einmal eine Familie versäumen, jemanden zum Leichenverbrennungsplatz zu schicken, würde Schaden über die betreffende Familie kommen. Besonders wichtig ist die Zeremonie für eine Familie, in der jemand innerhalb des vergangenen Jahres verstarb. In einem solchen Fall muß ein Familienmitglied möglichst als Erster zum Verbrennungsplatz eilen, da der Verstorbene sonst glauben könnte, man kümmere sich zu wenig um ihn, worüber er ungehalten werden und so der Familie Schaden zufügen könnte[339].

Mehltiere und Erneuerung von Dekorationen und Sprüchen

Am Morgen oder am Abend des 30. X. werden die sogenannten *skyin*, einige Tage zuvor aus Teig gefertigte Steinböcke, zuoberst im Küchengestell in der Nähe des Herdes aufgestellt. Daneben stellt man kleine Silberschalen mit Gerstenmehl, Fleisch, Wasser und beliebigen anderen Speisen, ferner einige Butterlampen, Bier sowie ein paar grüne Zweige. Das Ganze wird mit dem Rauch brennender Wacholderzweige beweihräuchert beziehungsweise rituell gereinigt.

Die Anzahl, Ausformung und Benennung der *skyin* variiert stark von Familie zu Familie. In einem Fall stand links der größte *skyin*, der *skyin chen* mit Sonne und Mond zwischen seinen Hörnern. Daneben wurden ein Yak, ein Schaf (oder eine Ziege) und – ebenfalls in Tierform – ein Hüter der Tiere *('tsho mkhan)* gezeigt. Ein Tier sollte – so der betreffende Informant – den Hausgott *(lha gon)* darstellen, ein anderes *gcig mchog rgyal po* (der beste, alleinige König?) und einen wilden Yak *('brong)*[340].

Die Bedeutung dieser Steinbocknachbildungen ist den Ladakhi heute nicht mehr bekannt. Unter Umständen stellen die *skyin* Substitute früherer Tieropfer dar, durch die für das kommende Jahr viel Vieh herbeigewünscht wurde. Es ist auch möglich, daß die Tiere – da sie in der Nähe des Herdes aufgestellt werden – einen Bezug zur Herdgöttin *(thab lha rgyal mo)* haben.

Einige Tage nach dem Aufstellen der *skyin* auf den Küchengestellen, am dritten Neujahrstag, wird das größte Tier „getötet“, indem man es köpft[341]. Einen Tag danach, am 4. XI., gehen Kinder von Haus zu Haus und bitten um die *skyin*, indem sie „bitte gebt uns *skyin*, bitte gebt uns *skyin*“ rufen, die sie zum Spielen, Essen oder einfach „zum Vergnügen“ erhalten. Erwartet eine Frau ein Kind, werden die *skyin* bis zur Geburt des Kindes behalten, da sonst Unglück über die betreffende Familie kommen könnte.

Nach dem Hinstellen der *skyin* werden mit weißem Mehl oberhalb der Fenster, Türen und oben an den Pfeilern Punkte aufgezeichnet. Die nebeneinanderliegenden Punkte bilden meistens lange Linien oder Ketten, manchmal aber auch Dreiecke oder Swastika.

339 Nach Ribbach sollen früher auch die Muslime ein *shi mi*-Opfer gekannt haben, ein Brauch, der jedoch bereits zur Zeit Ribbachs nicht mehr befolgt wurde. Ribbach 1940: 234.

340 Asboe 1938: 380 spricht nicht von mehreren *skyin*-Figuren, sondern nur von einem Steinbock, einem Brot, dessen Kante nach oben und unten gebogen wurde *(pe rak)*, geröstetem Gerstenmehl, einem Gefäß mit Bier und einem mit Wasser, Opfergaben, die am 3. XI. während der *zla ba bsu ces*-Zeremonie dargereicht wurden.

341 Siehe hierzu das Kapitel „Den Mond willkommen heißen“.

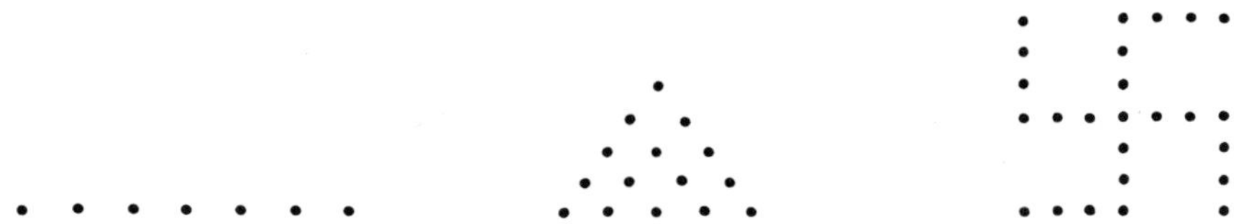

Seltener sind Liniendekorationen, wie zum Beispiel ein Mäanderband:

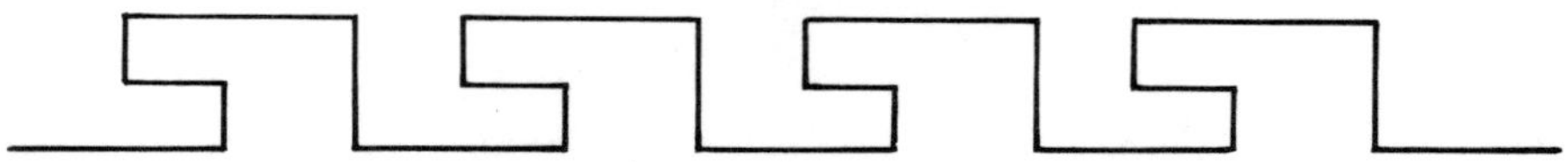

Fast in jeder Küche werden ebenfalls mit Mehl Glückwünsche an die Wände geschrieben, so beispielsweise:

Ein glückliches neues Jahr!

Glück für den weißen Hausgott *(khyim lha)*!

Friede, Glück und allumfassendes Wohlergehen,
Gute Gesundheit der sehr glücklichen Mutter!

Eine gute Ernte, ein gutes Jahr[342]!

Heute findet man ab und zu auch englische Glückwünsche, wie „congratulate on your New Year" oder „welcome". Oben am Küchenpfeiler ist manchmal die Darstellung einer liegenden, nach oben geöffneten Mondsichel und einer darüberschwebenden Sonne zu sehen.

Das „Herdmahl" und Opfer an die Götter

Am letzten Tag des zehnten Monats werden alle Familienmitglieder, die einst im betreffenden Haus lebten, später aber wegzogen, so hauptsächlich die Kinder und Geschwister des Hausbesitzers, zum Herdmahl *(thab zan)* eingeladen. Jeder Besucher erhält bei seinem Besuch einen kleinen vulkanartigen Berg aus *pa ba*[343], in dessen Öffnung sich Butter oder Öl befindet. Um diesen *pa ba*-Berg, an dessen Stelle manchmal auch ein Teller Reis tritt, sind sieben oder neun runde Brotfladen angeordnet. Auf dem *pa ba* liegen einige *ku ra*-Bisquits, stets in ungerader Anzahl, aber kaum mehr als neun. Früher wurde jeweils für das *thab zan* ein Tier getötet, von dem jeder Verwandte einen Teil erhielt, die nächsten Verwandten die besten, die ferneren Verwandten die schlechteren Teile, doch wird dieser Brauch heute kaum mehr befolgt.

Am Abend des 30. X., nachdem Lichter im und auf dem benachbarten Kloster entzündet worden sind, beleuchten alle Familien mit Butterlämpchen ihre Häuser. Beim Aufstellen der Lichter wird folgendes rezitiert:

Ich opfere dem *bla ma,*
Ich opfere dem Buddha,
Ich opfere der Lehre,
Ich opfere der Mönchsgemeinschaft.

342 *lo lag mo*, siehe Jäschke 1934: 550.
343 In Wasser aufgekochtes Erbsen- und Gerstenmehl.

Die Lämpchen zieren den Dachrand und die Fenster eines jeden Raums, wobei auch der Stall, der Bierraum, die Vorratskammer und die Toilette nicht vergessen werden. Manchmal werden einige Butterlampen auch auf eine nahe gelegene *ma ni*-Mauer gestellt.

Die wichtigste Zeremonie dieses Tages findet am Abend statt[344]. Sie dient dazu, vielen wichtigen Göttern außerhalb und innerhalb des Hauses Opfer darzureichen, und wird *lha gsol ces* genannt. Für die Zeremonie werden folgende Gaben gebraucht: Ein *pa ba*-Berg[345] mit fünf oder sieben Broten, einigen *ku ra*-Bisquits, einem großen Stück Fleisch und – sofern man will und es vermag – einigen weiteren Speisen; eine Holzschale mit geröstetem Gerstenmehl; ein Krug mit Bier; eine Reisspeise; Tee und ein Räuchergefäß für Wacholderzweige, mit dem jemand anfangs durch alle Räume schreitet, um diese von Unreinheiten zu säubern.

Wesentlich ist, daß die Trinkschalen aller Leute, auch derjenigen, die vorübergehend, beispielsweise wegen einer Reise, nicht zu Hause sind, mit Tee oder Bier gefüllt werden; denn leere Schalen gelten ohnehin – aber in diesem Moment erst recht – als schlechte Vorzeichen.

An die Anwesenden verteilt das älteste Familienmitglied ein wenig ungesponnene, weiße Wolle, die sich jeder auf den Kopf legt, was ebenfalls als gutes Omen gilt. Hierauf folgen die Opfer an die verschiedenen Götter: Mit einem Wacholderzweig, dessen unteres Ende mit einem Wollfaden umwickelt ist und an dem eine Butterflocke hängt, berührt der Familienälteste alle vor ihm auf einem Tischchen stehenden Speisen und Getränke, worauf er das untere Ende des Zweiges gegen die Küchendecke hinaufbewegt und den Namen der Gottheit, für die das Opfer bestimmt ist, nennt. Zuerst sind dies die „drei Juwelen" *(dkon mchog gsum)*, dann alle wichtigen Lokalgottheiten der Umgebung und schließlich die Hausgötter.

Ein Mann aus Samkar verschaffte mir ein kleines Buch, in dem alle Wesen, welche von den Leuten jener Gegend angerufen werden sollten, genannt sind.

Gemäß diesem Text[346] werden Rauchopfer dargereicht:
dem *pha lha* („Vatergott", Gott der *pha spun*-Gruppe),
dem *ma lha* (Muttergott),
dem *phas-lha*[347], *rabs lha* (Familiengott),
der weißen Göttin,
der weißen weiblichen *klu* (Schlangengötter im Unterreich),
den starken Göttern *(lha)*, *klu* und *gzhi bdag* (Bodenherren) des Hauses.

Danach folgen reinigende Weihrauchopfer gegen die Übertretungen der schlechten männlichen Personen, reinigende Weihrauchopfer gegen Übertretungen der schlechten weiblichen Personen, reinigende Weihrauchopfer gegen Beschmutzungen, die bewirkt wurden durch Leute, mit denen man nicht essen darf[348], Weihrauchopfer gegen Beschmutzungen, die bewirkt wurden durch eine Person, mit der kein Kleiderwechsel stattfinden darf[348], und schließlich Weihrauchopfer gegen alle Befleckungen, die durch Nichtsehen und Unwissenheit bewirkt sind.

Rauchopfer werden dargereicht an:
alle oberen Götter *(lha)*,
alle unteren *klu*,
alle *btsan* im Zwischenbereich,

344 Einige Leute waschen sich vor dieser Zeremonie gründlich und ziehen frische Kleider an, was jedoch nicht in allen Familien Brauch zu sein scheint.
345 Siehe Anm. 243.
346 Der Titel desselben lautet: *lha gsol mchod bzhugs so.*
347 Der Unterschied zwischen dem *phas lha* und dem zuerst genannten *pha lha* ist unklar.
348 Es sind dies Beschmutzungen, die durch den Kontakt mit Niedrigstehenden (siehe Kapitel „Verhaltensregeln bei einem Todesfall") bewirkt werden.

an den König der Berge, *Ri rab* (= Meru),
an den weißen Eisberg *Ti se* (= Kailash),
an die Seekönigin *Ma pham* (= Manosarowarsee).

Im folgenden werden 38 Lokalgottheiten genannt. Einige dieser Götter stellen bekannte numinose Wesen aus dem Pantheon des tibetischen Buddhismus dar, so der „Gesetzeskönig" *(chos kyi rgyal po) Tsong kha pa, dMag zor rgyal mo* (= Palden Lhamo), der *Yi dam rDo rje 'jigs byed* (= Yamantaka oder Vajrabhairava, *Ma gcig dpal ldan lha mo* (= Palden Lhamo) und *rJe btsun 'jam dpal* (Mañjushrî).
Die Mehrzahl der anzurufenden Götter besitzt jedoch nur lokale Bedeutung. Ihre Namen können nur in einigen Fällen mit Sicherheit übersetzt und interpretiert werden. So werden eine „Drei Steine-Königin" *(gsum rdo rgyal mo),* eine „Schwarze Ebene-Königin" *(thang nag rgyal mo),* eine „Roter Fels-Königin" *(brag dmar rgyal mo),* eine „Weidenberg-Königin" *(lcang ri rgyal mo)* usw. aufgezählt. Die Namen bezeichnen häufig markante geographische Örtlichkeiten, was jedoch nicht immer der Fall zu sein braucht.
In einem neuen Abschnitt werden den Gipfelgöttern *(rtse lha)*[349] Rauchopfer dargebracht, dann den Dorfgöttern *(yul lha).* Opfer erhalten ferner:

Sonne, Mond, Planeten und alle Sterne,
die Erdgöttin *sa'i lha mo bstan ma* und alle Erdherren *(sa bdag)* und Ortsgötter *(yul lha),*
die Königin der *klu, ma dros gzi chen,* und alle Könige der *klu,*
der Weggott, der außerhalb des Hauses auf Reisen angetroffen wird,
die drinnen residierenden Bodenherren *(gzhi bdag),*
der im Feuer residierende Feuergott,
der im Wasser residierende Wassergott,
der in der Luft residierende Luftgott,
alle Götter, die das Leben verlängern und Reichtum stärken, und die Götter, welche helfen.

Nach der erneuten Nennung bereits zuvor erwähnter Götter werden am Ende die einzelnen darzureichenden Opfergaben aufgezählt: ein reines Bieropfer, ein reines Erstlingsopfer aus feinem Mehl, ein reines Erstlingsopfer aus Butter, ein reines Weihrauchopfer, ein reines Brotopfer, ein reines Fleischopfer, ein reines Erstlingsopfer von Reis und ein reines Teeopfer.

Hierauf folgt die Verteilung der Speisen und Getränke an wichtige Lokalitäten im eigenen Haus, die nach meiner Meinung einst als Sitze bestimmter Hausgottheiten dienten. Heute kann ihre kaum mehr bekannte numinose Bedeutung nur noch aufgrund alter Schilderungen und durch die Analyse der gegenwärtigen diesbezüglichen Bräuche erahnt werden.

Anfangs wird von allen als Opfergaben dienenden Speisen und Getränken ein wenig in den Kultraum *(lha khang)* des Hauses gebracht und dort auf den Altar gestellt. Einen weiteren Teller mit Teilen der Opfergaben stellt man in der Küche auf den Herd, zweifellos eine Gabe an die Herdgöttin, was aus den Begrüßungsworten deutlich ersichtlich ist:

Gegrüßt Herdgott-Königin,
Ein glückliches neues Jahr.
Dies ist eines Jahres Herdmahl für dich,
Halte Fleischbrühe und flüssige Butter nicht fern von uns.

Diese Worte werden durch eine besondere Begrüßungsgestik unterstrichen: Reicht eine Frau den Teller der Herdgöttin dar, schlägt sie mit dem Muschelarmreif der Rechten gegen denjenigen der Linken und führt danach die rechte Hand gegen die Stirn, ist es ein Mann, berührt er mit seiner Rechten den Boden. Beide Gesten sind Zeichen des Grußes und der Ehrerbietung.

349 Der ladakhische Gelehrte Tashi Rabgias übersetzt *rtse lha* mit „Burggötter".

Als nächstes werden einige Speisen und Tropfen der Opfergetränke auf den Balken oberhalb des Küchenpfeilers getan. Dieser wird ebenfalls mit Gesten und Worten begrüßt:

Ein glückliches neues Jahr,
Eines Jahres Herdmahl für dich.
Gegrüßt seid ihr, Pfeiler und Balken *(ma gdung)*,
Gegrüßt die Perlenkette[350],
Gegrüßt der Staub der Decke, der wie *phye mar*[351] ist.

Andere Version:
Gegrüßt Kapitell *(ka gzhu)* aus Gold,
Gegrüßt Balken aus Türkis,
Gegrüßt Sparrenreihe *(dral (gral) lcam)* aus Perlen,
Gegrüßt Deckenerde wie *phye mar*.

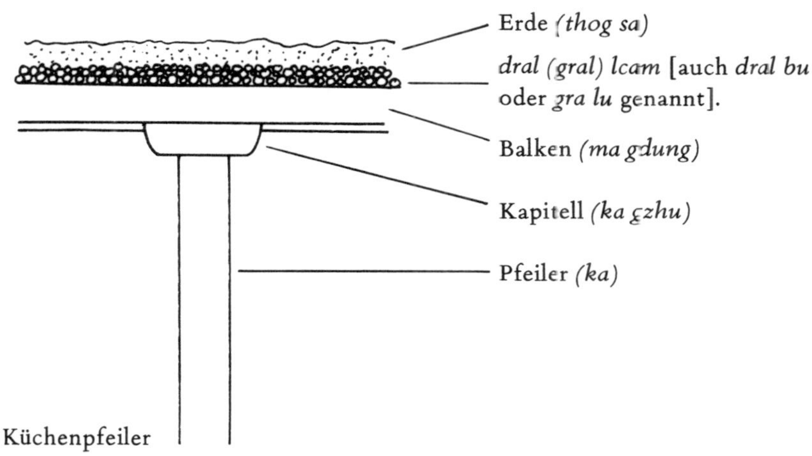

Abb. 11: Küchenpfeiler

Hierauf werden Opfergaben im Vorratsraum *(mdzod)* niedergelegt, die wahrscheinlich, auch wenn dies in der folgenden Anrede nicht klar zum Ausdruck kommt, für den dort hausenden *klu* gedacht sind. Denn in manchen Familien gilt der Vorratsraum noch heute als Wohnsitz eines *klu*. Die Anrede lautet in diesem Fall:

Ein glückliches neues Jahr,
Eines Jahres Herdmahl für dich.
Laß dem Mehlsack das Gerstenmehl nicht ausgehen!

Dieselben Opfergaben werden auch in den Bierraum *(chang khang)* gebracht und mit folgenden Worten niedergelegt:

Gegrüßt Bierraum,
Ein glückliches neues Jahr,
Eines Jahres Herdmahl für dich.
Laß Bier und Schnaps nicht ausgehen[352]!

350 Gemeint sind die vielen nebeneinander liegenden *gra lu*-Stecken der Decke.
351 Gemisch von flüssiger Butter, Tee, Zucker und geröstetem Gerstenmehl *(rtsam pa)*.
352 Oder: laß dem Bierraum das Bier nicht ausgehen!

Schließlich werden auch dem Aufbewahrungsort des Hausschlüssels *(ku lig 'bor sa)*[353] mit der üblichen Begrüßung Speisen und Getränke dargereicht. Zudem wird folgende Bitte an ihn gerichtet:

Behalte die Geheimnisse des Hauses drinnen
Und bringe die Neuigkeiten von draußen hinein.

Wenn kein Aufbewahrungsort des Schlüssels mehr vorhanden ist, wird das Opfer auf ein Tablar an der *mda' ber* genannten Wand gestellt[354]. Diese Wand ist eine Art Paravent, der neben der Küchentüre in den Raum ragt und so den Raum von der Türe abschirmt.

Es ist bereits darauf hingewiesen worden, daß die Lokalitäten, die anläßlich dieser Zeremonie Speise- und Trankopfer erhalten, Örtlichkeiten sind, mit denen ein göttliches Wesen in Beziehung steht, auch wenn sich die Ladakhi dessen heutzutage kaum mehr bewußt sind. Klar ersichtlich ist dies, wie bereits gesagt, beim Herd, der mit den Worten Herdgott-Königin angesprochen wird. Ebenfalls im Verhalten der Leute dem Herd gegenüber zeigt sich, daß die Feuerstelle Sitz eines göttlichen Wesens ist, beziehungsweise war. So vermeidet man jede Berührung des Herdes durch Leute, die wegen einer Geburt oder eines Todesfalles rituell unrein geworden sind. Ferner ist es beim Sitzen nicht erlaubt, die Füße gegen den Herd auszustrecken, da dieser sonst beschmutzt würde, und die Sitze in der Nähe des Herdes sind für die angesehensten Familienmitglieder oder Gäste bestimmt.

Auch der Küchenpfeiler war wohl, wie im eigentlichen Tibet, von einer Gottheit bewohnt. In Tibet war dies der *phug lha,* die Gottheit des Heims, der Schirmer des Hausinneren, der innere Gott oder der mütterliche Gott *(mo lha),* auch Hausgott *(khyim lha)* genannt. Er galt als der Hüter des Besitztums der Familie, insbesondere des Viehs[355]. In der Gegend um Leh wird dieser *phug lha,* soweit ich feststellen konnte, nicht verehrt, was jedoch nicht heißt, daß früher in Ladakh der Pfeiler und der Balken nicht auch als Sitz eines Gottes dienten. Darauf deutet die Tatsache, daß Pfeiler und Balkenträger in der Neujahrszeit besonders geschmückt werden und daß an ihnen die ersten Ähren *(shrub)* und bevorzugt religiöse Gegenstände wie Gebetsschnüre aufgehängt werden. Asboe berichtet ferner, der Balken sei in der Neujahrszeit mit *„Mag-Dung Rgya-Mo"*[356] angesprochen worden, ein weiterer Hinweis darauf, daß der Balken Sitz einer Göttin der *rgyal mo*-Klasse war. Nach Asboe wurde eine Opfergabe auch auf den Türsturz der Haustüre gelegt für die *„Sgo-Tag-Rgya-Mo"*[357]. Wir können annehmen, daß diese Göttin in irgendeiner Beziehung steht zum vorher erwähnten und noch heute angesprochenen Aufbewahrungsort des Hausschlüssels. Auf den Vorratsraum und die ihn bewohnenden *klu* habe ich bereits hingewiesen. Es ist wahrscheinlich, daß auch der Bierraum mit einer bestimmten Hausgottheit in Beziehung steht, obschon sich diesbezüglich kein direkter Hinweis finden ließ.

Der Neujahrstag (lo gsar)

Mit *lo gsar,* neues Jahr, wird der erste Tag des neuen Jahres bezeichnet, an dem wie am *gnam gang*-Tag das Haus nochmals gereinigt wird und sich die Leute waschen und saubere Kleider anziehen. Auch an

353 Nach Jäschke 1934: 3 ist *ku lig bur* (oder *bor*) *tse:* „a contrivance used instead of a doorlatch". S. auch Seite 370: *bur.*
354 Nach Jäschke 1934: 203 *ta ber* (?): „fence of boards or laths".
355 Tucci 1970: 207–209.
356 Siehe Asboe 1938: 377. Richtig sollte es heißen *ma gdung rgyal mo.*
357 Es ist nicht ganz klar, wie dieser Name übersetzt werden kann. Vielleicht heißt diese Göttin richtig *sgo bdag rgyal mo,* Türwächter-Königin.

diesem Tag können in der Küche – wenn dies nicht bereits zuvor geschah – mit weißem Mehl die Punkte, Zeichnungen und Glückwünsche an Wänden und Pfeilern erneuert werden.

Morgens geht jedes Familienmitglied in den Hauskultraum, um dort die Götter durch dreimaliges Verneigen zu grüßen und zu verehren, nachdem zuvor ein männliches Familienmitglied als Opfergabe eine ungerade Anzahl von Broten, *ku ra*-Bisquits sowie Bier und eine Glücksschleife auf den Altar hingelegt hat. Als nächstes folgt mit Worten und Gesten die Begrüßung einer weiteren wichtigen göttlichen Macht des Hauses, der Herdgöttin. Daß diese erst an zweiter Stelle begrüßt wird, deutet auf eine gewisse Überlegenheit der im Kultraum versammelten – buddhistischen – Götter hin.

Zur Begrüßung des Herdes stellt jedermann auf dessen Rand etwas Butter und Bier und richtet mit den entsprechenden Begrüßungsgesten folgende Worte an ihn, beziehungsweise an die Herdgöttin:

Gegrüßt Königin Herdgott,
ein gedeihliches neues Jahr.

Anschließend folgt die Begrüßung der älteren durch die jüngeren Verwandten. Zu diesem Zweck wird eine Trinkschale, an deren Rand eine Butterflocke klebt, mit Bier oder Tee gefüllt und einem älteren Verwandten hingehalten. Dieser trinkt davon, während der Jüngere sich mit folgenden Worten an ihn wendet:

Gegrüßt Königin Herdgott[358],
. . . (Verwandtschaftsgrad),
. . . (Name)
sei gegrüßt.

Der Ältere wünscht dem Jüngeren „ein gedeihliches neues Jahr" und gibt ihm manchmal auch etwas Geld. Auf diese Weise muß jeder diejenigen Verwandten anreden, die älter sind als er selbst.

Der Brauch, an diesem Tag ein Familienmitglied mit Broten, *ku ra*-Bisquits, einer Glücksschleife und etwas Bier zum nächsten Kloster zu schicken, wo diese Nahrungsmittel auf den Altar hingestellt werden, wird zwar noch in einigen Familien praktiziert, gerät jedoch immer mehr in Vergessenheit. Von noch immer großer Bedeutung sind jedoch die gegenseitigen Besuche von Verwandten und Bekannten, die am Morgen des Neujahrstages ihren Anfang nehmen und in Leh und Umgebung bis zum dritten Tag des neuen Jahres andauern, in entfernteren Dörfern bis zu neun Tagen oder sogar einen Monat lang. Die in Ladakh ohnehin groß geschriebene Gastfreundschaft ist während dieses ersten Neujahrstages sehr groß. Sie geht mitunter soweit, daß gar Fremde nach Hause eingeladen werden. Die Gäste bringen, sofern es sich nicht um fern lebende Familienmitglieder handelt, für die anderes gilt, Bier und eine Glücksschleife als Geschenke mit[359] und werden ihrerseits reichlich bewirtet.

Die aus dem Haus gegangenen Verwandten, die am 30. XI. in ihrem Geburtshaus bewirtet wurden, sollten wenn möglich am ersten Tag des neuen Jahres ihr Geburtshaus nochmals besuchen, wobei die fern lebenden Verwandten zusätzlich zum Bier sieben runde Brote als Geschenke mitzubringen haben. Kurz nach dem Betreten ihres Familienhauses begrüßen sie die Herdgöttin, indem sie sich vor dem Herd auf den Boden werfen und auf eine Ecke desselben ein bißchen von dem mitgebrachten Bier und etwas Butter hinstellen. Die anschließende Begrüßung aller Anwesenden erfolgt in ähnlicher Weise, wie dies bereits zuvor beschrieben wurde: durch das Füllen einer Trinkschale und den Gruß: „Königin (König) Herdgott sei gegrüßt, . . . (Name) sei gegrüßt".

Wenn sich die Verwandten nach ausgedehnter Bewirtung verabschieden, erhält jeder drei Nahrungs-

358 Gruß für eine Frau. Bei einem Mann wird „König Herdgott" gesagt.
359 In Dörfern auch Brote.

mittel, nämlich *phye mar,* sieben Brote und fünf *ku ra*-Bisquits und manchmal zusätzlich einige weitere Speisen. War es einem der Verwandten nicht möglich, der Einladung Folge zu leisten, werden ihm diese Speisen nach Hause gebracht.

Auffallend ist wiederum das bereits verschiedentlich erwähnte komplizierte System des gegenseitigen Überreichens von Nahrungsmitteln: Die Geschenke mitbringenden Gäste werden nicht nur gut bewirtet, sondern werden ihrerseits beim Abschiednehmen beschenkt. In einem Fall – ferne Verwandte, welche sieben Brote bringen und erhalten – sogar mit genau derselben Menge desselben Nahrungsmittels.

In den letzten Tagen des alten Jahres und in den ersten Neujahrstagen findet, wie bereits früher erwähnt, ein weiterer wichtiger Austausch von Gütern statt. Dann gehen nämlich die *mon* und die Schmiede *(mgar ba)* zu den einzelnen Familien, denen sie symbolische Geschenke bringen. Als Gegenleistung werden die *mon* und *mgar ba* reichlich bewirtet und mit Mehl, manchmal auch anderen Speisen und Bier beschenkt.

Diese gute Behandlung der Schmiede und der *mon* erstaunt, wenn man bedenkt, daß es sich bei ihnen um Leute handelt, die der sozial niedrigsten Schicht *(rigs ngan)* angehören. Es ist in diesem Brauch unter Umständen jene Umkehrung der sozialen Ordnung zu sehen, wie sie in einigen Teilen des eigentlichen Tibet während der Neujahrszeit stattgefunden haben soll[360].

In der gleichen Zeit ziehen auch musizierende oder singende Bettler von Haus zu Haus, da die Leute in der Neujahrszeit freigebig sind, um nicht geizig zu erscheinen. Geiz würde – so glauben die Ladakhi – den Betreffenden im nächsten Jahr nur Unglück bringen.

Wechseln des lha tho (lha tho spo ces)

Wie wir bereits gesehen haben, besitzen die zur gleichen *pha spun*-Gruppe gehörenden Familien *(pha spun chig chig)* denselben Schutzgott *(pha lha),* dessen Wohnsitz *lha tho* genannt wird. Pro *pha spun*-Gruppe existiert in der Regel nur e i n solcher *lha tho.*

Einmal im Jahr werden die Sitze der *pha spun*-Götter neu geschmückt[361]. Dies geschieht nicht in jeder *pha spun*-Gruppe zur selben Zeit, oft jedoch an einem der beiden letzten Tage des ladakhischen Jahres (am 29. X.[362] oder 30. X.), während der ersten drei Tage des neuen Jahres, von denen der dritte Tag am meisten bevorzugt wird, oder manchmal am 15. des für religiöse Verrichtungen besonders geeigneten vierten tibetischen Monats *(sa ga zla ba).*

Jede Familie, die derselben *pha spun*-Gruppe zugehört, schickt am Tag, an dem der Sitz ihres *pha lha* erneuert werden soll, je ein Familienmitglied – meistens das Familienoberhaupt – zum Haus mit dem Göttersitz. Mitgebracht werden einige Wacholderzweige, Butter zur Speisung von Butterlämpchen, ein Krug voll Bier, eine Glücksschleife und Räucherstäbchen.

Mit dem Beginn des Neuschmückens des *lha tho* sollte zugewartet werden bis von jeder *pha spun*-Familie ein Vertreter anwesend ist. Während dieser Wartezeit darf kein alkoholisches Getränk getrunken werden, Regeln, die heute nicht mehr von allen *pha spun*-Gruppen beachtet werden.

In einigen Orten gelten für die am Wechseln des *lha tho* Beteiligten noch weitere Vorschriften. Diese haben am Vorabend in einem nahegelegenen Bach zu baden, wobei ihnen jegliches Sprechen verboten ist. Vom Bach bringen sie sieben kleine weiße Steine *(rde'u)* und reines Wasser *(zil chu)* nach Hause.

360 Siehe Stein 1962: 179.

361 Auch die *lha tho* der Dorfgötter werden einmal jährlich gewechselt.

362 Am 29. X. wird beispielsweise das Königs-*lha tho* in Leh gewechselt.

Die mit dem Wechseln der *lha tho* in Zusammenhang stehenden Verhaltensregeln – baden, sich alkoholischer Getränke und des Sprechens enthalten – erinnern an ähnliche Gepflogenheiten aus der Gegend von Dah und Hanu, wo indoeuropäische „Darden" leben. Nach Shaw dekorierte dort ein Priester alljährlich den Sitz der Dorfgöttin mit frischen Wacholderzweigen. Doch zuvor mußte sich der Priester gründlich waschen und während sieben Tagen abgesondert fasten. Seine Familienmitglieder durften keine unheiligen Speisen wie Zwiebeln, Salz und Bier zu sich nehmen[363]. In Dah ist noch heute für das alljährliche Neuschmücken des *lha tho* der Dorfgöttin eine bestimmte Familie verantwortlich. Diese kann jedoch ihrer Pflicht nicht nachkommen, wenn jemand in der Familie innerhalb Jahresfrist verstorben ist. Der Mann, welcher den *lha tho* wechselt, darf während sieben Tagen nicht sprechen, muß reine Kleider tragen, darf kein Essen von Frauen annehmen und muß sich auch jeglichen sexuellen Verkehrs enthalten. Noch vor einigen Jahren wurde beim Neuschmücken des *lha tho* der Dorfgöttin eine Ziege getötet.

Die *lha tho spo ces*-Zeremonie Oberladakhs zerfällt in zwei deutlich voneinander getrennte Phasen: In das Wechseln des *lha tho*-Inhalts zum einen und das Öffnen und Schließen des Gefäßes *(bum pa)*, das nach dem Neuschmücken zwischen die Zweige des *lha tho* gesteckt wird, zum andern.

Zum Neuschmücken des *lha tho* wird der gesamte alte Inhalt aus dem Sockel, dem sogenannten *dar bang*, entfernt. In der Mitte des leeren Sockels wird ein *srog shing* genannter Pfeil aufgestellt und um diesen herum die neuen mitgebrachten Wacholderzweige – manchmal auch Weidenzweige – angeordnet. Den ganzen Knäuel umwickelt man mit zwei Glücksschleifen oder weißem Stoff *(sku sha)* und steckt Pfeile, die mit Gebetsfähnchen, Glücksschleifen, Butterflocken und ungesponnener Wolle verziert sind, zwischen die Wacholderzweige. Dazu gehören auch die von den *mon* gebrachten Holzpfeile, die manchmal eine vom Schmied hergestellte Eisenspitze tragen[364]. Am Schluß werden die Seiten des *dar bang* mit weißer Farbe bemalt, die Kanten mit rotbrauner Farbe zur Abwehr der *btsan*-Geister[365].

Während einer kurzen, von einem Mönch durchgeführten Zeremonie – Darreichung eines Teeopfers an die Götter – öffnet einer der anwesenden *pha spun* die aus Ton gefertigte, mit Tüchern und einer Art Zapfen verschlossene *bum pa*[366], die man dem alten Wacholderknäuel entnommen hat. Im folgenden geht es nun darum, aus der Art der in der *bum pa* enthaltenen Getreidekörner wesentliche Informationen über die im kommenden Jahr zu erwartende Ernte zu erhalten, wobei ich feststellen konnte, daß sogar im gleichen Dorf sehr große Unterschiede in der Interpretationsart existieren. Die einen behaupten, ein Jahr zuvor nur Gerstenkörner in die *bum pa* gefüllt zu haben. Befinden sich beim Öffnen des Gefäßes auch einige fette Weizenkörner unter der Gerste, ist dies ein Hinweis darauf, daß in diesem Jahr vermehrt Weizen gesät werden sollte. Andere sagen, das Gefäß werde jeweils bis zum Rand mit Getreidekörnern gefüllt. Ist die *bum pa* nach einem Jahr nicht mehr voll, gilt dies als schlechtes Zeichen für die kommende Erntezeit. Nach weiteren Informanten kann aus der Art der Körner und deren Lage beim Ausschütten des Gefäßes auf das Klima im kommenden Jahr und wichtige Ereignisse geschlossen werden.

Nach der Divination wird die *bum pa* wieder versiegelt und zwischen die Wacholderzweige in den *lha tho* gesteckt, wo sie bis zum nächsten Neujahrsfest verbleibt.

Gegen den *lha tho* schauend und laut *kyi kyi so so lha rgyal lo* rufend, wirft nun jedermann dreimal Mehl oder Gerstenkörner in die Luft, ein Opfer an den *pha lha*, vor dem man sich als Ausdruck der Ehrerbietung auch dreimal auf den Boden wirft.

Zum Abschluß bringt jeder ein bißchen Bier in den Hauskultraum, um hierauf in die Küche zu gehen,

363 Shaw 1878: 30.
364 Siehe Kapitel „Pflichten und Rechte der Schmiede und *mon*".
365 Das Bemalen von Hauskanten und -wänden mit roter Farbe dient demselben Zweck: dem Schutz der Hausbewohner vor den *btsan*.
366 Nicht in allen *lh tho* ist eine *bum pa*.

wo man sich gegenseitig begrüßt, in der Art, wie dies bereits einige Male zuvor beschrieben wurde. Hier erfreuen sich die *pha spun* bei Speise und Trank, Gesang und manchmal auch Tanz während vieler Stunden.

Den Mond willkommen heißen (zla ba bsu ces)

Am 3. XI., sobald der Mond im Osten aufgeht, treten die Familienmitglieder auf ihre Hausterrasse und stellen sich in einem Halbkreis auf: der Älteste links, die jüngeren Familienmitglieder dem Alter nach rechts von ihm. Vor den gegen den Mond schauenden Leuten sind folgende Dinge ausgebreitet: ein „Berg" bestehend aus einer ungeraden Anzahl flacher, runder Brote und Fleisch, auf dem der größte der aus Teig gefertigten Steinböcke *(skyin chen)* steht, eine Schale mit geröstetem Gerstenmehl, Bier, eine Butterlampe, Tee und ein Räuchergefäß mit Räucherwerk.

Der Älteste nimmt nacheinander jedes dieser Dinge in seine Hände und sagt dabei, stets zum Mond hinaufblickend, den folgenden Spruch auf:

Guter Tag (geht zu Ende),
Guter Stern.
Das schlechte Jahr hinter uns lassend,
Heißen wir das gute Jahr willkommen.
Bis zum gleichen Tag im nächsten Jahr
Mögen wir alle sicher sein
Und lachend bleiben.

Die anderen Familienmitglieder machen es dem Alten nach, bis jeder Anwesende jede Opfergabe einmal in den Händen hatte. Doch nicht allen Leuten ist es gestattet, an dieser Zeremonie teilzunehmen. Ausgeschlossen sind diejenigen, deren Geburtsjahrestier[367] mit dem Kalendertier des alten Jahres identisch ist. Denn im oben erwähnten Spruch wird das alte Jahr, und somit auch das dazugehörende Tier, als schlecht beschimpft. Handelt es sich dabei zum Beispiel um ein Mausjahr, und würde ein in einem Mausjahr Geborener den Spruch aufsagen, dann würde er sein eigenes Jahrestier beschimpfen und verleugnen, was Unglück nach sich ziehen würde.

Auf dem Tischchen vor den versammelten Familienmitgliedern liegt auch ein kleines ladakhisches Brot, dessen eine Seite weiß, die andere schwarz ist und deshalb „weiße Seite – schwarze Seite" *('gram dkar 'gram nag)* genannt wird. Dieses Brot stellt ohne Zweifel das gute neue Jahr – weiße Seite – und das schlechte alte Jahr – schwarze Seite – dar. Indem ein Familienmitglied, stets ein Mann, dieses Brot über die Terrassenbrüstung wegwirft, wird symbolisch der Wechsel vom alten zum neuen Jahr dargestellt. Gleichzeitig schießt jemand mit einem Bogen einen Pfeil[368] gegen den Mond, worauf der große, auf dem Brotberg stehende Steinbock aus Teig geköpft wird.

In die Küche zurückgekehrt, werden die übriggebliebenen Speisen wie auch der geköpfte Steinbock unter die Leute verteilt und aufgegessen, während man die restlichen *skyin* vom Gestell oberhalb des Herdes herunterholt und auf die Seite stellt.

Bis auf eines werden diese Teigtiere am 4. XI. von Kindern, die von Haus zu Haus ziehen, eingesammelt, gleichzeitig erhalten sie Mehl und andere Speisen. Diese Nahrungsmittel verkaufen die Kinder und teilen den Erlös unter sich auf oder finanzieren damit einen gemeinsamen Ausflug.

367 Jedes Jahr wird u. a. mit einem von zwölf Tiernamen benannt.
368 Nach T. Rabgias: der vom *mon* überreichte Pfeil; manchmal wird statt dessen mit einem Gewehr ein Schuß abgefeuert.

Solche Neujahrsbesuche junger Leute bei den einzelnen Dorffamilien, welche die Jungen mit Nahrungsmitteln beschenken, sind nicht nur in Ladakh, sondern auch in anderen tibetischen Regionen bekannt. So findet in Buxa, nahe der bhutanesischen Grenze, ein drei Tage dauerndes Neujahrsfest statt, das zeitlich ungefähr mit demjenigen Ladakhs zusammenfällt. Das Fest wird *nying log (ldog)* genannt, was mit Wintersonnenwende übersetzt werden kann. Während der Nacht geht die Jugend von Haus zu Haus und singt dabei ein Lolé (*lo legs:* das gute Jahr) genanntes Lied: Möge das Erdgeschoß mit Vieh gefüllt sein — gutes Jahr, gutes Jahr! Möge der mittlere Stock mit Getreide gefüllt sein — gutes Jahr, gutes Jahr! Möge der oberste Stock mit Leuten gefüllt sein — gutes Jahr, gutes Jahr! Möge die Butterschachtel mit Butter gefüllt sein — gutes Jahr, gutes Jahr! — usw. Die Jugend erhält Trank- und Speisegaben, mit denen sie ein Fest veranstaltet. Nicht nur sie, sondern die ganze Gemeinschaft findet es sehr wichtig, während des Neujahrsfestes gut zu essen, da gesagt wird, dies zeige, wieviel Nahrungsmittel sie im kommenden Jahr erhalten würden[369].

Die beiden Alten

Rund um ein altes Paar, das *a pi me me*[370] — Großmutter-Großvater — genannt wird, finden in einigen Dörfern Ladakhs Feierlichkeiten statt, die dazu dienen, das Übel und Unglück des alten Jahres zu vertreiben[371].

Die folgende Schilderung bezieht sich auf Chuschod, einen Ort in Oberladakh, in dem dieser Brauch noch lebendig ist: Je zwei Männer, die jedes Jahr aus zwei anderen Familien stammen[372], verkleiden sich am vierten Neujahrstag als alter Mann und alte Frau. Der „Großvater", *me me,* trägt einen langen Mantel aus nach außen gekehrtem Schaffell, der mit einem Gürtel zusammengehalten wird, und eine Maske aus Ziegenfell, an der lange, schwarze und weiße Yakschwanzhaare befestigt sind. Die „Großmutter", *a pi,* zieht sich eine aus rotem Stoff gefertigte Maske, auf deren Nase und Wangen Kaurimuscheln aufgenäht sind, an. Zudem trägt sie einen schwarzen Hut, ein gestreiftes Wollkleid *(khrug)* und ein Rückentuch *('bog).*

Vom vierten bis neunten Tag des elften Monats besuchen *a pi* und *me me* zusammen mit Musikanten jedes buddhistische[373] Haus ihres Dorfteils[374]. In den einzelnen Familien reichen sie denjenigen, die im vergangenen Jahr geheiratet haben oder neu ins Dorf gezogen sind, Getränke dar und streichen Butterflocken[375] an den Rand ihrer Bierschalen oder an ihre Stirne, ein Zeichen von Respekt und Glück, und werden von den so Geehrten mit ein wenig Geld entlohnt.

Weitere Gaben, welche *a pi* und *me me* erhalten, sind *rtsam pa,* Brote und Fleisch, die, nachdem Teile davon an die Götter geopfert worden sind, an die Anwesenden verteilt werden. Die beiden Alten erhalten zudem einen Schafs- oder Ziegenkopf — manchmal statt dessen auch nur Geld — und *rtsam pa,* das sie mit nach Hause nehmen.

Wie bereits erwähnt, werden bis auf einen alle aus Teig gefertigten Steinböcke am 4. XI. an die von

369 Aris 1976: 635.

370 Literarisch: *a phyi* oder *a phi.*

371 Ein Hinweis auf diese alten Leute findet sich in Francke 1923: 29. Er spricht jedoch von d r e i Masken, zwei Großvätern und einer Großmutter. Ein ähnliches Paar erscheint — als Spaßmacher — während des Phyiang-*cham.*

372 Ausgenommen sind die *mgar ba-*(Schmiede) und *mon-*Familien. Wenn eine Familie, die an der Reihe ist, sich um das Amt drücken will, muß sie demjenigen, der das Amt an ihrer Stelle übernimmt, etwas bezahlen.

373 Früher soll das *a pi me me-*Fest gemeinsam von Buddhisten und Muslimen durchgeführt worden sein.

374 Vom 4.—9. XI. tritt in jedem der drei Subdörfer von Chuschod je ein *a pi me me-*Paar auf, somit in ganz Chuschod drei Paare.

375 *yar* genannt.

Haus zu Haus ziehenden Kinder abgegeben. Den übriggebliebenen *skyin* behält jede Familie für *me me* auf, der ihn anläßlich seines Besuches „erschießt", was seinen Mut und seine Tapferkeit beweisen soll. Nach dieser symbolischen Tötung ergreift der Großvater den „erlegten" Steinbock und tanzt mit Großmutter, die den zuvor erhaltenen Ziegenkopf trägt, durch das Haus, während beide Lieder singen. Im populärsten dieser Gesänge wird der *skyin* eingehendst beschrieben[376]:

Wie sehen die Hörner des großen Steinbocks aus?
Die Hörner sind wie ein Berg aus Achat.
Noch keucht der große Steinbock stark,
Noch keucht der große Steinbock stark.

Wie sieht die Stirn des großen Steinbocks aus?
Die Stirn ist wie der Vollmond. (. . .)

Wie sehen die Augenbrauen des großen Steinbocks aus?
Die Augenbrauen sind wie der Vokal *na ro*[377].

Wie sehen die Augen des großen Steinbocks aus?
Die Augen sind wie runde *gzi*-Steine[378].

Wie sieht die Nase des großen *skyin* aus?
Die Nase ist wie zwei Kupferröhren.

Wie sehen die Wangen des großen *skyin* aus?
Die Wangen sind wie Lotosblumenblätter.

Wie sehen die Zähne des großen *skyin* aus?
Die Zähne sind wie Perlen.

Wie sieht die Zunge des großen Steinbocks aus?
Die Zunge ist wie ein geknoteter Seidenstoff.

Wie sieht die Speiseröhre des großen *skyin* aus?
Die Speiseröhre ist wie ein Ring einer Frau.

Wie sehen die Eingeweide des großen *skyin* aus?
Die Eingeweide sind wie ein quadratischer Tempel.

Wie sehen die Hüften des großen *skyin* aus?
Die Hüften sind wie ein *rdo rje*.

Wie sieht der Nackenhöcker des großen *skyin* aus?
Der Nackenhöcker ist wie ein Haufen Getreide.

Wie sieht der Schwanz des großen *skyin* aus?
Der Schwanz ist wie ein Bündel von Perlsträngen.

Wie sehen die Hufe des großen *skyin* aus?
Die Hufe sind wie eine auf dem Kopf stehende Butterlampe aus Messing.

Den im ersten von ihm besuchten Haus getöteten *skyin* befestigt *me me* hinten an seinem Hut, wo er bis zum letzten Tag, dem 9. XI., belassen wird.

Am 9. XI. – inzwischen haben *a pi* und *me me* alle Häuser besucht – wird aus Mehl, das von allen

376 Nach dem ladakhischen Gelehrten Tashi Rabgias soll dasselbe Lied vor dem Pflügen gesungen werden und bezieht sich dann auf den Ochsen, welcher den Pflug zieht. Nach Asboe 1938: 388 wurde fast dasselbe Lied in der Dreschzeit gesungen und bezieht sich somit nach Asboe auf die Dreschtiere!

377 

378 Achate, welche der Tibeter als Amulette verwendet.

Familien gespendet wurde, ein *gtor ma* hergestellt. Zudem wird von jedem Dorfbewohner ein *chang bu*[379] eingesammelt. Mit diesen Dingen, die mit dem Übel der Leute behaftet sind, werden die beiden Alten, die von Reitern verfolgt werden, aus der Siedlung vertrieben. In einiger Entfernung vom Dorf entledigen sie sich des mitgetragenen Übels, indem sie das *gtor ma* und die *chang bu* wegwerfen. Anschließend waschen sie sich, ziehen *nyo pa*-Kleider an und kehren unter Musikbegleitung zum Dorf zurück. In der Zwischenzeit führen die Reiter ein Wettrennen durch, bei dem sie siebenmal mit großer Geschwindigkeit hin und her rennen, ohne jedoch auf ein Ziel zu schießen, wie dies andernorts der Brauch ist.

Nach dem Wettrennen treffen sich die Reiter und die beiden alten Leute wieder auf einem Platz in der Nähe des Dorfes, auf dem ein großer Bierkrug steht. Um diesen herum reiten zuerst dreimal die Reiter, danach umtanzen ihn die Dorfleute – Männer und Frauen alternierend. Dieser Tanz, mit dem das Fest ausklingt, wird „Pferde-*gshon*, Menschen-*gshon*"[380] genannt.

Ein ähnlicher Brauch ist auch in Nimo bekannt, doch werden dort die beiden Personen nicht *a pi me me*, sondern *bla chen* und *bla chung*[381] genannt. Wie in Chuschod ist jede Familie, wenn die Reihe an sie kommt, verpflichtet, einen Mann zur Verfügung zu stellen, der entweder als *bla chen* oder *bla chung* aufzutreten hat. *Bla ma zu gu*[382] – so werden die beiden auch genannt – tragen weiße Wollmäntel, jedoch keine Masken. Dafür sind ihre Gesichter mit *rtsam pa* hell eingefärbt. Als Ohrringe dienen flache, kleine Brote. *Bla chen* trägt ein Räuchergefäß und am Rücken einen Wacholderzweig, *bla chung* einen Krug mit Bier und einen Ziegenkopf. Diese Embleme lassen darauf schließen, daß *bla chung* eine Frau darstellt[383], obschon heute gesagt wird, beide Personen seien männlich. Da *a pi* in Chuschod wie *bla chung* einen Ziegenkopf hält, können wir mit größter Wahrscheinlichkeit *a pi* mit *bla chung* und *me me* mit *bla chen* gleichsetzen.

Beide Personen tragen auf dem Kopf je einen Ring, an dem jede im Verlaufe der neun Tage besuchte Familie etwas ungesponnene Wolle befestigt, so daß die Kopfbedeckung schließlich einem Wollturban gleicht.

Am ersten Tag versammeln sich viele Reiter mit ihren Pferden auf dem Rennplatz. Dort rennen sie siebenmal hin und her, angeführt vom *lha rtag*, dem Mann, der für den Dorfgott *(yul lha)* verantwortlich ist und der an diesem Tag ein *nyo pa*-ähnliches Kleid trägt. Die Reiter versuchen, auf eine in der Mitte des Rennplatzes aufgestellte Eisplatte oder auf eine Yaknachbildung aus Teig zu schießen. Nach einem Tanz des *bla chen* und der *bla chung* und anschließend aller Anwesenden beginnen die beiden mit ihren Besuchen in den einzelnen Häusern, wo sie ähnliches machen wie *a pi* und *me me* in Chuschod.

Vom 1. bis 9. XI. kommen die Dorfleute allabendlich auf dem Dorfplatz zusammen, um zu tanzen. Diejenigen, welche im vergangenen Jahr geheiratet haben, müssen dabei mindestens einen Tanz anführen und die musizierenden *mon* entlohnen.

In einer Prozession gehen am letzten Tag alle zum Königspalast, wo eine kleine Zeremonie stattfindet, und wo *bla chen* und *bla chung* die wollenen Kopfbedeckungen ausziehen. Nach dem Wegwerfen mehrerer *gtor ma* trennen sich wie in Chuschod die Wege der beiden Leute von denjenigen der Reiter. *Bla ma zu gu* baden insgesamt dreimal in einem Fluß[384]. Dann ziehen sie sich *nyo pa*-Kleider und *mag mal*-Hüte an. Ferner tragen sie einen Eiszapfen mit sich. Schließlich treffen sich *bla ma zu gu* und die Reiter, die zuvor

379 Zu *chang bu* siehe Anm. 206.
380 *gshon:* Tanz, bei dem sich die Tänzer halten, miteinander verbunden sind.
381 Die richtige Schreibweise und Bedeutung des Namens ist unklar. Möglich wäre auch *lha chen* und *lha chung*.
382 Auch hier ist die richtige Schreibweise und Bedeutung unklar.
383 Gewöhnlich wird bei Festen das Räuchergefäß von einem Mann, das Biergefäß von einer Frau getragen.
384 Nach jedem Bad scheinen sie wegzurennen. Die diesbezüglichen Informationen waren jedoch unklar.

einen Schwerttanz aufführten, wieder auf dem Festplatz, wo nacheinander *bla ma zu gu* und der *lha rtag* und schließlich alle Anwesenden tanzen.

Ohne Zweifel stellen *a pi me me* und *bla ma zu gu* „Sündenböcke" *(glud)* dar, auf die das Übel des vergangenen Jahres übertragen wird. Mit dem Wegrennen am letzten Tag wird die Entfernung des Übels, mit dem Bad der beiden ihre Reinigung vom Schlechten dargestellt. Diese Reinigung zieht eine Verwandlung der zwei Leute nach sich: Sie werden zu einer Art göttlichen Boten – die *nyo pa*-Kleidung weist darauf hin – und scheinen sogar Bringer von neuem Leben zu sein, was der von den *bla ma zu gu* zurückgebrachte Eiszapfen andeutet[385].

Es ist wahrscheinlich, daß diese Vertreibung alter Leute einst in allen Dörfern praktiziert wurde. Als Überreste dieses Brauchtums können die noch mancherorts in den ersten Neujahrstagen stattfindenden Pferdewettkämpfe angesehen werden. Bei diesen Wettkämpfen müssen die Reiter nicht in erster Linie die Schnelligkeit ihrer Pferde unter Beweis stellen, sondern ihre eigene Geschicklichkeit, indem sie beispielsweise versuchen, eine in der Mitte der Rennbahn liegende Teigfigur vom rennenden Pferd aus umzustoßen. Die Heber berichten, daß zu ihrer Zeit ein totes Schaf auf den Boden gelegt wurde. Jeder Reiter versuchte, dieses Tier vom rennenden Pferd aus zu erfassen und an einen vorgegebenen Ort zu bringen, was die anderen Reiter zu vereiteln trachteten[386].

Abb. 12:
Reiter, die versuchen, eine aus Teig gefertigte Steinbockfigur umzustoßen (Zeichnung eines ladakhischen Künstlers).

Das Auftreten eines solchen Paares scheint in Tibet unbekannt zu sein, nicht jedoch in Gebieten im Westen Ladakhs. So wird in Bagrot im November bei geselligem Zusammensein um ein großes Feuer eine Pantomime von einem alten Mann, der eine junge Frau begehrt, und einer Greisin, die sich einem jungen Mann zu nähern versucht, dargeboten. Der einheimische Name dieser Aufführung lautet wie in Ladakh

385 Unter Umständen kann im Vertreiben eines alten Mannes und einer alten Frau ein Brauch wiedererkannt werden, der anscheinend in alten Zeiten weit verbreitet war, nämlich die „Altentötung". Die Altentötung ist aus einem an Ladakh angrenzenden Gebiet belegt: Jettmar K.: Altentötung in Dardistan, Paideuma, XV, Wiesbaden 1969: 162–166.

386 Heber 1976: 157.

„alter Mann alte Frau". In Hunza wird kurze Zeit nach dem Neujahrsfest eine analoge Pantomime aufgeführt. Dort streiten sich zwei alte, in Schafsfelle gehüllte Männer um eine Frau. Dieses Spiel wird (wahrscheinlich) „alter Mann mit Maske aus Kürbisschale, Bart, Stock und (alte) Frau" genannt[387].

Das ladakhische Neujahrsfest in alten Zeiten

Informationen über die alten ladakhischen Neujahrsfeierlichkeiten in Leh, an denen die königliche Familie aktiv teilnahm, sind sehr spärlich[388]. Aufgrund der wenigen mir zur Verfügung stehenden Angaben versuche ich im folgenden den Ablauf dieses Festes zu beschreiben:

Am 29. Tag des zehnten Monats ritten adlige Herren und höhere Beamte zum Stog-Palast, um dort den König, der jeweils zum Neujahrsfest Adlige aus ganz Ladakh nach Leh einlud, und dessen kleines Gefolge abzuholen. Die Begrüßung erfolgte anscheinend auch noch zu Beginn des zwanzigsten Jahrhunderts in der alten, ehrerbietigen Weise, indem die Adligen von ihren Pferden stiegen, sich tief vor dem König verneigten, dessen Beine umfaßten und den Herrscher mit einer höflichen Floskel begrüßten. Von Stog ritt der Zug nach Leh, durch den dortigen Basar hinauf zum alten Königspalast, wo während einiger Tage bei Speise und Trank, Tänzen und Gesängen gefeiert wurde[389].

Am *gnam gang,* dem 30. X., wurden alle Adligen zu einem großen Festessen in den Königspalast eingeladen. Am darauffolgenden Tag, dem ersten Tag des neuen Jahres[390], begaben sich der König und sein Gefolge zum Kloster und Palast von She und zum Kloster Thiktse, um dort die große, das ganze Jahr hindurch brennende Butterlampe, die „Jahrschale" *(lo kong),* mit neuer Butter zu nähren und vor der mächtigen Buddhastatue zu beten. Auf dem Rückweg wurde der König bei der großen *ma ni*-Mauer *(ma ni ring mo)* von Adligen empfangen, willkommen geheißen und zum Palast zurückbegleitet.

Am zweiten Neujahrstag versammelten sich nach dreimaligem Trommeln alle Pferdebesitzer aus Leh und den umliegenden Dörfern beim heute nicht mehr stehenden Osttor des Basars, wo sich der König und seine Familie zu ihnen gesellten. Gemeinsam begaben sie sich zu den im Osten Lehs liegenden *ma ni*-Mauern[391] und von dort in den Basar zurück. Dort galoppierten — immer paarweise — die Reiter dreimal hin und her, angeführt vom *lha rtag*[392], der ein reichgeschmücktes Brokatkleid und einen runden, gelben Hut[393] trug. Nach diesem wilden Hin und Herreiten führte der *lha rtag* zusammen mit anderen Männern einen Tanz auf, worauf sich der König und seine Leute in den Palast zurückzogen, wo weitergefeiert wurde.

Am dritten Tag kam zu der bereits geschilderten Prozession und dem Rennen im Basar ein neues Ereignis hinzu: Sieben aus adligen Familien stammende Tänzerinnen, *drag shos ma* genannt[394], hatten im

387 Müller 1973: 222—223.

388 Siehe Ribbach 1940: 130 ff. und Heber 1976: 210 ff. Ferner traf ich eine alte Frau, die mir noch einiges — zum Teil nur noch bruchstückhaft — über dieses Fest erzählen konnte.

389 Zur Zeit Ribbachs war der König nicht imstande, allein für die Festlichkeiten aufzukommen. Die Eingeladenen mußten deshalb zu den Ausgaben beisteuern. Ribbach 1940: 131.

390 Nach Ribbach 1940: 133 am 30. X.

391 Zuvorderst zu Fuß der Königstrommler, dahinter reitend der König, die adligen Leute und die Pferdebesitzer aus den Dörfern.

392 Der *lha rtag*, der einer von drei Lehfamilien entstammte, hatte ein wichtiges Amt inne. Er war für den Gott der Königsfamilie verantwortlich und mußte dessen Sitz *(lha tho)* alljährlich neu schmücken. Auch war er der Anführer der weiter unten erwähnten *drag shos ma,* für deren Kleidung er zu sorgen hatte.

393 Heber 1976: 156: „a large round hat covered with gilt tinsel, the crown rising to a dome, surmounted by a knob to which streamers of gilt tinsel passing from the brim are attached". Wahrscheinlich eine Art *ser thod,* wie er von den *nyo pa* getragen wird. Nach Heber wurde dieser Mann nicht *lha rtag,* sondern *glab dag* genannt, nach *Kushok Bakula lha bdag.*

394 Das heißt die Edelsten.

Basar vor dem Haus des Königs zu tanzen. Diese *drag shos ma* entstammten je einer der folgenden sieben Familien: *Lha rtag, No chung, Su ku, sGang ba, gSer chung, mGon po bKra shis* und *mTshas mkhan*[395]. Nach den Heber waren es früher dreißig Tänzerinnen, später reduzierte sich diese Zahl auf sieben Frauen, „die bestimmt nicht von sich behaupten konnten, sie seien wegen ihrer Jugend oder Schönheit ausgelesen worden", wie die Heber schreiben[396]. Insgesamt hatten die Tänzerinnen während sieben Tagen, nämlich vom 3. bis 10. XI. aufzutreten[397].

Zur Einleitung der Festlichkeiten am vierten Tag hatte der königliche *mon* seine Trommel dreimal zu schlagen, ein Zeichen für die Gäste, Zuschauer und Tänzerinnen, sich im großen Hof des Königspalastes *(khang thog chen mo)*[398] einzufinden. Dort hatten die *drag shos ma* während einiger Stunden zu tanzen, begleitet von der Schloßkapelle, die sich aus lauter *mon* zusammensetzte *(mkhar mon)*. Am zehnten und letzten Tag sangen die *drag shos ma* ein spezielles Lied und boten zwei besondere Tänze dar, die *gshon grol rtses* und *smon grol*[399] genannt wurden. Anschließend grüßten sie den König, der sie mit Tee, Bier, Broten und *ku ra*-Bisquits beschenkte.

An den folgenden Tagen suchten die Musikanten und Tänzerinnen die Häuser einiger Adeliger und wichtiger Beamter auf[400], wo sie jeweils dreimal auftraten. Zwischen und nach den Tänzen wurden sie bewirtet und erhielten Speisen und Getränke als Geschenke. Einmal kam es auch zu einer Aufführung für ein allgemeines Publikum, nämlich im Basar, nahe der Moschee. Nach den Heber formten die Tänzerinnen dabei einen Kreis, während Männer um sie herumtanzten[401].

Während und nach diesen Festlichkeiten fanden im Basar und auf dem Polofeld Belustigungen für alle statt, so hauptsächlich Pferderennen und Polospiele.

Kulturelle Beziehungen zu Ethnien im Hindukusch

Eine Frage stellt sich dem Betrachter der westtibetischen Feste – in diesem Fall der ladakhischen Neujahrsfeierlichkeiten – immer wieder: Bestehen Übereinstimmungen zwischen den geschilderten Zeremonien und Bräuchen Ladakhs und den entsprechenden Festen Tibets, oder sind solche Analogien eher beim Vergleich mit Zeremonien aus nichttibetischen Gebieten, die im Westen Ladakhs liegen, feststellbar?

Informationen über das tibetische Neujahr sind einseitig und im großen und ganzen eher spärlich. Wir wissen zwar einiges über die klösterlich-zeremoniellen Neujahrsfeierlichkeiten *(rgyal po lo gsar)* Zentraltibets, doch sehr wenig über die volksreligiösen Aspekte des tibetischen Neujahrs und insbesondere des „Zehnter Monat-Neujahrs". Dennoch kann ich aufgrund des wenigen, das sich in der Literatur finden läßt, und meiner eigenen Kenntnisse behaupten, daß sich zu vielen der erwähnten ladakhischen Neujahrsbräuchen keine tibetischen Parallelen finden lassen. Auffallend sind hingegen viele Ähnlichkeiten und

395 Peter (1956) verwendet für einige dieser Familiennamen eine andere Schreibweise (s. Nrn. 30.1., 28.3., 10.8., 19.4. seiner Liste der 35 *pha spun* von Leh).

396 Heber 1976: 210. Nach Tashi Phuntsok waren es 13 Familien. Er konnte nicht alle nennen, erwähnte aber noch zusätzlich *Don spon*.

397 Nach Ribbach dauerten die Festlichkeiten total fünf Tage.

398 Nach einigen Informanten *kha thog chen mo*.

399 Zwei typische Tanzarten: Charakteristisch am ersten Tanz war anscheinend das Rückwärtsgehen der Tänzerinnen. Im zweiten Tanz gingen die Tänzerinnen in den Bierraum Bier holen und hielten darauf während des Tanzes Bierschalen in den Händen.

400 Die Informantin erinnerte sich noch an folgende Familien, meinte jedoch, es seien wohl noch mehr gewesen: *bLon po, Srang ngar ra*, Wasir (Abgesandter der kaschmirischen Regierung), reiche Muslimfamilie *(Kho zha gun), bKa' blon* und einige höhere Beamte wie der Tassildar und Nahib, die den Aufführenden statt Naturalgaben Geld schenkten.

401 Heber 1976: 211.

Übereinstimmungen mit Zeremonien und Bräuchen aus westlich von Ladakh liegenden Ethnien. Diese Tatsache ist nicht weiter verwunderlich, denkt man an die durch die geschichtlichen Entwicklungen bedingten gegenseitigen Beeinflussungen der in jenem Raum lebenden Ethnien.

Diesen engen kulturellen Beziehungen zwischen Ladakh und einigen westlich davon gelegenen Gebieten wollen wir uns, nachdem bereits hier und dort darauf hingewiesen wurde, nochmals anhand einiger konkreter Beispiele zuwenden.

Betrachten wir zu diesem Zweck das recht gut belegte Neujahrsfest der Kalash, die etwa 600 km westlich von Ladakh leben. Als eine der Haupttätigkeiten dieses Festes gilt unter anderem die Speisung der Totenseelen, aber auch die Steigerung der Fruchtbarkeit, wobei deutliche Parallelen zum ladakhischen Neujahrsfest unübersehbar sind:

Am Abend des siebten Tages werden bei den Kalash aus Mehl, Nüssen, Salz und Wasser bis zu fünfzehn Zentimeter hohe Gebildbrote hergestellt, die Wild- und Haustiere und einen Hirten wiedergeben und die auf einem Brett an der Hinterwand des Raumes aufgestellt werden. Neben zweimal drei kleinen Broten wird darauf eine große *Markhor*-figur (Wildziege) gemacht, die im Jestak-han, im Sippenhaus, ebenfalls auf einem Brett an der Rückwand aufgestellt und im Morgengrauen des achten Tages durch Steinwürfe oder Pfeilschüsse zerstört wird[402].

Es fällt nicht schwer, in diesen Gebildbroten die ladakhischen *skyin* und im großen Markhor den großen *skyin* wiederzuerkennen. Hier wie dort werden die Tiere von einem Menschen, einem „Hirten" begleitet, und wird gegen Ende der Feierlichkeiten das größte Tier symbolisch getötet.

Auch die Speisung der Totenseelen in der Neujahrszeit ist den Ladakhi wie auch den Kalash eigen, doch sind hierbei in den Details einige Unterschiede feststellbar. Immerhin werden in beiden Fällen die Totengeister in der Nacht herbeigerufen, damit sich diese an den bereitgestellten Opfergaben laben, und sowohl in Ladakh als auch bei den Kalash werden die zuerst den Vorfahren angebotenen Speisen am Schluß von den Leuten selbst verzehrt: eine Art Kommunionsmahl zwischen den Lebenden und den Toten! Auffallend ist auch die Bedeutung, die bei den Kalash und den Ladakhi den runden Broten, die stets in ungerader Anzahl Verwendung finden, zukommt[403].
In einem älteren aus Ladakh überlieferten Neujahrslied finden sich folgende Zeilen:

Jetzt ist jeder Tag ein glücklicher!
Möge jedes Jahr glücklich sein!
Die Burschen holen sich die Bräute,
Hochzeitsmahle werden gehalten. (. . .)
Möge euch ein Sohn geboren werden[404]!

Aus dem Text kommt deutlich zum Ausdruck, daß die Hochzeitsfeiern der Khalatser in alten Zeiten in der Neujahrszeit abgehalten wurden.

Dies war wohl auch in anderen Gebieten Ladakhs der Fall. Noch heute gilt der Winter – der zehnte und elfte Monat im besonderen – als bevorzugte Zeit für Hochzeitsfeste.

Das Zusammenfallen von Hochzeiten und Neujahrsfest ist auch aus westlich an Ladakh angrenzenden Gebieten belegt. So werden in Hunza und Nagir alle Hochzeiten an ein und demselben Tag während des

402 Jettmar 1975: 382.
403 Auch Jettmar vertritt in einem Artikel über die *Machnopa* (den *'brog pa* in diesem Buch entsprechend) die Meinung, daß kulturelle Beziehungen zwischen Chitral, Kalash sowie andern peripheren dardischen Gebieten und Teilen Ladakhs bestehen. Jettmar beschränkt sich jedoch bei seiner Betrachtung auf das von Darden bewohnte Gebiet Ladakhs *('brog yul)* während es in dieser Arbeit in erster Linie darum geht, dardisches Brauchtum in Oberladakh aufzuzeigen. Siehe Jettmar 1979.
404 Francke 1923: 28.

Neujahrsfestes abgehalten, und in der Nacht, in welcher das neue Jahr beginnt, dürfen sich in Hunza Neuvermählte erstmals ehelich vereinigen. Im ebenfalls im Westen Ladakhs liegenden Punyal besaßen ausgewählte junge Burschen während des etwa in der Wintersonnenwende stattfindenden Neujahrs sexuelle Rechte auf die Dorffrauen, die gerne gewährt wurden, da daraus Fruchtbarkeit und Segen erwuchsen[405].

Die gesteigerte Sexualität und die Hochzeiten in der Neujahrszeit haben ohne Zweifel zum Ziel, eine zahlreiche Nachkommenschaft im kommenden Jahr herbeizuführen und dem Land allgemein Fruchtbarkeit zu bringen. Die fruchtbarkeitsfördernde Wirkung der Neujahrszeit wird noch durch die Tatsache verstärkt, daß das Neujahrsfest in etwa mit der Paarungszeit der Steinböcke *(skyin)* und der Wildziegen zusammenfällt. So kann angenommen werden, daß die in der Neujahrszeit aus Teig gebildeten *skyin* dem gleichen Zweck dienen, nämlich der Steigerung der Fruchtbarkeit. Die genauere Bedeutung dieser Teigfiguren ist jedoch den Ladakhi, soweit ich feststellen konnte, nicht mehr bekannt.

Obschon die Hochzeiten in Ladakh nicht mehr ausschließlich in die Neujahrszeit fallen, finden sie – wie bereits erwähnt – zum überwiegenden Teil in der Winterzeit statt. Hierzu finden sich ebenfalls Parallelen in westlichen Gebieten, so in Yasin – dort in unmittelbarer Nähe vom Neujahrsfest –, Ishkoman, Gilgit usw.[406].

Sogar zum anzüglichen, von Kindern gesungenen *ha sha la*-Lied Ladakhs, in dem freimütig über sexuelle Dinge gesprochen wird und das mit der fruchtbarkeitsfördernden Kraft des Neujahrs in Zusammenhang steht, findet sich im Westen Ladakhs hier und da eine deutliche Analogie, so beispielsweise bei den Kalash, bei denen zu Neujahr sexuelle Tanzpantomimen von Kindern dargeboten werden und Kinder sexuelle Lieder singen[407].

Die große Anzahl all dieser sowie weiterer, bereits erwähnter Übereinstimmungen – Zusammenfallen des Neujahrsfestes mit der Zeit der Wintersonnenwende, Fackelzüge und damit in Zusammenhang stehende Legenden (Bagatam), Pantomime von altem Mann und alter Frau usw. – zeigen deutlich das eine: Daß Ladakh viel reicher an „dardischem" Brauchtum ist, als dies bis heute bekannt war. Dies ist nicht nur in Gebieten der Fall, die seit jeher als dardisch gelten wie Dah und Hanu, sondern auch in Regionen mit tibeto-mongolischer Bevölkerung, also in Unter- und in Oberladakh. Daß diesen engen kulturellen Beziehungen so wenig Beachtung geschenkt wurde, ist einmal auf unsere bisherige geringe Kenntnis der ladakhischen Ethnographie zurückzuführen, die durch die jahrzehntelange schlechte Zugänglichkeit des Gebietes erklärt werden kann. Dazu kommt, daß Ladakh von Autoren und Reisenden a priori immer als Teil des kulturellen Tibet verstanden wurde, wie dies in den weiteren Namen Ladakhs – Westtibet oder Kleintibet – zum Ausdruck kommt. Das geschah nicht ganz ohne Grund, da der von Tibet eingeführte Buddhismus in Ladakh ohne Zweifel das Leben der Leute entscheidend mitgeprägt hat und noch immer beeinflußt. Ob der Aufmerksamkeit, die man stets der vom ladakhischen Klerus getragenen, von Tibet stammenden Hochreligion schenkte, wurden vielfach die kulturellen Bande zum Westen übersehen. Francke bildet hierbei eine Ausnahme, aber auch er suchte sein diesbezügliches Quellenmaterial hauptsächlich in Khalatse und Umgebung, wodurch der Eindruck erweckt werden könnte, daß er gar nicht an enge kulturelle Beziehungen zwischen Dardistan und O b e r-Ladakh glaubte oder diese doch zumindest nicht deutlich sah.

405 Müller 1973: 25, 189–194; Jettmar 1975: 266.
406 Müller 1973: 191.
407 Müller 1973: 247; siehe auch Jettmar 1975: 383.

Königsneujahr (rgyal po lo gsar)

Wie bereits erwähnt, wird das ladakhische Neujahr zwei Monate vor dem „offiziellen" tibetischen Neujahr *(bod pa'i lo gsar)* gefeiert. Aber auch in Ladakh finden zur Zeit des tibetischen Neujahrs Feierlichkeiten statt, so das „Königsneujahr" *(rgyal po lo gsar)*, das mit dem sogenannten Leh-*mdos mo che* (28. und 29. XII.) zusammenfällt[408]. Zudem werden vor, während und nach dem tibetischen Neujahr in verschiedenen Klöstern Oberladakhs religiöse Tänze *('cham)* aufgeführt. Im Spitug-Kloster finden solche Tanzaufführungen bereits am Ende des elften Monats statt (28. und 29. XI.), im Thiktse-Kloster am 18. und 19. XII., in Leh am 28. und 29. XII., in Stog am 9. und 10. I., in Mato am 14. und 15. I. und in Phyiang am 18. und 19. I.[409]. Daß die Mehrzahl der ladakhischen *'cham* mit einem der beiden in Ladakh bekannten Neujahrsfeste zusammenfällt, ist kein Zufall, kommt es doch in den *'cham* stets zu einer Zerstörung oder Läuterung des Übels: In ihnen wird der Sieg des Guten über das Zerstörerische, Schlechte, dargestellt, oder, auf die Neujahrszeit bezogen, der Sieg des neuen guten über das alte schlechte Jahr.

Alle *'cham* vermögen eine große Zahl von Leuten anzuziehen. Interessanterweise verfolgen jedoch nur die wenigsten Leute aufmerksam und mit Verständnis die Aufführungen, und kaum jemand scheint die Namen und die Bedeutung der auftretenden Wesen zu kennen. Einzig gewisse Gestalten, so die vier *Ha dug* und ihr Anführer *Ha shang,* die zwei oder vier Totenskelette, Leichenstättenherren *(dur bdag)* genannt und – in Phyiang – ein altes Paar *(rgad po rgad mo),* ziehen jeweils die Aufmerksamkeit auf sich, nicht weil es sich bei ihnen um besonders heilige Wesen handelt, sondern weil sie eine Art Clowns sind oder doch zumindest ab und zu Schabernack treiben. Wie bereits in der Einleitung erwähnt, wollen wir uns in diesem Buch nicht näher mit den *'cham* befassen, da es sich dabei um klerikale Festlichkeiten handelt, die mit der in diesem Buch behandelten ladakhischen Volksreligion wenig zu tun haben. Zudem sind die *'cham* so umfangreich, daß diesem Thema eine eigene Arbeit gewidmet werden müßte[410].

Das mit dem Königsneujahr zusammenfallende Leh-*mdos mo che*[411] erstreckt sich über zwei Tage. Am ersten Tag werden im kleinen Kloster des Leh-Palastes religiöse Tänze aufgeführt. Im Zentrum des *mdos mo che* stehen jedoch nicht diese Tänze, sondern die Errichtung von zwei *mdos,* Gebilde aus Fadenkreuzen, und einiger *gtor ma* am ersten Tag und die Zerstörung derselben am zweiten Tag. Verantwortlich für die Herstellung der *mdos* und *gtor ma* sind Mönche aus drei verschiedenen – jedes Jahr anderen – Klöstern.

Als ich anfangs 1977 dem Leh-*mdos mo che* beiwohnte, wurde das eine *gtor ma* von Mönchen des Stagna-Klosters und ein weiteres *gtor ma (Dam can chos kyi rgyal po gtor ma)* von Mönchen des Spitug-Klosters gefertigt. Die Spitug-Mönche waren in jenem Jahr auch für die Aufführung der religiösen Tänze verantwortlich. Die beiden Fadenkreuzgebilde wurden von Mönchen des Tagthog-Klosters errichtet: das etwa mannshohe „gewöhnliche Fadenkreuz des Vier-Kontinente-Universums" *(mkha' 'gro) gling bzhi srid pa'i spyi mdos,* das ähnlich wie ein *mchod rten* im Hof des Palastklosters aufgebaut war, und das etwa sieben Meter hohe „gewöhnliche Fadenkreuz der *ma mo* der vier Kontinente" *(gling bzhi ma mo'i spyi mdos)* auf einem Platz im Südosten Lehs.

Am zweiten Tag des *mdos mo che* tragen die drei Mönchsgruppen in einer Prozession die von ihnen

408 Zur gleichen Zeit findet auch in Likir und in Nubra (Deskyid) ein *mdos mo che* statt.

409 Einige wenige *'cham* werden nicht in der Zeit des Jahreswechsels aufgeführt: Chimre: 28. und 29. IX., Tagthog: 28. und 29. IX. und Hemis: 10. und 11. V.

410 Eine umfangreiche Publikation über die *'cham* hat René Nebesky-Wojkowitz geschrieben: Tibetan religious dances (ed. by Ch. von Fürer-Haimendorf), The Hague, 1976.

411 Ribbach 1940: 136 spricht im Zusammenhang mit dem Leh-*mdos mo che* von einer „Zeremonie des sterbenden Jahres" *(lo shi sku rim),* ein Name, der mir gegenüber nie erwähnt wurde.

gefertigten *gtor ma* und das kleine *mdos* vom Palastkloster hinunter in den Basar, in dem mehrere religiöse Tänze dargeboten werden. Vom Basar führt die Prozession zum großen Platz im Südosten Lehs[412], auf dem jede der drei Mönchsgruppen für sich ihr *gtor ma* beziehungsweise *mdos* nach kurzem Tanz und Opferdarreichungen in ein Feuer *(gtor me)* wirft. Das große, bereits zuvor errichtete Fadenkreuz wird nicht verbrannt, sondern unter lautem Geschrei umgerissen, worauf die Anwesenden versuchen, Teile davon zu erlangen. Diese gelten als besonders heilbringend und werden deshalb gern als Amulette getragen oder werden zu Hause verbrannt, wobei man den entstehenden Rauch, der gegen Krankheiten wirksam sein soll, einatmet. Nach den Heber wurden Teile dieses großen *mdos* auch auf Hausmauern aufgestellt als Schutz vor Krankheiten und Tod oder in den Vorratsraum getan, um die Vorräte zu beschützen[413].

Mit dem Verbrennen von *gtor ma* endet nicht nur das Leh-*mdos mo che*, sondern auch viele andere wichtige Klosterzeremonien, wie die religiösen Tänze *('cham)*, die *sgrub mchod*[414]-Zeremonie usw. Stets geht es beim *gtor ma*-Ritus darum, eine bestimmte Gottheit und ihr Gefolge einzuladen, im *gtor ma* Platz zu nehmen. Die Gottheit wird darauf gebeten, das Schlechte in Form von verschiedenen Krankheiten, Krieg usw., aber auch Eigenliebe und Egoismus von den Menschen abzuhalten und unter Kontrolle zu bringen. Dabei steht nicht unbedingt die Zerstörung des Übels im Vordergrund. Man kann auch versuchen, dieses zu läutern und in eine positive Kraft umzuwandeln. Am Ende der Beschwörung wird das *gtor ma* zerstört, da es nun seine Pflicht erfüllt hat und weil schlechte Wesen, die möglicherweise nicht bekehrt werden konnten und ins *gtor ma* gebannt wurden, endgültig eliminiert werden sollen[415].

Die *mdos* dienen einem ähnlichen Zweck: Entweder werden in ihnen übelwollende Wesen, die unter Kontrolle gebracht werden sollen, gefangengenommen, oder es werden hilfreiche Götter eingeladen, im *mdos* Platz zu nehmen, um von dort gegen dieses oder jenes Übel anzukämpfen[416].

Taten, die ein gutes Jahr bewirken

In der Neujahrszeit, hauptsächlich im ersten tibetischen Monat, werden von Laien und Mönchen mit Vorliebe religiöse Taten vollbracht, mit der Begründung, in dieser Zeit begangene verdienstvolle Taten würden sich auf den Ausübenden besonders positiv auswirken. Die guten Taten in der Zeit des Jahreswechsels verfolgen zudem – ja vielleicht in erster Linie – den Zweck, den Ablauf des neuen Jahres möglichst günstig zu beeinflussen. So vollführen die Mönche des Samkar-Klosters vom 11. XI. an während elf Tagen eine *sgrub mchod* genannte Zeremonie, deren Hauptziel die Herbeiführung eines guten Jahreswechsels ist und die das Zurückkommen der Sonne erleichtern soll. Die Sonne ist nach ladakhischer Auffassung ein Rad mit vielen Speichen. Wenn sich in der Zeit der Wintersonnenwende das Sonnenrad zurückdreht, besteht für die Götter die Gefahr, vom zurückrollenden Sonnenrad zerdrückt zu werden. Die Gebete der *sgrub mchod*-Zeremonie sollen dieses tragische Ereignis verhindern helfen. Die Zeremonie bringt zusätzlich im kommenden Jahr Glück, gute Ernte, Gesundheit, Frieden und den Leuten, welche die zelebrierenden Mönche mit Waren und Geld unterstützen, Wohlergehen.

Auch der „Prostrationsumgang" *(phyag bskor)* um den Hügel *(rtse mo)* von Leh stellt eine dieser verdienstvollen Taten dar, die anfangs des neuen Jahres von vielen Gläubigen vollbracht wird. Der Umgang

412 Eine Beschreibung der Prozession findet man in Heber 1976: 173. Nach Heber nahm früher auch der König an der Prozession teil.

413 Heber 1976: 174. Abbildungen des großen *mdos* sind in Ribbach 1940: 161 und in Francke 1923: Abbildung 14.

414 Die richtige Schreibweise dieser Zeremonie ist unklar. Wir werden weiter unten noch auf die Zeremonie zu sprechen kommen.

415 Gutes Material zur Anwendung von *gtor ma* findet sich in Nebesky-Wojkowitz 1975: 495–500, 347 ff.

416 Genauere Angaben über verschiedene Arten von *mdos*, ihre Namen und die Art ihrer Anwendung finden sich in Nebesky-Wojkowitz 1975: 369–397, 509.

beginnt am 14. I. frühmorgens bei der *ma ni tshe ring* genannten Wand außerhalb Lehs. Die an der Prozession teilnehmenden Männer – Frauen sind davon ausgeschlossen – bewegen sich in der Weise fort, daß sie sich auf den Boden legen, ihre Arme ausstrecken, aufstehen und „eine Körperlänge" vorwärtsgehen, um sich danach wieder auf den Boden zu werfen usw. Die Prostrationen werden manchmal von Gebeten, zu denen sich die Männer niedersetzen, unterbrochen. Hier und dort erhalten die am Umgang Teilnehmenden von Gläubigen Spenden. In der geschilderten anstrengenden Weise umkreisen die Männer während zwei Tagen langsam den *rtse mo.* Wieder beim *ma ni tshe ring* angelangt, werfen sich die Gläubigen nochmals hundertmal auf den Boden, um dann – nach einem kurzen Besuch im Haupttempel *(Jo khang)* Lehs – in kleinen Gruppen zu den Tempeln der Stadt zu gehen und dort die großen Gebetsfahnen *(dar chen)* zu ersetzen[417].

Nicht nur in den ersten Tagen eines neuen Jahres, aber bevorzugt in dieser Zeit, wird im Haupttempel Lehs das *ma ni dung phyur* abgehalten. Dazu versammeln sich Gläubige von Leh und den umliegenden Orten im Tempel und rezitieren dort zum Wohl von ganz Ladakh unablässig das Mantra *Om ma ni pad me hum.* Wenn ein Gläubiger den Tempel verläßt – die Zeit, während der er das Mantra aufsagt, ist nicht vorgeschrieben, wie die Teilnahme an der ganzen Zeremonie freiwillig ist –, teilt dieser einem beim Eingang sitzenden „Buchhalter" mit, wie viele Male er das Mantra aufsagen konnte. Ziel der Zeremonie ist es, durch die Gläubigen insgesamt 100 millionenmal *(dung phyur)* das bekannte *ma ni*-Mantra aufsagen zu lassen, wodurch mögliches Unheil vom Land verbannt werden soll. Als ich dem *ma ni dung phyur* im Jahre 1977 beiwohnte, dauerte es 14 Tage und Nächte lang, vom 3. I. bis 15. I.

A po ga ram sing

Um eine weitere Zerstörung des Übels geht es in einer Zeremonie, die auch noch zu den Neujahrsfeierlichkeiten zu zählen ist. Es handelt sich dabei um das sogenannte *gtor bzlog* am neunten Tag des zweiten Monats. Für dieses Fest wird von Mönchen des Phyiang-Klosters aus einem Holzgestell, Tüchern und einer Maske eine lebensgroße Figur gefertigt, die „der Alte" *(a po) ga ram sing* heißt, die richtige Schreibweise ist jedoch unklar. Einige Informanten waren der Ansicht, der Name stamme von einem ehemaligen Dogra-Herrscher, der den Ladakhi anscheinend großen Schaden zufügte und nun als Inbegriff des Bösen anläßlich dieses Festes zerstört wird. Um welchen Herrscher es sich dabei handelt, steht nicht fest. Vielleicht um *Râm bîr sing*[418].

Am *gtor bzlog* wird jedoch nicht nur diese Figur zerstört, indem Soldaten mit Gewehren darauf schießen, sondern zusätzlich wird auf ein mit Blut gefülltes Yakhorn geschossen, bis dieses zerspringt und das Blut ausfließt. Nach Ramsay[419] sind die Ladakhi der Ansicht, das Horn könne nicht beschädigt werden, solange ein hoher Mönch anwesend sei. Erst wenn sich der Geistliche entferne, hätten die Soldaten Erfolg. Ramsay berichtet auch, man habe die Figur zu seiner Zeit nicht erschossen, sondern verbrannt, indem Leute zu ihr hinrannten, Dorngestrüpp um sie legten und dieses anzündeten. Die Zeremonie – so Ramsay – werde zur Abwehr von Krankheiten und Unglück veranstaltet, nach den Heber[420] zum Schutz des Königs, nach meinen Informanten, um mögliche Feinde Ladakhs abzuwehren beziehungsweise zu zer-

417 Zum Prostrationsumgang siehe auch Heber 1976: 176 und Ribbach 1940: 137.
418 Siehe hierzu Francke 1926: 139–141. Ev. könnte es „*a pa (ba) ka* Ram Sing" heißen – „Königliche Person (Das 1902: 1344) Ram Sing"?
419 Ramsay 1890: 383.
420 Heber 1976: 174.

FOTOS ZUM KAPITEL NEUJAHRSZEIT

42 Am 30. X. werden mit Mehl oder Farbe oberhalb der Fenster und Türen und oben an den Pfeilern Linien oder ganze Figuren aufgezeichnet. Auf unserem Bild sind in der Mitte eine liegende Mondsichel, darüber die Sonne, rechts ein Triratna (drei Juwelen) und links eine Swastika zu sehen.

43 Der Küchenherd gilt als Sitz einer wichtigen Hausgottheit, der „Herdgott-Königin". Ihr wie auch einigen weiteren Hausgöttern wird in der Neujahrszeit besondere Aufmerksamkeit geschenkt.

44–47 Rund um ein altes Paar finden in einigen Dörfern Ladakhs Feierlichkeiten statt, die dazu dienen, das Übel und Unglück des alten Jahres zu vertreiben.
44: Maske der *a pi* (Großmutter), Chuschod.
45: Maske des *me me* (Großvater), Chuschod.
46: *a pi*-Maske, Karsha-Kloster, Zangskar.
47: *me me*-Maske, Karsha-Kloster, Zangskar.
(Die Fotos 44–47 stammen von Peter Eppler, Zürich).

48 Einmal im Jahr – meistens in der Zeit der Jahreswende – schmücken die *pha spun* den Sitz ihres *pha spun*-Gottes mit Wacholder- oder Weidenzweigen und Glücksschleifen.

49 In der Neujahrszeit ziehen musizierende und singende Bettler von Haus zu Haus. In dieser Zeit sind die Leute freigebig, denn Geiz würde – so glauben die Ladakhi – den Betreffenden im nächsten Jahr Unglück bringen.

50 Am 30. Tag des zehnten Monats wird frühmorgens ein Opfer an die verstorbenen Verwandten dargereicht. Für diese Speisung der Vorfahren begibt sich von jedem Haushalt mindestens ein Mitglied zum Leichenverbrennungshaus *(spur khang)* seiner *pha spun*-Gruppe. (Foto O. P. Rajput, Leh).

51 In den ersten Tagen eines neuen Jahres werden Pferderennen abgehalten, in deren Verlauf die Reiter versuchen, vom rennenden Pferd eine am Boden stehende Teignachbildung eines Steinbocks *(skyin)* zu zerstören. Solche Pferderennen gelten – wie auch das Polospiel – als Erbe der Darden, . . .

52/53 . . . die noch heute in abgelegenen Gebieten Ladakhs leben. Wegen ihres nichtmongolischen Aussehens unterscheiden sie sich recht deutlich von der Mehrzahl der ladakhischen Bevölkerung.

54 In der Neujahrszeit werden mit Vorliebe verdienstvolle Taten vollbracht. So findet beispielsweise in der Mitte des ersten tibetischen Monats der um Leh führende Prostrationsumgang statt.

55 Die am Prostrationsumgang teilnehmenden Männer – Frauen sind davon ausgeschlossen – bewegen sich in der Weise fort, daß sie sich auf den Boden legen, ihre Arme ausstrecken, aufstehen und eine Körperlänge vorwärtsgehen, . . .

56 . . . um sich danach wieder auf den Boden zu werfen.

57 Für das *gtor bzlog*-Fest fertigen Mönche des Phyiang-Klosters eine lebensgroße Figur an, die *A po ga ram sing* genannt wird, und die anläßlich des Festes als Inbegriff des Übels zerstört wird. (Foto O. P. Rajput, Leh).

58 Anläßlich des „Tibetischen Neujahrs", das auch „Königsneujahr" genannt wird, findet in Leh das *mdos mo che* statt. Im Zentrum dieses Festes steht die Errichtung von zwei „Fadenkreuzen" *(mdos)*. Im Bild das größere der beiden *mdos*, das auf einem Platz im Südosten Lehs aufgerichtet wird.

59 Fadenkreuze werden auch anläßlich von Hauszeremonien verwendet, so für den *sa sgo rnam sgo*-Ritus, in dem ein mit wertvollen Dingen gefüllter Hunde- beziehungsweise Ziegenkopf mit Fadenkreuzen verziert wird. Diese Gebilde werden an einer Außenmauer des Hauses angebracht, dessen Bewohner vor Übel beschützt werden sollen.

60/61 Spezialisten in der *mdos*-Herstellung sind Nyingmapa-Mönche des Tagthog-Klosters.

62 In der Zeit des Jahreswechsels finden in mehreren ladakhischen Klöstern religiöse Tänze *('cham)* statt. Diese werden jeweils im Klosterhof – im Bild der Hof des Mato-Klosters – um einen großen, mit Gebetsfahnen behängten Mast aufgeführt.

63–65 Zuschauer in Stog (63), Thiktse (64) und Phyiang (65).

66–69 Die in den Tänzen auftretenden Wesen stellen Gottheiten oder Heilige dar, die in erster Linie aufgrund ihrer Masken und ihrer Embleme identifiziert werden können.
66: Hirsch (sha ba), Phyiang-Kloster.
67: Die zornvolle Gottheit *lCam sring (= Beg tse)*, Spitug-Kloster.
68: Einer der Leichenstättenherren *(dur bdag)*, Spitug-Kloster.
69: Zwei *Ha dug*-Masken, Spitug-Kloster.

42

43

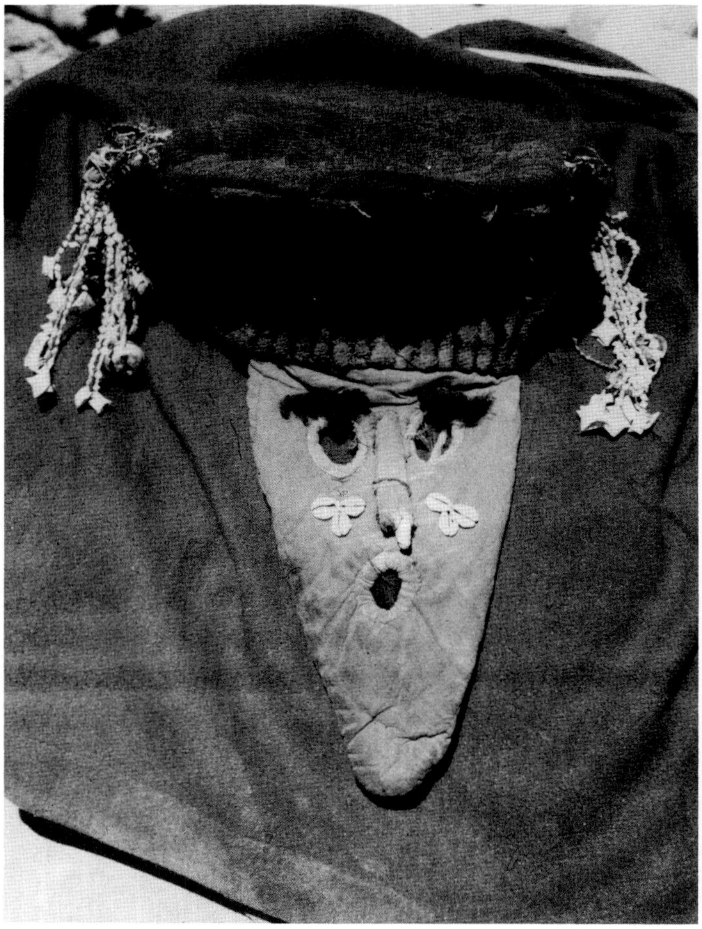
44

45

46

47

48

49

51

52

53

54

55

57

58

59

60

61

58

59

60

61

63

64

65

66

67

68

69

stören. Diese Feinde würden anfänglich von Mönchen in einer entsprechenden Zeremonie in die Figur projiziert.

Ein Hinweis auf ein Fest mit fast gleichem Namen, *gtor log* genannt, findet sich in „Drogpa Namgyal" von Ribbach, der dazu schreibt: „Einen bis anderthalb Monate nach dem Dosmotsche-Fest (Mitte bis Ende März) wird in allen großen und kleinen Dörfern das Storlog *(gtor-log)* begangen, ein Frühlingsfest, bei dem wieder die Bannung der drohenden Dämonen im Vordergrund steht, was durch ein Storma *(gtor-ma)*, ein Streuopfer mit den dazu gehörigen Beschwörungen geschieht. Auch hier fehlen die Belustigungen nicht. Die Männer schießen mit Pfeilen nach aufgestellten Zielen. Gewiß hat das Pfeilschießen hier auch ursprünglich mythologische Bedeutung gehabt. Darauf deuten die Lieder von dem sagenhaften großen König Kesar, dem ‚Sohn der Götter', in denen seine Heldentaten besungen werden. Bei diesem Fest wird während der hellen Tagesstunden mit Bogen und Pfeil geschossen . . ."[421]. Der Name und der Zeitpunkt des Festes legen die Vermutung nahe, daß es sich bei dem oben genannten *gtor bzlog* von Leh und den von Ribbach erwähnten Dorf-*gtor log* um ein und dasselbe handelt[422].

Interessant ist der Hinweis Ribbachs, daß am *gtor log* mit Bogen und Pfeil geschossen wird und die Leute Lieder vom Helden *Ge sar* singen. Auch Francke kommt nämlich auf ein Fest zu sprechen, *mda' phang ces* genannt, an dem die unter dem Namen *gling glu* bekannten Lieder gesungen werden und sich die Jugend mit Pfeilschießen belustigt. In Oberkunawar wurde dieses Fest *Ge sar*-Fest genannt, und auch in Ladakh sang man während dieses Frühlingsfestes Lieder über *Ge sar,* seine Frau *'Brug mo* und andere Themen aus der *Ge sar*-Sage, eben die *gling glu.* Ferner fanden Prozessionen um die Felder statt, um dieselben für die Saat zu segnen. Auch wurden die Altäre der Lokalgottheiten *(lha tho)* erneuert[423].

Francke hat einige anläßlich des *mda' phang ces* vorgetragene Lieder gesammelt und teilweise publiziert, so neun *gling glu* aus Phyiang[424], neun *gling glu* aus Khalatse[425] und fünf Lieder aus She. Letztere wurden nie veröffentlicht.

Obschon aus den Angaben von Francke nicht klar ersichtlich, kann angenommen werden, daß das von ihm erwähnte Frühlingsfest dem von Ribbach beschriebenen *gtor log* entspricht, das seinerseits, wie wir bereits festgestellt haben, wohl mit dem Leh-*gtor bzlog* identisch ist. Ich persönlich konnte kein Pfeilschießen beobachten, an dem *Ge sar* besungen wird, auch war keiner meiner Informanten imstande zu sagen, wo solche Lieder noch heute vorgetragen werden. Die heutigen Schießfeste, die ein bis zwei Tage dauern, sind eine Mischung von Wettschießen, Tänzen und geselligem Beisammensein. Als Ziel für die Schützen dient eine Tonscherbe oder eine große Lehmtafel mit einem schwarzen Kreis in der Mitte. Nachdem jedermann dreimal geschossen hat, wird der beste Schütze jeweils mit einer Glücksschleife und ein wenig Bier beschenkt, während er selbst einen Tanz anzuführen und die Musikanten *(be da* oder *mon)* zu entlohnen hat. Ab und zu, beispielsweise nach der einige Wochen dauernden Sommerklausur *(dbyar gnas),* veranstalten auch Mönche solche Schießfeste[426].

421 Ribbach 1940: 142–143.
422 Vor allem auch weil *bzlog* manchmal als *log* geschrieben wird.
423 Francke 1923: 29–30.
424 Siehe Francke 1901 (6): 359–364.
425 Siehe Francke 1902 (6): Lieder 21 bis 29.
426 Zu den Bogenschießfesten siehe auch Hirschberg 1978: 43 und Heber 1976: 157–158.

Pflügzeremonien

Den Termin für das Pflügen der Felder und die Aussaat legt ein Astrologe fest. Am betreffenden Tag werden Freunde und von außen zugezogene Arbeiter eingeladen. Wenn alle Leute anwesend sind und verpflegt wurden, opfert ein älteres Familienmitglied den „drei Juwelen" (Buddha, Lehre, Mönchsgemeinschaft) ein wenig Bier und liest zwei religiöse Texte[427] für das Wohlbefinden der Erdherren *(sa bdag)*, welche durch das Pflügen zerstört oder verwundet werden könnten, und – den zweiten Text – für allgemeines Wohlbefinden und Glück.

Aus den Anwesenden wird ein junger Mann oder Knabe auserkoren, dessen Gesicht in einigen Orten – so in Nimo – mit *rtsam pa* bestrichen wird, das mit Bier vermischt wurde. In diesem Fall wird er *han ldan*, taubstumm, genannt. Andernorts tupft man nur je einen Mehlpunkt auf Stirne, Wangen, Nase und Kinn desjenigen, der die Saat trägt.

Von einem Teller, auf dem vier *rtsam pa*-Kugeln und sieben Brote liegen, nimmt ein Mann eine der Teigkugeln, hält sie dem Knaben entgegen und fragt[428]:

„Wie viele *ba si*[429] kommen heraus"? Worauf der Knabe antwortet: „Möge das Feld Türkisen-Getreidestengel und goldene Ähren hervorbringen".

Wenn die zweite Kugel dem Knaben mit der gleichen Frage entgegengehalten wird, antwortet der Knabe:

„Mögen die Getreidestengel so lange sein, daß sie sich über die Mauern und Wasserkanäle beugen".

Bei der dritten Kugel und abermals gleichen Frage lautet die Antwort:

„Möge die harte Arbeit auf diesem Felde genügend Nahrung produzieren".

Und schließlich bei der vierten Kugel antwortet der Knabe:

„Möge das Getreide den Vorratsraum mit 100 *khal* und denjenigen mit 1000 *khal* Inhalt füllen"[430].

Nach diesem kurzen Frage- und Antwortspiel gehen alle Leute mit den landwirtschaftlichen Geräten auf das sogenannte Mutterfeld *(ma shing)* der Familie, zuvorderst der Knabe, der ein Bier- und Räuchergefäß in den Händen hält und am Rücken einen kleinen Sack mit Getreidekörnern trägt.

Auf dem Feld angelangt, trinken die Leute Bier, worauf man den beiden *mdzo*, die den Pflug zu ziehen haben, *rtsam pa* und Butter auf die Stirn streicht und ihre Hörner mit Öl einschmiert, ein Symbol des Fetten und des Überflusses[431]. Vor dem Pflügen wird folgender Text aufgesagt:

> Tha ko ro ro ro ro . . .
> Ehre dem Mañjushrî, dem einzigen Beschützer!
> Möge es *hari mon gol*[432] und *shri mon gol* geben,
> Und möge es *mon gol*-Ähren und Zwillingsgetreidekörner geben[433].

427 *gnam sa snang brgyad* und *bkra shis brcegs pa.* Nach Ribbach 1940: 145 *„snang rgyad bkra shis 'dzegs pa"*.

428 Dieses Frage- und Antwortspiel läuft nicht überall gleich ab.

429 Unklar, was dieses Wort bedeutet.

430 In Nimo, wo der Knabe als taubstumm gilt, antwortet er auf die Frage, wie viele *mdzo* herausgekommen seien, nur mit „hm", und jedes Mal wird ihm nach der entsprechenden Frage eine Mehlkugel in den Mund geschoben. Wenn sich der Knabe auf das Feld begibt, soll er sich „ wie betrunken" aufführen, das heißt, übermütig hin- und herspringen.

431 Nach Ribbach 1940: 144 und Asboe 1938: 385 werden auch einige Butterflocken auf den Pflug gestrichen. Asboe schreibt, daß je ein Butterklümpchen auch auf den Kopf jedes anwesenden Mannes gestrichen wird.

432 *mon gol* = Getreidepflanze mit zwei oder mehr Ähren auf einem Stengel.

433 Zwillingsgetreidekörner = vier- statt zweifach gefurchte Körner, d. h. Getreidekörner von doppelter Größe.

Mögen aus einem Samen 100 Pflanzen wachsen,
Mögen aus zwei Samen 1000 Pflanzen wachsen!
Möge das Getreide so hoch wachsen,
So daß es sich über die Feldmauern und Wasserkanäle biegt.
Möge es sich überall hin biegen,
So daß 100 Männer es nicht schneiden können,
So daß 100 Mädchen es nicht tragen können,
So daß wir fähig sind, die drei Juwelen zu verehren,
So daß wir fähig sind, davon in Güte den Bettlern zu geben,
So daß wir fähig sind, die Mönchsgemeinschaft damit zu speisen.
(Mantras)[434]

Nach diesem gebetsähnlichen Text und dem Singen eines oder mehrerer Pflüglieder – ein solches Lied wird unten wiedergegeben – beginnt der Pflüger mit seiner Arbeit, während hinter ihm Frauen die Schollen fein zerhacken. Sobald in jede Himmelsrichtung einige Saatkörner geworfen wurden, kann auch der Sämann seine Arbeit aufnehmen.

Das folgende Pflüglied beschreibt die verschiedenen zum Pflügen benötigten Dinge. Zuerst wird jedoch der Ursprung der Welt aus dem Ozean und die daraus erfolgte Entstehung der Felder beschrieben. Dadurch wird das Pflügen in einen umfassenderen, universellen Zusammenhang gebracht[435].

Bitte, oh *gar ru* (Stier), worauf sind zuerst
die Menschenwelt und das gute Menschenleben entstanden?
Oh Stier, bitte sage, zuerst entstand
die glückliche Menschenwelt über dem Felsen und dem Ozean (und der Erde?)
Oh Stier, bitte sage, es entstanden
das Vaterland wie ein prächtiger Fuchs,
die Winde aus dem wirbelnden Ozean,
ein Mutterfeld *(ma shing)*, einer großen, schönen Wiese ähnlich,
eine Wasserrinne, einer ausgestreckten Schlange ähnlich,
alle Stiere, den guten Götterkindern ähnlich,
alle Pflüge aus gutem, roten Sandelholz,
alle Pflugscharen aus gutem Stahl,
ein Joch aus gutem *mu men*-Stein[436],
ein Jochseil aus guter Seide,
ein *'brang rgyas*[437] vom guten *bla ma*,
ein Topf mit gutem Schnaps gefüllt,
ein *'brang rgyas*, schönem, weißem Glas ähnlich,
die Saat aus den guten Getreidearten der sieben Brüder,
ein Saatsack aus tausend guten Fäden und gutem Seidenstoff,
ein Pflüger, einem jungen, guten Helden ähnlich.

Nach einem nicht überall befolgten Brauch streicht ein Mann während dieses ersten Pflügens und Säens mit flüssiger Butter vermischtes *pa ba*[438] auf die Steine, welche das Mutterfeld einfassen, und legt Brotstückchen dazu. Es sind dies Gaben an diejenigen Vorfahren, welche als Erste das betreffende Feld anlegten und abgrenzten.

434 Asboe 1938: 385 publiziert ein anderes Pflüggebet.
435 Dieses Lied stammt vom ladakhischen Gelehrten Tashi Rabgias, ist jedoch nicht völlig identisch mit Rabgias 1970: 205.
436 *mu men*: dunkelblauer Stein, manchmal für Rosenkränze verwendet. Jäschke 1934: 416. Siehe auch Anm. 260.
437 Stupaähnlicher Teigberg.
438 In Wasser aufgekochtes Erbsen- und Gerstenmehl.

Königspflügen in Leh

In alten Zeiten fand in Leh ein sogenanntes Königspflügen statt, das *sa kha phye* oder kurz *sa kha* genannt wurde. An dem vom Astrologen festgelegten Tag führten Bauern ein paar *mdzo,* denen vorher die Hörner mit Butter eingefettet worden waren, in den Basar, wo sie freigelassen wurden. In der Zwischenzeit begab sich eine Abordnung von Bauern unter der Führung der Ortsvorsteher der Nachbardörfer ins Schloß zum König. Sie trugen einen Opferkuchen, einen sogenannten *'brang rgyas* mit sich, den sie in der Schloßküche abstellten und den sie in der Folge umtanzten. Dieser *'brang rgyas* wurde später beim Festgelage verteilt und gegessen, nachdem ein Stück davon den Göttern als Wurfopfer gespendet worden war. Von einer Terrasse aus rief hierauf ein Mann in Richtung der unterhalb des Schlosses liegenden Stadt: *sa kha phye,* die Erdtüre ist geöffnet! Es folgte eine Warnung an alle diejenigen, die aus irgendeinem Grund rituell unrein waren, sich nicht an den Bewässerungsgräben zu schaffen zu machen, auch keinen dieser Gräben zu überschreiten, weil sonst die *klu,* die Wassergötter, und die *sa bdag,* die Erdgeister, erzürnt würden und das Wasser beziehungsweise die zeugende Kraft der Erde zurückhalten würden. Für die erste Saat begaben sich der König und sein Gefolge auf ein naheliegendes, dem König gehörendes Feld. Dort wurden die *mdzo* an einen Pflug gespannt, mit dem der König einige Furchen pflügte, während am Feldrand einige Mönche den Text *snang rgyad bkra shis 'dzegs (brcegs) pa* lasen, manchmal auch zusätzlich den Text *sa bdag gdon bsgrol,* wofür sie von den Bauern reichlich bezahlt wurden[439].

Es scheint sich bei diesem Königspflügen um einen weit über die ladakhischen Westgrenzen verbreiteten Brauch zu handeln, denn auch in Gilgit, Punyal und Hunza pflügt der König die ersten Furchen und sät manchmal die ersten Saatkörner[440].

Ebenfalls weit verbreitet – nämlich in Gilgit, Hunza und Ishkoman – ist der Brauch, das Gesicht desjenigen Mannes oder Knaben mit Mehl zu bestreichen, der das Saatgut auf das Feld trägt. In Ishkoman sollen sich die beiden Knaben mit der Saat „wie zwei Stiere" gebärden, eine deutliche Analogie zum „verrückten" Aufführen des saattragenden Knaben in Nimo[441].

Auch Francke sieht Analogien zwischen den ladakhischen und dardischen Erntefesten. So kommt er aufgrund von Vergleichen zwischen Ernteliedern von She und den dardischen Hymnen des *Bono na*-Festes zum Schluß, daß es sich beim Erntefest in Westtibet um einen dardischen Brauch handelt[442].

Riten für die Herbeiführung einer reichen Ernte

Im Frühjahr, meistens im vierten Monat *(sa ga zla ba),* findet für die Erlangung einer guten Ernte ein Umgang um die Felder statt: Beim benachbarten Kloster laden sich Dorfleute, meistens ein Mitglied pro Familie, einige Bände des *bka' 'gyur, bstan 'gyur* oder *'bum*[443] auf ihre Rücken, um mit dieser Last alle Felder am Rande des betreffenden Dorfes zu durchschreiten. Diese Prozession wird von musizierenden Mönchen angeführt. An einigen Stellen des Weges stehen Dorfleute mit Räucherwerk, Getränken und Speisen, welche den Prozessionsteilnehmern dargeboten werden. Heiligtümern von *klu,* die am Weg liegen, reicht man Räucherwerkopfer dar. Bei dieser Gelegenheit werden manchmal auch die *lha tho* der Dorf-

439 Ribbach 1940: 143–145.
440 Müller 1973: 47, 50, 78.
441 Siehe hierzu Anmerkung 430.
442 Francke 1923: 5.
443 = Prajñâpâramitâ.

götter *(yul lha)* gewechselt. Nachdem die Leute ins Dorf zurückgekehrt sind, folgt ein Fest, an dem sich auch die Mönche beteiligen.

Ebenfalls im Frühjahr, wenn das Getreide sprießt und astrologische Berechnungen es nahelegen, werden Mönche eines benachbarten Klosters dazu eingeladen, eine *sbyin sreg*-Zeremonie durchzuführen. Die nach dem Ritus übriggebliebene Asche wird an alle Haushalte verteilt, welche ihren Anteil in den Feldern und Gärten verstreuen. Dadurch soll gute Ernte bewirkt werden, da die Asche gegen jegliches Übel, so auch gegen schädliche Insekten, wirksam sei.

Zwei weitere Möglichkeiten, eine gute Ernte zu bewirken, erwähnt Ribbach[444]: An einer Bittandacht *(rim 'gro)* lesen einige Mönche Gebete an die Reichtumsgötter *Dzam bha la* und *Nor rgyun ma* und zelebrieren die bereits erwähnte *gyang 'gugs*-Zeremonie[445]. Auch kann ein Mönch beauftragt werden, mit Hilfe eines bestimmten Textes[446] die regenspendenden Gottheiten, in erster Linie die *klu,* anzurufen und diese dazu zu bringen, Regen fallen zu lassen.

Fest der ersten Ähren (shrub lha) und Blumenfest (me tog ltad mo)

Das *shrub lha*-Fest ist in den ersten, noch nicht ganz reifen Ähren *(srus* oder *shrub)* gewidmet[447]. Das bekannteste *shrub lha* in der Umgebung Lehs ist dasjenige von She am 10. VII., das jedoch in den letzten Jahren viel von seinem ursprünglichen Glanz verloren hat und heutzutage nur noch von wenigen Einheimischen besucht wird[448].

In den Dörfern sammelt am *shrub lha*-Tag jede Familie einige Ähren ein und hängt diese oben an den Küchenpfeiler[449], nicht ohne zuvor den Göttern ein paar Ähren im naheliegenden Kloster und im eigenen Hauskultraum dargereicht zu haben.

In einigen Dörfern in Unterladakh, Nubra und Zangskar wird zu gleicher Zeit auch ein Blumenfest gefeiert. Knaben holen die für das Fest benötigten Blumen hoch oben von den Bergen und schmücken mit ihnen lange Stangen. Diese Stäbe haltend, führen die Knaben zur Begleitung von Oboen und Kesselpauken komplizierte Reigen – *me tog ltad mo* genannt – auf[450].

Nach den Tänzen begibt sich jeder Knabe zu einem bestimmten Haus, wo er verköstigt wird: Der Knabe mit dem längsten Stab geht zum benachbarten Kloster, der zweitlängste Stab wird zur Burg getragen, der drittlängste zum Dorfvorsteher *(go pa)* usw. Danach versammelt man sich wieder auf einem großen Platz, wo während dreier Tage getanzt und viel frisch zubereitetes Bier getrunken wird, um darauf mit der Ernte zu beginnen.

Ribbach berichtet, die Dorfleute hätten während dieses dreitägigen Feierns Lieder von der Entstehung der Welt und von den Göttern, welche die ersten Getreidekörner auf die Erde brachten, gesungen[451]. Auch Francke schreibt, das Hauptthema dieser Lieder sei die Beschreibung der Welterschaffung und der

444 Ribbach 1940: 145–148.
445 Siehe Kapitel „Die Braut wegnehmen".
446 Nach Ribbach 1940: 250 *dmigs brtse ma las tshogs.*
447 Francke nennt das *shrub lha* das „Fest der allerfrühesten Ernte". Francke 1923: 31.
448 Am She-*shrub lha* erscheint ein Orakel. Siehe hierzu das Kapitel „Das Orakel von She".
449 Nach Ribbach werden die Ähren auch an Türpfosten und Balken des Hauses befestigt. Es handle sich hierbei um ein Opfer an die Erdgötter *(sa bdag)* und die Haus- und Ortsgötter. Ribbach 1940: 149.
450 Siehe hierzu auch Francke 1923: 31. Es ist nicht ganz klar, ob die Tänze oder das ganze Fest *me tog ltad mo* (Blumen-Unterhaltung) genannt werden.
451 Ribbach 1940: 149.

Herkunft der Naturgüter, im besonderen des Getreides, gewesen[452]. Leider haben weder Ribbach noch Francke, von dem wir wissen, daß er solche Gesänge in She sammelte, diese Erntelieder publiziert[453], so daß ich an dieser Stelle ein Lied aus einer anderen Sammlung wiedergebe[454]. Dieses paßt von seinem Inhalt her sehr gut hierhin, da es ebenfalls von der Entstehung der Getreidearten, vom Wachsen des Getreides und schließlich vom Herstellungsprozeß des Gerstenbiers handelt, dem ja gerade am *shrub lha* große Bedeutung zukommt:

Die Leute draußen sagen[455]:
Erzählt zuerst die Geburtsgeschichte des Getreides,
Erzählt zuerst die Braugeschichte des Biers,
Erzählt, wie mit der Kelle geschöpft wird!

Die Leute drinnen sagen:
bsTan 'dzin, der Vogelfänger, stellte eine Falle am hohen blauen Himmel auf.
„Wird sich etwas verfangen oder nicht?", sagte er.
Da verfing sich der wilde Vogelkönig.
Er ergriff den Vogel, an den Beinen ergriff er ihn.
Er schnitt, den Kopf schnitt er ab.
Er zerteilte den Vogel, den Rumpf zerteilte er.
Aber das rechte Korn kam nicht heraus.
Da hat sich ein schlechter Vogel verfangen. Auch gut!

bsTan 'dzin, der Vogelfänger, stellt die Falle eines Tages auf der hohen oberen Wiese auf.
„Wird sich etwas verfangen oder nicht?", sagte er.
Da verfing sich der Bergfasan von reiner Stimme.
Er ergriff den Vogel, an den Beinen ergriff er ihn.
Er schnitt, den Kopf schnitt er ab.
Er zerteilte den Vogel, den Rumpf zerteilte er.
Aber das rechte Korn kam nicht heraus.
Da hat sich ein schlechter Vogel verfangen. Auch gut!

bsTan 'dzin, der Vogelfänger, stellte die Falle eines Tages auf dem hohen oberen Felsen auf.
„Wird sich etwas verfangen oder nicht?", sagte er.
Da verfing sich der (Falke) Weißkopf.
Er ergriff den Vogel, (. . .)

bsTan 'dzin, der Vogelfänger, stellte die Falle eines Tages auf dem hohen oberen Paß auf.
„Wird sich etwas verfangen oder nicht?", sagte er.
Da verfing sich *cun gru,* das Steinhuhn.
Er ergriff den Vogel, (. . .)

bsTan 'dzin, der Vogelfänger, stellte die Falle eines Tages am Treffpunkt der drei Täler auf.
„Wird sich etwas verfangen oder nicht?", sagte er.
Da verfing sich die langschnäuzige Füchsin.
Er ergriff die Füchsin, (. . .)

bsTan 'dzin, der Vogelfänger, stellte die Falle eines Tages inmitten des Feldes auf.

452 Francke 1923: 5.
453 Eine Ausnahme bildet ein Erntelied aus Skyurbuchan, das Francke 1899 publizierte (Lied 15). Dieses ist den bereits erwähnten Hochzeitsliedern sehr ähnlich. Francke vertritt die Ansicht, dieses Erntelied sei aus zwei Hochzeitsliedern zusammengesetzt, während das ursprüngliche Lied verlorenging. Francke 1923: 5.
454 Franckes Lied 59.
455 Da es sich um ein Hochzeitslied handelt, ist in diesem Lied von der inneren und äußeren Seite die Rede. Siehe hierzu das Kapitel „Rätsellieder".

„Wird sich etwas verfangen oder nicht?", sagte er.
Da verfing sich *ku mar,* die Taube.
Er ergriff den Vogel, an den Beinen ergriff er ihn,
Er schnitt, den Kopf schnitt er ab.
Er zerteilte den Vogel, den Rumpf zerteilte er.
Da kamen die sieben rechten Körner heraus.

Da erschien die langschwänzige späte Gerste *(ser mo),*
Da erschien die grüne, frühe Gerste *(yang ma),*
Da erschien die immer gleiche Erbse,
Da erschien der weiße, schöne Reis,
Da erschien die zweikörnige Linse,
Da erschien der langschwänzige Hafer,
Da erschien der dreieckige Weizen.
So erschienen die rechten sieben Körner.

Der glorreiche Chinese,
Der gute Tibeter
Und der *mon*[456],
Diese drei rechten Menschenarten erschienen.

Der chinesische Schmied *Ner se,*
Der tibetische Schmied *Tir tse*
Und der *mon*[456]-Schmied *Kyir se,*
Diese drei Männer erschienen auch.

Der chinesische graue Ochse,
Der tibetische bunte Ochse
Und der schwarze Ochse der *mon*[456],
Diese drei Pflugochsen erschienen.

Das gebogene Himmelseisen (Pflugschar),
Das blitzschnelle Erdeisen
Und das starke Eisen der *mon,*
Diese drei Pflugeisen erschienen.

Aus dem Vaterholz, der Birke,
Aus dem Mutterholz, der Alpenweide,
Und aus dem Kinderholz, der Tamariske,
Aus diesen dreien wurde der Pflug gemacht.
Wurde gepflügt oder nicht?
Ja, es wurde mitten im Mutterfeld gepflügt.

Wurde das Korn gesät oder nicht?
Ja, es wurde mitten im Mutterfeld gesät.
Mit den zehn Fingern wurde (der Same) gestreut.
Die linke Hand wurde zu einer Hundepfote (?) gemacht.
Die rechte Hand bewegte sich wie das Messer des Zauberpriesters.
Beide Füße bewegten sich wie beim Tanz der Priesterschüler.

Als er einmal aufstand und nachsah,
War es (das Getreide) gleich den Zähnen eines erwachsenen Hundes weißlich und schmutzig.

Als er (wieder) einmal aufstand und nachsah,
War es weißlich und gesprenkelt.

456 *Mon* ist hier nicht die Bezeichnung für die eine der drei niedrigsten sozialen Schichten, sondern ist ein Name für die Inder.

Als er (wieder) einmal aufstand und nachsah,
War es dem Haar einer weisen Frau gleich, weißlich, und schmutzig.

Als er (wieder) einmal aufstand und nachsah,
War es einer auf den Schießplatz gehenden Jungfrau gleich, grünlich, und schmutzig.

Als er (wieder) einmal aufstand und nachsah,
Sah es aus wie ein *bla ma,* der zur Religionsübung geht, gelb und gesprenkelt.

Als er (wieder) einmal aufstand und nachsah,
Sah es aus wie ein Schwanz eines grauen, alten Hundes, grau und auseinandergehend und schräg.

Wurde es geschnitten oder nicht?
Ja, es wurde von hundert die Sichel führenden Leuten geschnitten.

Wurde es gedroschen oder nicht?
Ja, es wurde von dem (wilden Yak) *'brong byung rgod po* gedroschen.

Wurde es geworfelt oder nicht?
Ja, es wurde vom Wind, dem Erzeuger der Kühle, geworfelt.

Wurde das Getreide fortgetragen oder nicht?
Ja, es wurde von dem weiblichen *mdzo* mit dem krummen Horn befördert.
Dann kam es vor der Tür der Mutter Bierwirtin an.

Wurde Bier (daraus) gekocht oder nicht?
Ja, es wurden drei den drei Bergbrüdern gleiche Herdsteine aufgestellt.
Darauf wurde ein der rötlichen Erde gleicher Kupferkessel gesetzt.
In diesen wurde eine dem Manosarowarsee gleiche Flut geschüttet.

Dann wurde ein den Korallenfunken gleiches Feuer angeblasen
Und ein einem Sandelholzblock ähnliches Holz aufgelegt.

Körner von weißer und grüner Gerste wurden eingeschüttet,
Und das Bier kochte mit Donnergepolter.
Dann wurde das Bier(korn) auf das viereckige Seihtuch geschüttet,
Und den Plejadensternen gleiche Hefe dazugefügt.
Darauf wurde alles in ein buntes Säckchen gefüllt,
Und bis zum nächsten Tag durfte das gärende Getreide schlafen.
Dann wurde es in den roten, kleinen Tonkrug gefüllt
Und Wasser, so kalt wie Gletscherwasser daraufgegossen.
Nun wurde es in den Bierkrug mit dem Schlangenkopfausguß gefüllt[457].

Im Kapitel über den kosmologischen Baum war von einem von einem See umgebenen Feld die Rede, auf dem ein Baum wächst, auf dessen Ästen – ihre Zahl variiert je nach Lied zwischen vier und sieben – je ein Vogel sitzt. Das obige Lied kann ohne weiteres als Fortsetzung dieser Weltentstehungsgeschichte angesehen werden, denn es ist naheliegend, daß die im Lied erwähnten sieben Vögel, welche den Menschen schließlich die sieben Getreidearten bringen, identisch sind mit den auf dem kosmologischen Baum sitzenden Vögeln, die nach zwei Hochzeitsliedern auch Stammtiere der Menschen sind[458].

457 Da es sich hierbei um ein Hochzeitslied handelt, folgen noch folgende Zeilen:
Schwachen Leuten wird dieses Bier nicht angeboten.
Aber Brautkäufern *(nyo pa),* den sieben Brüdern, wird dieses Bier angeboten.
Wir wollen den Herrscher bitten, die Ernte zu schützen.

458 Siehe Franckes Hochzeitslieder 39 und 58.

In alten Zeiten wurden während des *shrub lha* zu Opferzwecken Schafe getötet. Da dies in abgelegenen Gebieten, beispielsweise im Markhatal, noch heute geschehen soll, ich aber nicht die Gelegenheit hatte, einem solchen Opfer beizuwohnen, gebe ich im folgenden eine alte Schilderung von Asboe wieder[459]:

Am Ende des *shrub lha*-Festes führen drei Männer ein Schaf zu einem Bach. Dort baden sie sich selbst, tauchen auch das Schaf ins Wasser und gehen darauf zu einem „örtlichen" *lha tho* – gemeint ist damit wohl der *lha tho* des Dorfgottes *(yul lha)* –, an dem Getreidegarben, farbige Tücher, Weidenäste und ein Yakschwanz befestigt werden. Durch Lose wird bestimmt, welcher der Männer das Tier zu schlachten hat. Der ausgeloste Mann schneidet die Brust des Schafs auf, entnimmt ihm das Herz und legt dieses auf den Göttersitz *(lha tho)*. Darauf wird das Schaf gehäutet, zerteilt und an die Anwesenden verteilt, die es über einem Feuer rösten und essen. Nachdem sie sich an in tönernen Gefäßen bereitstehendem Bier gelabt haben, gehen alle Männer zu einem Teich, um sich dort gründlich zu waschen.

Nicht nur anläßlich des *shrub lha*, sondern auch bei anderer Gelegenheit, so beim Neuschmücken der *lha tho*, wurden vor den Göttersitzen Ziegen geopfert[450], ein Brauch, der vor noch nicht so langer Zeit aufgegeben wurde, unter Umständen aber in abgelegenen Gebieten noch praktiziert wird[461].

Sogar der Klerus verwendete früher in bestimmten Zeremonien Ziegen. So wohnte Prinz Peter im Jahre 1938 einem von *bKa rgyud pa*-Mönchen zelebrierten Ritus bei, der *ra zor* genannt wurde und in dem das Rückgrat und die Innereien einer für die Zeremonie geschlachteten Ziege geopfert wurden.

Das Aufgeben der Tieropfer im Verlaufe der letzten paar Jahrzehnte ist in erster Linie auf das Wirken der „Buddhist Association" und ihres langjährigen Vorsitzenden *Kushok Bakula* zurückzuführen. Die „Buddhist Association" hob immer wieder hervor, das Töten zu Festzwecken widerspreche eindeutig dem buddhistischen Grundsatz des Nichttötens von Lebewesen. Mit der Forderung, sich auf dieses wesentliche buddhistische Gebot zu besinnen, scheint die buddhistische Vereinigung einigen Erfolg zu haben. Sogar in den entfernten von *'brog pa* bewohnten Dörfern Dah und Hanu kommt man – wie offen zugegeben wird – des verstärkten Einflusses buddhistischer Mönche wegen immer mehr davon ab, Tiere zu Opferzwecken zu töten. Früher wurden in Dah der Dorfgöttin Ziegen dargereicht[462], ein Brauch, der nicht mehr befolgt wird, ja anscheinend gar nicht mehr bekannt ist. Tieropfer sind in Dah aber noch nicht gänzlich aufgegeben worden, denn am Ende des alten Jahres, am 29. X., werden dort noch heute drei Ziegen getötet. Wahrscheinlich werden in anderen abgelegenen Gebieten Ladakhs Tieropfer noch teilweise praktiziert.

Mögliche Überreste alter Tieropfer finden sich hier und da. So opfern die Schmiede von Saspol und Umgebung in der Neujahrszeit dem eigenen *pha spun*-Gott *(pha lha)* das rechte Vorderbein eines Schafes oder einer Ziege. Ebenfalls in der Neujahrszeit erhalten die Schmiede von einigen Familien den Kopf einer Ziege, die absichtlich für dieses Fest, aber anscheinend nicht mehr zu Opferzwecken getötet wird. Es sei hier auch an *a pi* und *me me*, Großmutter und Großvater, von Chuschod und ähnliche Personen in anderen Orten erinnert[463], denen zu Neujahr jede Familie einen Ziegenkopf überreicht.

Als Ersatz für die heute mehr oder weniger verpönten blutigen Opfer verwendet man nun aus Teig

459 Asboe 1938: 386, 388.
460 Francke 1923: 27, 29.
461 Asboe berichtet auch von alljährlichen Schafopfern in Kyelang und Chugtra und einem alle drei Jahre stattfindenden Yakopfer in Yanaped. Asboe 1936 (3): 75.
462 Shaw 1878: 30.
463 Siehe Kapitel „Die beiden Alten".

oder Butter gebildete Nachbildungen von Ziegen und Schafen. Es ist wahrscheinlich, daß die zu Neujahr, bei einer Hochzeit, und manchmal bei einer Geburt gefertigten Teigfigürchen von Steinböcken *(skyin)* auch Überreste von früheren Tierschlachtungen oder zeremoniellen Jagden sind. Diese mußten von den Durchführenden nicht unbedingt als Opfer an die Götter aufgefaßt werden, sondern besaßen unter Umständen fruchtbarkeitsmagische Bedeutung: Das rituelle Töten sollte einen großen Tierbestand herbeiführen[464].

Es gibt mehrere Hinweise darauf, daß in Westtibet nicht nur Tier-, sondern einst auch Menschenopfer dargereicht wurden. So fand Francke in der Nähe von Poo, oberhalb von Kalagtrung, einen Ort mit dem Namen „der alte Platz des *Shar rgan*-Festes". Anläßlich dieses Festes soll, so hörte Francke, jedes Jahr ein achtjähriges Kind geopfert worden sein. Francke traf alte Dorfleute, die ihm berichteten, ihre eigenen Großeltern wären, als sie noch jung waren, Zeugen solcher Menschenopfer gewesen[465].

Francke erwähnt ferner eine Geschichte, die besagt, wie man in Kyelang (Lahul) von der alljährlichen Opferung eines Mannes an den „Erntegott" abkam. Nach dieser Legende wurde das Ablassen von Menschenopfern durch eine Witwe und durch einen umherwandernden Einsiedler bewirkt, was andeutet, daß der Buddhismus (dargestellt durch den Einsiedler) zumindest mitschuldig war an der Verdrängung der Menschenopfer. Seit dieser Abkehr vom Menschenopfer muß – so Francke – der für die Ernte zuständige Gott durch Ziegenopfer befriedigt werden[466]. In einer noch heute in Oberladakh bekannten Legende wird von der Opferung eines Knabenherzen berichtet, das in alten Zeiten von Schmieden aus der Umgebung von Sakti dem *pha lha* dargereicht wurde. Weil eine alte Frau intervenierte – hier ist eine gewisse Parallele zu der oben genannten Geschichte aus Kyelang zu sehen –, opferte man hierauf nur noch ein Hirschherz, und später ging man dazu über, ein Ziegenherz darzureichen, was heute auch nicht mehr erlaubt sei. Diese Legende ist aus zwei Gründen interessant. Einmal, weil in ihr auch der Übergang vom Menschen- zum Tieropfer beschrieben wird und zum zweiten, weil ganz deutlich wird, worum es bei diesen westtibetischen Opfern von Lebewesen letztendlich geht: um die Opferung eines Herzens[467]. Dies geschieht dadurch, daß man dem Opfertier die Brust aufschlitzt, dem noch lebenden Tier das Herz herausreißt und dieses der betreffenden Gottheit anbietet.

Dreschen

Das religiöse Brauchtum um das Dreschen variiert wie dasjenige um alle übrigen landwirtschaftlichen Tätigkeiten sehr stark von Gegend zu Gegend. Richtigerweise müßte das gedroschene Getreide – Gerste und Weizen selbstverständlich getrennt – allabendlich zu einem oben abgeplatteten Haufen (*'ongs* genannt) aufgeschichtet werden. Auf die obere freie Fläche, in die manchmal eine Swastika eingezeichnet wird, stellt beziehungsweise legt man je nach Ort und Familie verschiedene Dinge, die „*'ongs*-Beschützer" *('ongs srung)* genannt werden: Einen Teller, auf dem einige sogenannte Glückssäcke *(gyang sgyig)*[468] und einige Getreidegarben liegen und eine Buddhastatue oder ein Heiligenbildchen steht. Um den Haufen legen

464 Siehe hierzu Müller 1973: 202. Siehe auch Francke 1905 (3). Im dritten der dort abgedruckten Lieder wird eine Steinbockjagd beschrieben. Nachdem das Fleisch der erjagten Tiere verteilt worden ist, heißt es zum Abschluß: „Nun, oh Onkel, haben wir Glück und Überfluß erlangt".

465 Francke 1914 (2): 20–22.

466 Francke 1977: 178. Auch für eine andere Gegend in Lahul, nämlich Manchat, sind Menschenopfer belegt, wie Francke an der gleichen Stelle schreibt.

467 Das Herz gilt als Sitz des Lebens.

468 Solche Glückssäcke können in der bereits erwähnten *gyang 'gugs*-Zeremonie hergestellt werden.

die Leute ein paar leere Säcke, richtigerweise sollten es vier sein – in jeder Himmelsrichtung einer[469]. Das ganze Gebilde erinnert an eine Nachbildung des Kosmos, wie sich der Ladakhi ihn vorstellt: Im Zentrum der Welt der Weltenberg Meru (Getreidehaufen), über dem die Götter thronen (Heiligenbildchen, Statue usw.), in den vier Himmelsrichtungen die vier Hauptkontinente (Säcke).

Bevor man das Getreide in Säcke abfüllt, wird der folgende gebetsähnliche Text aufgesagt:

Wir sammeln die Ernte, wir sammeln den Frieden,
Wir sammeln Glück und Gutes, wir sammeln Reichtum und Ernte.
Möge es von rechts kommen, möge es von links kommen.
Möge es nicht wanken, möge es nicht zerstreut werden.

In diesen Tagen erscheinen die Falkensterne *(skar ma khra)*
Und die Gruppe von sechs Sternen *(smin drug)*[470] am ozeangleichen Himmel.
Sie geben uns größere Ernte.
Möge es mehr Ernte geben, oh himmlischer Gott.
Wir beten zu den Bodenherren *(gzhi bdag)*,
Wir beten zu Bodhisattva *Arya Dzam bha la*,
Wir beten zur Göttin *Nor rgyun ma*.
Eine Ernte gleich wie der weiße Kailash möge uns gegeben werden.
Eine Ernte gleich wie der Manosarowarsee möge uns gegeben werden.
Eine Ernte gleich wie der gelbe Berg Meru möge uns gegeben werden.
Oh, Euer Gnaden allen Reichtums, *Arya Dzam bha la* und Göttin *Nor rgyun ma*.
Die Ernte wurde von den oben fliegenden Vögeln gegessen,
Die Ernte wurde von den unten sich bewegenden Insekten gegessen.
Dazwischen wurde sie von den menschlichen Wesen gegessen.
Der Hirte aß sie, der Bauer aß sie.
Möge über diesen Platz ein Regenfall von Getreide fallen!
sug bong, sug bong . . .

Nach dem Aufsagen dieses Textes werden die Säcke mit den Getreidekörnern gefüllt und im Vorratsraum, in dem man zuvor etwas Bier und Butter opferte, aufgeschichtet.

469 Eine Beschreibung und Zeichnung dieses Getreidehaufens findet sich in Asboe 1938: 387 und 389.
470 = Plejaden.

(Fotos zum Kapitel Neujahrszeit: Fortsetzung)

70 Als Musikinstrumente für die religiösen Tänze dienen Trommeln, Zimbeln (Foto Jana Koldrt, Opfikon) . . .

71 . . . sowie lange und kurze Trompeten.

72 Sequenz aus dem *'cham* des Phyiang-Klosters: Am Ende des zweiten Tages werden die während der Festlichkeiten verwendeten *gtor ma* im Klosterhof aufgestellt, von wo sie nach einer kurzen Zeremonie (siehe Bild) zu einem Platz neben dem Kloster getragen werden, wo man sie verbrennt.

73 Der Stier *(glang thug)*, der wie der Hirsch als Helfer des Totengottes Yama gilt, im *'cham* von Thiktse.

74 Eine zornvolle Gottheit im *'cham* von Thiktse, eingehüllt vom Rauch des Feuers, in dem das Übel verbrannt wird.

75 In den religiösen Tänzen geht es stets um eine Läuterung oder Zerstörung des Übels, das heißt der gegen die buddhistische Lehre agierenden Kräfte. So wird im Phyiang-*'cham* mit mehreren Waffen . . .

76 . . . der Inbegriff des Schlechten, eine aus Teig gefertigte Figur, symbolisch getötet.

77 Ende des *'cham* im Thiktse-Kloster: Verbrennung der *gtor ma*, die während der Feierlichkeiten dazu dienten, das Schlechte abzuhalten und unter Kontrolle zu bringen.

78 Der Schutzgott des Phyiang-Klosters, *A phyi*, in der Rechten einen Spiegel, in der Linken eine mit Juwelen gefüllte Schale haltend, Phyiang-*'cham*.

FOTOS ZUM KAPITEL AGRARFESTE

79 Am Tag der ersten Ähren *(shrub lha)* werden in jedem Haushalt am Balken oberhalb des Küchenpfeilers einige Ähren aufgehängt, wohl ein Opfer an die Gottheit, die in jenem Balken ihren Sitz hat.

80 Allabendlich wird das gedroschene Getreide zu einem Haufen aufgeschichtet, auf den ein Teller mit einem Heiligenbildchen zu liegen kommt. (Foto Ferry Erdmann, Amsterdam).

81 In einigen Dörfern in Nubra, Zangskar und Unterladakh, (das Bild wurde in Mulbeg aufgenommen), wird in der Zeit des *shrub lha* ein Blumenfest gefeiert. Mädchen und Knaben, die mit Blumen geschmückte Stäbe tragen, führen dabei komplizierte Reigen auf. (Foto Hans Dreyseitel, Schlieren).

82 Erntefest in der Nähe von Bodh Karbu, an dem die gesamte Bevölkerung des Dorfes teilnimmt. (Foto Hans Dreyseitel, Schlieren).

83 Ein Erbe der Darden: Polo, das in Ladakh hauptsächlich in den Sommermonaten gespielt wird.

84 Klerikaler Ritus mit stark volksreligiösem Charakter: Weihung von Gläubigen durch einen hochstehenden Mönch.

85 Nonnen anläßlich einer Weihezeremonie.

86 Eine der bekanntesten religiösen Persönlichkeiten von Ladakh, Kushok Bakula, bei einer Weihezeremonie im Hof des Palastes von Stog.

70

71

72

73

75

76

77

79

80

81

82

83

84

85

86

4. Teil: Das Orakelwesen

Der Ladakhi unterscheidet zwei Arten von Orakeln: Volksorakel und Hausorakel *(khyim lha)*. Erstere üben ihre Funktion nur an einigen wenigen Tagen eines Jahres anläßlich religiöser Festspiele in Klöstern aus, weshalb ich sie im folgenden manchmal auch Klosterorakel nennen werde. Ihre Tätigkeit beschränkt sich auf Prophezeiungen, kurze Belehrungen und meist spektakuläre Vorführungen ihrer Übermenschlichkeit. Allgemein werden sie als höherstehend und wirksamer als die Hausorakel angesehen, die aber auch ausgesprochen populär sind. Neben Prophezeiungen und Belehrungen kommen bei den Hausorakeln als weitere mögliche Tätigkeiten hinzu: Reinwaschungen mit heiligem Wasser und Heilungen von Tier und Mensch. Diese zuletzt genannte Fähigkeit ist sicher ein Hauptgrund für die Popularität der Hausorakel. Zudem – dies ein weiterer Grund für ihre Beliebtheit – können sie im Gegensatz zu den Volksorakeln j e d e r z e i t um Hilfe angegangen werden.

Ob wir es mit Volks- oder Hausorakeln zu tun haben, Voraussetzung für das Auftreten eines Orakels ist das Vorhandensein eines sogenannten *lus gyar,* eines Menschen – Mann oder Frau –, der seinen Körper *(lus)* vorübergehend als Sitz eines Gottes oder einer Göttin „ausleiht" *(gyar)*. Sobald eine Gottheit in einen solchen *lus gyar* eindringt, ist der betreffende Mensch völlig verwandelt: Er ist selbst zur Gottheit geworden, was sich deutlich in der veränderten Mimik, Gestik, Sprache und im Inhalt seiner Aussagen widerspiegelt. Vom Moment des Eindringens der Gottheit in einen Menschen an wird dieser nicht mehr *lus gyar* genannt, sondern *lha* (Gott), *lha pa* (Gottmensch) oder *ye shes pa,* Mensch von höchster, das heißt göttlicher Weisheit.

Im ersten Teil dieses Kapitels werde ich die Volksorakel Oberladakhs beschreiben und versuchen, die typischen Merkmale dieser Orakelart herauszuarbeiten. Im zweiten Teil wenden wir uns den Hausorakeln zu. Dabei werde ich ein Hauptgewicht auf die Nacherzählung der Lebensgeschichten einiger *khyim lha* legen, da aus ihnen die Art der Berufung und Initiation, die bei den Volksorakeln nur eine nebensächliche Rolle spielen, ersehen werden kann.

VOLKSORAKEL

Als berühmteste Volksorakel Ladakhs gelten die Orakelpaare von Stog, Mato und Gya, welche als „sechs Brüder" gelten. Gemäß Volksglauben weiß jeder der sechs jeweils genau, was einer seiner Brüder zuvor prophezeite. So soll es vorgekommen sein, daß ein von der Antwort des einen Orakels unbefriedigter Fragesteller mit derselben Frage zu einem anderen der „sechs Brüder" ging. Dieser jedoch weigerte sich jeweils zu antworten, mit der Begründung, sein Bruder habe dieselbe Frage bereits beantwortet.

Von den sechs berühmten Volksorakeln konnten wir vier beobachten und befragen, nämlich die Orakel von Stog und Mato. Im Thiktse-Kloster und im She-Kloster treten weniger bekannte Orakel auf, die nachfolgend ebenfalls beschrieben werden.

Grundsätzlich ist jede der etwa 160 Familien von Stog verpflichtet, turnusgemäß, das heißt, wenn die Reihe an sie kommt, einen Mann für das Orakelamt zur Verfügung zu stellen. In der Praxis ist es jedoch heute so, daß man sich dieser Pflicht entledigen kann, wenn man sich stark genug dagegen wehrt. Verantwortlich für das Finden eines Nachfolgers für ein zurücktretendes Orakel – die Dauer der Amtszeit ist nicht festgelegt, sondern ist allein vom betreffenden *lus gyar* abhängig[471] ist der Vorsteher des Dorfes *(go pa).* Dieser muß meistens seine ganze Überredungskunst anwenden, um einen Mann dazu zu bringen, das nicht einfache Amt eines Orakels zu übernehmen.

Bevor jemand zum ersten Mal Orakel wird[472], geht er zu *Kushok Bakula*, der aufgrund eines Gesprächs und nach Konsultation entsprechender Bücher entscheidet, ob der Betreffende tatsächlich befähigt ist, als Orakel aufzutreten[473].

Von vielen Leuten wird das Orakelsein als schwere Bürde angesehen. Als besonders schwierig und schmerzhaft wird der Eintritt der Gottheit in den eigenen Körper empfunden. Die Stog-*lus gyar* verwenden nach eigenen Angaben keine Hilfsmittel, welche diesen Eintritt erleichtern. Immerhin ist hierzu zu bemerken, daß der Bierkonsum der beiden *lus gyar* vor ihrer Besessenheit beträchtlich ist und bestimmt dazu beiträgt, die großen Strapazen leichter ertragen zu können.

In Stog treten stets zwei Orakel gemeinsam auf. Die Vorbereitungen dieser beiden Orakel sind einfach und dauern nur fünfzehn Tage, nämlich vom 21. XII. bis 5. I.[474]. In dieser Zeit werden die beiden Männer täglich vom *rdo rje*-Meister *(rdo rje slob dpon)*[475] des Stog-Klosters mit heiligem Wasser und einem Spiegel rituell gereinigt (*khrus* genannt). Zu Hause beten die beiden Männer in dieser Vorbereitungszeit mehr als üblich, sie lesen auch – sofern sie dazu imstande sind – religiöse Texte und sagen Mantras auf. Sie müssen sich jedoch nicht zurückziehen oder irgendwelche rituelle Verbote beachten.

Die Stog- *lus gyar* werden insgesamt während vier Tagen, vom 7. I. bis 10. I. besessen, und zwar an jedem Tag vom gleichen Gott, *Ser rang* genannt. Dieser manifestiert sich in zwei Formen, von denen die eine mit dem Königspalast, die andere mit dem Kloster in Beziehung steht und in je einem der beiden Orakel erscheint. Im Grunde genommen handelt es sich aber – dies wurde mehrmals betont – bei beiden Manifestationen um dieselbe Gottheit, was sich beispielsweise darin zeige, daß die beiden Orakel stets dasselbe tun. Die in die *lus gyar* eindringende Gottheit ist identisch mit dem Dorfgott *(yul lha)* und hat ihren Sitz in einem weit oben im Stogtal stehenden *lha tho*.

Für jeden *lus gyar* werden am sechsten Tag des ersten Monats vor dem Besessenwerden auf einem Tischchen je zwei Behälter hingestellt. Die eine Schale wird mit *rtsam pa* gefüllt, in das ein Wacholderzweig gesteckt wird, in den anderen Behälter tut man *rtsam pa*, das mit Bier vermischt wurde. Es sind dies Opfergaben an die Orakelgottheit, von der die beiden *lus gyar* am nächsten Tag, nach dem Aufsagen einiger Texte und Gebete, zum ersten Mal besessen werden. Diese Besessenheit dauert bis zum Abend. Nach dem Entweichen des Gottes fühlen sich die *lus gyar* sehr müde und können sich an nichts mehr erinnern, wie mir die zwei gegenwärtigen Orakel berichteten[476].

Am achten Tag des ersten Monats dringt die Gottheit wiederum in die beiden Männer, wenn diese

471 Sie variiert zwischen einem Jahr und etwa sieben Jahren, beträgt jedoch im Durchschnitt etwa vier Jahre.

472 Derselbe Mann kann, sofern er dies wünscht, mehrmals in seinem Leben Orakel sein.

473 Nach einem meiner Informanten entscheidet das Mato-Orakel über die Fähigkeiten eines Orakelanwärters.

474 Bevor jemand zum ersten Mal besessen wird, beträgt die Vorbereitungszeit 30 Tage.

475 Siehe Anm. 488.

476 Das sind Tsering Norbu aus der Guru-Familie (im Jahre 1977 bereits seit etwa sieben Jahren im Amt) und Dorje Wangchuk aus der Basgo-Familie.

zum *lha tho* ihres Gottes gehen, um dort Gebetsfähnchen und Wacholderzweige einzustecken und dem Gott Bier und Räucherwerk zu opfern[477].

Am neunten und zehnten Tag des ersten Monats findet das Stog-*lcags rangs* statt (auch Stog-*gu ru tshes bcu* genannt), das durch religiöse Tänze *('cham)* und öffentliches Auftreten der Orakel gefeiert wird. Am ersten Tag dieses Festes tragen die beiden Orakel eine sackförmige, rote Kopfbedeckung, *btsan zhwa* genannt, die auf der Vorderseite mit drei Augen versehen ist und von einer mit fünf kleinen metallenen Totenköpfen verzierten Spange eingefaßt wird[478]. Die Orakel tragen zudem je einen Brokatmantel, -kragen und -schürze, jedoch keine Schuhe.

In ihrem Zustand der Besessenheit rennen die beiden *ye shes pa* im und auf dem Kloster hin und her, gehen über tiefabfallende Brüstungen und gleiten ab und zu mit ihren zuvor an Mauern gewetzten Schwertern über ihre Zunge[479] oder rufen eine Weissagung aus. Gläubige bemühen sich darum, am Kleid eines Orakels eine Glücksschleife zu befestigen und eine persönliche Frage an die *ye shes pa* zu stellen, einige halten den Orakeln Biergefäße hin, die das Bier als Opfer an andere Götter in die Tiefe schütten. Von Zeit zu Zeit mischen sich die beiden *ye shes pa* unter die im Klosterhof tanzenden Mönche, ohne jedoch richtig am *'cham* teilzunehmen. Schließlich rennen sie, nachdem sie die im Klosterhof stehenden und ehrfurchtsvoll sich verneigenden Leute gesegnet haben – einige werden auch mit der flachen Schwertklinge geschlagen, was als besonders ehrenvoll gilt –, ins Kloster zurück, wo die Gottheit aus ihnen entweicht.

Am darauffolgenden Tag, dem zweiten Tag des Stog-*lcags rangs*, begeben sich die beiden *lus gyar* in einen etwa zwei Kilometer vom Kloster *(Gur phub dgon pa)* entfernten kleinen Tempel, wo sie, nachdem sie sich völlig ausgezogen haben, nur mit hellen Hosen, einer Schürze und einem Kragen bekleidet werden.

Vor dem Tempel machen die Orakel einige unbestimmte Aussagen wie „Mögen wir wieder und wieder zusammenkommen" und reichen den *bla ma*, Buddha, der Lehre und der Mönchsgemeinschaft ein Bieropfer dar, um darauf zum Kloster zu rennen. Dort zieht sich der eine, mit dem Königspalast in Beziehung stehende, *ye shes pa* eine schwarze, der andere, mit dem Kloster verbundene, eine rote Perücke an[480]. Daran schließt sich ein Besuch verschiedener Räumlichkeiten im Kloster und ein Hin- und -Her-Rennen auf den Klosterbrüstungen an, wie dies bereits am Tag zuvor geschah. Schließlich begeben sich die *ye shes pa* und die Gläubigen zu einem freien Platz neben dem Kloster, wo ein *tshogs* (ein hauptsächlich aus Mehl bestehender Opferhaufen) und ein großer Krug voll Bier *(tshogs chang)* stehen, eine Speise und ein Getränk, die zuvor den Göttern angeboten wurden und nun im Verlaufe einer abschließenden Zeremonie, einer Art Kommunion, den Gläubigen verteilt werden. Zuvor vollführen die beiden Orakel einen wilden Tanz um die heilige Speise und das Bier und sagen in einigen wenigen Sätzen die Zukunft voraus, wozu das eine Orakel von einigen Leuten in die Höhe gehalten wird. Mit einer Segnung der Anwesenden und dem Rückzug der Orakel ins Kloster, wo die Gottheit aus ihnen entweicht, findet der Auftritt der Stog-Orakel sein Ende. Während der darauf folgenden *gtor ma*-Verbrennung mischen sich die beiden von der Gottheit verlassenen *lus gyar* und ihre Helfer mit der oben erwähnten, mit *rtsam pa* gefüllten Schale unter das Publikum und versuchen dabei, den Leuten etwas Mehl zu geben oder ihnen

477 Es handelt sich hierbei nicht um das Neuschmücken des *lha tho*, das am 10. VII. durch die Dorfbevölkerung vollzogen wird. Zu diesem Zeitpunkt sollen die beiden *lus gyar* „ein komisches Gefühl" im Körper verspüren, ohne von der Gottheit besessen zu werden.

478 Eine ganz ähnliche Kopfbedeckung besitzt das National Museum, Kopenhagen, Cat. No. R 306a. Siehe Prinz Peter 1961: 7. Siehe auch Haas 1978: Abb. 103, 105, 106 und 107.

479 Das Sichschneiden bedeute, daß Unglück kommen werde, oder daß die Leute nicht an die Macht der Orakel glaubten.

480 Wenn die beiden bereits am Tag zuvor, am 9. I., die Perücken anziehen, gilt dies als schlechtes Zeichen, als Omen für ein Unglück wie schlechte Ernte, Krieg oder Seuche. Gute Fotos der beiden Orakel finden sich in Haas 1978: Abb. 108 und 109.

dieses ins Gesicht zu schmieren. Gelingt es ihnen, müssen die Betreffenden den *ye shes pa* beziehungsweise deren Helfern, etwas bezahlen.

Der eigentliche Lohn für jeden *lus gyar* besteht aus 12 *khal*[481] Gerstenkörnern, welche am 11. I. durch vier Männer von allen Haushalten von Stog eingesammelt werden. Früher erhielt jeder *lus gyar* nur sieben, später zehn *khal* Gerste. Die Erhöhung der Entlohnung ist darauf zurückzuführen, daß frühere *lus gyar* der starken Belastung wegen jeweils auf einer höheren Entlohnung ihres Amtes bestanden. Ein weiterer Teil der am gleichen Tag eingesammelten Gerste wird für eine Zeremonie verwendet, die am 14. und 15. I. im Stog-Kloster stattfindet und an der alle Haushalte von Stog teilnehmen. Die nach dieser Zeremonie übriggebliebene Gerste können die vier für das Einsammeln des Getreides verantwortlichen Männer – jedes Jahr sind es andere – behalten[482].

Die Mato-Orakel

Über die geschichtlichen Hintergründe der Mato-Orakel besteht folgende Legende:

In der Zeit des Heiligen Padmasambhava lebten in Tibet zahlreiche Götter und Geister. Auch in Khams, an einem Ort, der *Kha ba dkar po* genannt wurde, existierte ein solches numinoses Wesen, das *Rong btsan* hieß. Dieses hauste sehr einsam und isoliert in dichten Wäldern in hügeliger Landschaft[483].

Einst ging der *Sa skya*-Mönch *Drung pa rdo rje,* der als Gründer des Mato-Klosters gilt, in jene Gegend von Khams, um den besagten *Rong btsan* nach Mato zu bringen. Dies gelang ihm, doch war das nach Ladakh verpflanzte Wesen über seine neue Umgebung unzufrieden, da es hier seine geliebten Heimatwälder sehr vermißte. Schließlich erklärte es sich jedoch einverstanden, in einiger Entfernung vom Kloster zu wohnen, in den Bergen, wo Bäume wachsen wie im Heimatland Khams. Dort wurde ihm ein eigener Sitz *(lha tho)* errichtet, und der Gott wurde dazu verpflichtet, dort zu verweilen. Seit diesem Ereignis pflegt der dort wohnende Gott alljährlich zu einer bestimmten Zeit in zwei Männer einzudringen. In alten Zeiten geschah dies jeweils vom siebten bis fünfzehnten Tag des ersten tibetischen Monats, heute nur noch vom zehnten bis fünfzehnten Tag des ersten Monats, angeblich da die Leute nicht mehr genügend an die Macht des Gottes und der Orakel glauben. Waren es früher Laien, von denen der *Rong btsan* Besitz ergriff[484], sind es heutzutage Mönche des Mato-Klosters.

In alten Zeiten hielten die *lus gyar* ihr Amt während zehn bis zwölf Jahren inne, später nur während zwei bis drei Jahren. Kürzlich beschloß jedoch der gegenwärtige Kushok des Mato-Klosters, *Khan Rinpoche Ngawang Stanbe Nima,* auch *Ludin Khen Rinpoche* genannt, die *lus gyar* für die Dauer von jeweils fünf bis sechs Jahren zu wählen. Die Wahl neuer *lus gyar,* die jeweils an einem 15. Tag des zehnten Monats stattfindet, geht folgendermaßen vor sich: Die Namen von drei völlig reinen Mönchen[485] werden im zehnten Monat auf je ein Stück Papier notiert. Während neun Tagen folgen hierauf spezielle Zeremonien *(bskang gso)* für die Schutzgottheiten. Am 15. Tag des zehnten Monats werden von den Mönchen Mehlkügelchen hergestellt, in deren Mitte sich je einer der mit einem Namen beschriebenen Papierfetzen befindet. Durch kreisförmiges Bewegen einer Schale beginnen die hineingelegten Kügelchen zu rotieren.

481 1 *khal* = 13,5 kg.

482 Den Auftritt der Stog-*lha pa* am ersten und zweiten Tag des Stog-*lcags rangs* zeigt ein im Völkerkundemuseum der Universität Zürich archivierter Film (Super 8 mm, Herstellung M. Brauen).

483 Meine Informanten waren sich nicht einig, ob zwei oder nur ein *Rong btsan* in Khams lebten und nach Mato gebracht wurden. Nach *Kushok Bakula* lautet der vollständige Name der Gottheit *Rong btsan kha ba dkar po.*

484 Heber 1976: 205.

485 *dge slong rnam par dag pa.*

Sobald zwei von ihnen herausfallen, werden sie geöffnet, und die auf den darin befindlichen Zetteln aufnotierten Namen bezeichnen die beiden zukünftigen *lus gyar*[486]. Einmal bestimmt, müssen die ausgewählten Mönche für die Dauer eines Jahres[487] in Klausur gehen, wobei die beiden letzten Monate (14. XI. bis 10. I.) als besonders strikte Klausur gelten. Während dieses zurückgezogenen Lebens haben die *lus gyar* ihren Körper ganz rein zu halten, jede Woche zu baden und vom *rdo rje*-Meister *(rdo rje slob dpon)*[488] des Klosters religiöse Waschungen *(khrus)* zu erhalten. Zudem meditieren sie, lesen religiöse Texte und führen in ihren Zellen eine spezielle Zeremonie durch *(gtor dngos)*[489]. Am zehnten Tag des ersten Monats geht die Klausur zu Ende, und in eben diesem Moment dringt der *Rong btsan* zum ersten Mal in die beiden Mönche ein, die sich darauf in verschiedene Tempel begeben und Gläubige empfangen, deren Fragen sie beantworten. Aus den anwesenden Leuten wählen sie – noch immer vom *Rong btsan* besessen – vier Männer aus, deren Aufgabe es ist, nach Skyurbuchan zu gehen, um von dort sieben große Haufen von Wacholderzweigen nach Mato zu bringen. Mit diesen Zweigen wird später der *lha tho* des *Rong btsan* neu geschmückt. Nachdem die beiden *ye shes pa* die vier Männer gesegnet und ihnen *srung mdud* (Amulettfäden oder -stoffstreifen) übergeben haben, entweicht der *Rong btsan* aus ihnen.

Am nächsten Tag, dem 11. X., geschieht in etwa dasselbe: An diesem Tag empfangen die Orakel hohe Mönche und Beamte. Letzteren übergeben sie als Geschenke ihre alten Kleider, welche die Beamten als Glücksbringer behalten. Als Gegengeschenk werden den Orakeln neue Kleider gegeben.

Auch am zwölften und dreizehnten Tag dringt der *Rong btsan* in die beiden *lus gyar,* die für die Beantwortung persönlicher Fragen gewöhnliche Leute empfangen.

Die wichtigsten Auftritte der Orakel finden anläßlich des Mato-*nag rangs,* am 14. und 15. I., statt. Am ersten Tag dieses wichtigen Festes werden morgens im Klosterhof religiöse Tänze aufgeführt. Am Nachmittag gehen diese Tänze weiter, doch spielen sie eine eher nebensächliche Rolle, denn das wichtigste Ereignis, von dem bereits einige Wochen zuvor die Rede ist, ist das Erscheinen des *Rong btsan* in den Körpern der beiden *lus gyar.* In einem Mönch manifestiert er sich in seiner zornvollen, roten Form, im anderen *lus gyar* in seiner weißen, fried- und mitleidvollen Form, weshalb der Gott auch *Rong btsan dkar dmar, Rong btsan* weiß-rot, genannt wird. Bei den beiden besessenen Männern handelt es sich demnach um ein und dieselbe Gottheit in ihren beiden Aspekten, dem friedvollen und dem zornvollen[490].

Die beiden Manifestationen des *Rong btsan* wurden mir gegenüber von den beiden gegenwärtigen *lus gyar* folgendermaßen beschrieben: Die eine Manifestation, *Lha btsan* genannt, ist von weißer Farbe, hat zwei Arme und einen Kopf mit einem dritten Auge, dem Weisheitsauge. Über einem weißen Kleid *(ber dkar)* trägt der Gott eine Rüstung, auf dem Kopf einen Lederhelm *(bse rmog),* an dem weiße Stoffstücke befestigt sind. In der rechten Hand hat er einen weißen Speer, den er in die Höhe hält und mit dem er gegen das Lebenszentrum der negativen Wesen zielt. Das aus ihnen fließende Blut bildet eine Lache, die vom Gott aufgetrunken wird. Mit der linken Hand hält er einen mit verschiedenfarbigen Tüchern behängten Pfeil. Sein Reittier ist ein weißes, geschmücktes Pferd.

Auf seiner linken Seite ist die zweite Manifestation, der zornvolle *Zag btsan,* von roter Farbe, der ebenfalls ein Gesicht mit drei Augen besitzt. Sein Mund ist weit geöffnet, so daß man seine Zähne sieht, und er ruft dabei laut: „schlage, töte!“, was lauter als ein Donner tönt. Er trägt eine Rüstung und ein *'jol*

486 Falls ein Mönch dreimal als Orakelkandidat vorgeschlagen wurde, ohne daß die Wahl auf ihn fiel, kann er sich nie mehr an der Wahl beteiligen.

487 Nach Aussage eines *lus gyar:* neun Monate und zwei Monate sehr strenge Klausur. Mönche, die bereits einmals als Orakel auftraten, müssen nicht mehr so lange in Klausur gehen.

488 Zeremonienmeister beim Gebrauch des Maṇḍala. Er gibt den Adepten die Konsekration. Siehe Tucci 1970: 150.

489 Für jeden Monat Klausur erhalten die beiden *lus gyar* je 50 Rupien.

490 Einige Informanten waren jedoch der Ansicht, in die beiden *lus gyar* würden zwei verschiedene *Rong btsan* eindringen.

ber-Kleid von roter Farbe. Auf dem Kopf trägt er einen Helm aus rotem Stoff. In der rechten Hand hält er einen roten Speer, mit dem er die Leben der negativen Wesen zerstört, in der linken ein Lasso, mit dem er die Nacken der negativen Kräfte umwickelt und diese wegschleppt. Er sitzt auf einem starken, roten Pferd, das in einem einzigen Augenblick um die drei großen Welten gehen kann. Umgeben ist *Zag btsan* von Göttern und vielen *btsan.*

Wie in Stog steht die eine Manifestation des Orakelgottes mit dem König von Mato *(rgyal po'i lha),* die andere mit den Mönchen *(bla ma'i lha)* in Beziehung.

Auf den Eintritt des Gottes müssen sich die *lus gyar* genau vorbereiten, indem sie sich in den Raum der Schutzgottheiten *(mgon khang)* begeben, wo sie eine religiöse Waschung *(khrus)* erhalten, und in einem anderen Raum einen längeren Text[491] lesen und meditieren. Dabei geht es darum, mit vom Herzen ausgehenden Strahlen den weißen und roten *Rong btsan* und ihre Begleiter herbeizubringen. Sie sollen kommen, um die Lehre Buddhas und diejenigen, die sie verbreiten, zu beschützen und zu erhalten, um die Wünsche und Absichten derjenigen zu erfüllen, welche die Anrufung durchführen, um Glück in die Welt zu bringen, die Hindernisse zu vertreiben, diejenigen zu bekämpfen, welche die Lehre Buddhas zerstören wollen, welche die Meditierenden stören, welche stehlen, Schwierigkeiten kreieren, indem sie das Bewußtsein dieser Störenfriede in *dharmadhatû*[492] verwandeln. Dafür sollen sich die beiden Manifestationen des *Rong btsan* nicht Jahre Zeit nehmen, sondern sie sollen dies alles in einigen Tagen erledigen. Als Gegenleistung werden *Rong btsan dkar dmar* in Gedanken und zum Teil in Wirklichkeit viele Opfer dargereicht: Blutopfer wie ein Ozeanstrudel, bergähnliche Speisehaufen, wolkengleicher Duft von Räucherwerk, Fleisch und Fett, die fünf Sinne, Lampen, Knochen, Pferde, Hunde, Yaks, Schafe, Falken, Eulen, Tiger, Leoparden, Bären, Affen und weitere Tiere, abgeschlagene Menschenköpfe, die acht Glückszeichen, die sieben ehrenvollen Zeichen, Getreide, Tee, Waffen wie Messer, Schilde, Pfeile, Lassos und Schwerter, Musikinstrumente wie Knochentrompeten, Zimbeln usw.

An diesem Tag tragen b e i d e Orakel – entgegen der obigen Beschreibung – eine sackförmige, rote Kopfbedeckung, die auf der Vorderseite mit drei Augen versehen ist und von einem mit fünf Totenköpfen verzierten Silberring eingefaßt wird. Wesentliche Requisiten jedes Orakels sind ein Speer und ein Schwert[493], zudem eine Art Zange aus Eisen, die hinten am Kreuz, und ein *phur bu*[494], der vorne am Bauch befestigt wird. Beide Objekte, in erster Linie die Eisenzange, sollen das – übrigens schmerzvolle – Eindringen der Gottheit erleichtern, ja erst ermöglichen. Angeblich brachte *Drung pa rdo rje* die Eisenzange von Khams nach Mato, doch war nichts Genaueres über dieses seltsame Hilfsmittel zu erfahren.

Einmal besessen, rennen die beiden Orakel im und auf dem Kloster umher. Ab und zu mischen sie sich unter die im Klosterhof tanzenden Mönche, dann wiederum begeben sie sich in verschiedene Räume, wo sie die Anwesenden segnen und deren persönliche Fragen beantworten. Von Zeit zu Zeit wetzt ein Orakel sein Schwert an einer Mauer und fährt unter großer Anteilnahme der Zuschauer mit der Waffe über seine Zunge oder über seinen linken Arm, doch stets so, daß kein Blut fließt und keine Wunde sichtbar wird.

Erscheint eines der Orakel in einem bestimmten Moment mit roten Haaren, gilt dies als Zeichen dafür, daß im kommenden Jahr ein Unglück passieren wird, dessen Ursache im Nichtbefolgen einer Pflicht durch die Dorfbevölkerung liegt[495].

491 *bstan srung rong btsan rnam gnyis la gtor bsngo 'bul tshul bzhugs so.*
492 „Die jede Qualifizierung überschreitende Leerheit . . .“. Tucci 1970: 92.
493 Ich konnte keinen Pfeil und kein Lasso erkennen, obschon die *lus gyar* sagten, dies seien auch Embleme des *Rong btsan.* (Siehe oben).
494 Ritualdolch.
495 Ähnliches wird, wie bereits erwähnt, auch über die Stog-Orakel gesagt.

Wie in Stog versuchen einige Helfer, die den Orakeln stets folgen, diese davon abzuhalten, sich selbst zu verletzen, doch haben sie dabei wenig Erfolg. Im Gegenteil, die Orakel erzürnen jedes Mal über die Bemühungen der Helfer und nehmen ihnen gegenüber eine drohende Haltung ein. Als eine besondere Gnade gilt es, wenn ein Orakel seinen Fuß auf den Kopf eines Gläubigen hält, mit dem Schwert oder Speer auf den Rücken von Zuschauern schlägt oder vom Klosterdach aus Bier in den Hof hinunterwirft, das die Gläubigen aufzufangen versuchen.

Am Ende dieses turbulenten Hin und Her, das weniger mit Orakeln als mit der Zurschaustellung der angeblich göttlichen Kräfte zu tun hat, zerschneiden beide *ye shes pa* rote Bänder, die den Gläubigen als Amulette abgegeben werden. Hierauf wird jedes Orakel nacheinander von dem am Rücken befestigten Eisenkreuz befreit, was zur Folge hat, daß der betreffende *ye shes pa* zuerst auf die Trommel der *mon* springt und danach steif wie ein Brett wird und in diesem Zustand vom Klosterhof weggetragen wird.

Am zweiten Tag des Mato-*nag rangs* (15. I.) erscheinen die beiden Orakel in völlig anderer Aufmachung, da der *Rong btsan* nun in der Form des weniger zornvollen *mGon po* in die schwarzbemalten *lus gyar* eindringt. Das Bemalen und Ankleiden der Orakel ist rituell geregelt: Als erstes haben sich die beiden Mönche gründlich zu waschen, um darauf auf zwei Sitzen in der Mitte eines speziell für diesen Anlaß dienenden Raumes Platz zu nehmen. Die Bemalung erfolgt durch vier Männer, die sich auf ihre Aufgabe genau vorbereiten müssen. Zuerst färben sie die Körper der *lus gyar* mit Ruß schwarz ein, zeichnen auf Brust und Rücken mit Hilfe einer Schablone je einen Kopf des zornvollen *mGon po,* der mit Farbe ausgemalt wird. Der Ladakhi glaubt, die beiden Orakel sähen während ihrer Trance nur durch die Augen dieser aufgemalten Gesichter[496].

Bekleidet sind die Orakel mit einem kurzen Rock aus Tigerfell, mehreren Gürteln – einer aus Knochenteilen, ein anderer aus Schellen – und rötlichen Lederschuhen. Auf dem Kopf tragen sie eine buschige Perücke, an der viele Bänder und eine frische Glücksschleife hängen, die Augen werden mit einer Stoffmaske zugedeckt. Das Tragen dieser Maske soll auf eine ladakhische Königin zurückgehen, welche damit die übermenschlichen Kräfte der Orakel prüfen wollte. Am Oberarm der *lus gyar* befestigen die Helfer einige kleine Amulettkästchen, die einst von einer ladakhischen Königin geschenkt wurden, um die Armgelenke ein Armband, um die Fußgelenke Schellen. Jeder der beiden *ye shes pa* hält als Embleme einen großen, etwa 50 Zentimeter langen Holz-*rdo rje*[497] und in der rechten Hand eine Sanduhrtrommel. Auch an diesem Tag wird am Rücken der Orakel das eiserne Kreuz befestigt, welches das Eindringen des Gottes erleichtert. Nach der Bemalung und Bekleidung der Orakel folgt eine symbolische Reinigung der beiden *lus gyar* mit Hilfe von heiligem Wasser und einem Spiegel, während die bereits besessenen Orakel um einen mit Glut gefüllten Teller gehen[498].

Indem ein Tuch – angeblich ein Kleidungsstück von *Drung pa rdo rje* – über die beiden *ye shes pa* gehalten wird, begeben sich die Orakel kurz in den Hauptkultraum des Klosters. In alten Zeiten, so sagt es die Legende, sollen die beiden Orakel mit Hilfe des über ihren Köpfen gehaltenen Tuches dorthin geflogen sein. Im Kultraum werden die beiden Orakel vom *rdo rje*-Meister *(rdo rje slob dpon)* gesegnet, worauf ihr langer Rundgang um den Hügel, auf dem das Mato-Kloster steht, beginnt. Den Weg entlang stehen Leute mit Räucherwerk und -stäbchen oder Bier, von dem die Orakel öfters trinken. Manchmal berührt ein Orakel mit einem Fuß, dem Holz-*rdo rje* oder der Trommel den Kopf oder Rücken eines Gläubigen, was als besonders große Gnade gilt. Führt der Weg bei einem *lha tho* vorbei, steigen die beiden Gottbesessenen hinauf, rufen einen Opferspruch und schütten zum Wohle der Götter Bier aus.

496 Deutlich sichtbar sind die aufgemalten Göttergesichter in Haas 1978: Abb. 112 und 113.

497 Nach einer im Mato-Kloster erhältlichen englischen Broschüre soll es sich um einen „*gen de*" handeln.

498 Die Bedeutung dieses Umkreisens von Glut ist unklar. Ludin Rinpoche vertritt die Ansicht, die Glut diene zum Warmhalten der Orakel. Wahrscheinlicher ist, daß sie ursprünglich auch als Mittel angesehen wurde, die *lus gyar* rituell zu reinigen.

Die Fragen der Gläubigen sind kaum verständlich, dies trifft auch auf die Antworten der *ye shes pa* zu. Es geht jedoch meistens um persönliche Anliegen, um die Zukunft eines Familienangehörigen, den möglichen Ausgang eines Geschäfts, oder Eltern fragen, welchen Namen sie ihrem Neugeborenen geben sollen.

Wieder im Kloster angelangt, rennen die *ye shes pa* wie am Vortag durch Räume, über Mauern und durch den Hof des Klosters, wo Gläubige ihnen nochmals Fragen stellen. Im Klosterhof werfen die Orakel Gerstenmehl in die vier Himmelsrichtungen. Wenn besonders viel Mehl in eine bestimmte Richtung fällt, bedeutet dies, daß auf dem in dieser Richtung liegenden Land eine gute Ernte erwartet werden kann. Fällt wenig oder kein Mehl in eine andere Richtung, wird dort eine schlechte Ernte sein. Gegen Abend, nachdem die beiden Orakel für die Verbreitung des Buddhismus und für das Wohl des Landes gebetet haben, entweicht der Gott aus den Mönchen, die dabei große Schmerzen verspüren.

Nach diesem Tag, dem 15. Tag des ersten Monats, müssen die *lus gyar* nicht mehr zurückgezogen leben, doch ist es ihnen nicht erlaubt, das Dorf zu verlassen, auch müssen sie weiterhin täglich *gshags pa khrim gcol* (?) durchführen und werden rituell gewaschen. Bis zum achten Tag des zweiten Monats werden die beiden Mönche nicht mehr besessen. An diesem Tag reiten die beiden auf je einem Pferd – das eine stammt aus dem Stog-Palast, das andere vom Hemis-Kloster – zu dem Wohnsitz *(lha tho)* ihres Orakelgottes. Der ganze Weg zum *lha tho,* der in einiger Entfernung vom Kloster liegt, wird in schnellstem Ritt zurückgelegt. Nur in der Mitte des Weges halten die beiden Mönche, da ihnen dort Essen dargeboten wird, von dem sie jedoch nur wenig zu sich nehmen. Die Reste werden den Göttern als Opfer dargereicht. Von diesem Rastplatz an sind die beiden *lus gyar* wieder vom *Rong btsan* besessen. Beim *lha tho*[499] angelangt, springen die *ye shes pa* von ihren Pferden und rennen um den Göttersitz. Dem auf dem *lha tho* befindlichen Wacholdergestrüpp entnehmen sie eine *bum pa* und je nach Inhalt dieses Gefäßes prophezeien sie, welches Getreide in der kommenden Erntezeit gut wachsen wird. Schließlich halten die beiden *ye shes pa* ihre Köpfe in die Wacholderzweige und werden dadurch von dem in ihnen befindlichen Gott endgültig verlassen. Bis zum ersten Monat des nächsten Jahres wird der Gott nicht mehr in die beiden *lus gyar* eindringen[500].

Verweilen wir noch kurz bei einigen der vielen um die Mato-*ye shes pa* entstandenen Geschichten und stellen diese den tatsächlichen Begebenheiten gegenüber. Als eine der unglaublichsten Wundertaten der *ye shes pa* gilt es, daß sie Zuschauer äußerst stark mit dem Schwert schlagen können, ohne daß die Geschlagenen viel davon verspüren oder gar verletzt würden. Wie wir beobachten konnten, waren jedoch die tatsächlich ausgeteilten Schwertschläge nicht besonders stark und wurden mit der flachen Klinge auf den Rücken von nach vorne gebeugten Gläubigen ausgeführt, so daß ohnehin keine Verletzungsgefahr bestand. Weiter wird von den Ladakhi immer wieder behauptet, die Orakel sprängen in tollkühnen Sprüngen über tiefe Abgründe und würden wunderbarerweise auf steil abfallenden Mauern hin und her rennen. Gefährliche Sprünge sahen wir keine. Hingegen gingen die Orakel in der Tat manchmal über frei stehende Mauern, die auf einer Seite steil abfielen, was bestimmt eine beeindruckende Leistung darstellte. Diese könnte jedoch – wie die Heber zu Recht schreiben[501] – von einem guten europäischen Turner, der über ein bißchen Erfahrung und ein gutes Gefühl für schwindlige Höhen verfügt, ohne Schwierigkeiten nachgemacht werden.

499 Ribbach schreibt, in der Schlucht oberhalb des Klosters stünden z w e i Bäume, bei denen je ein *lha tho* sei, die als Wohnsitze der Götter dienten. Ribbach 1940: 198.

500 Ribbach 1940: 197–99 gibt zwar ein Beispiel einer Befragung, die anscheinend nicht zur Zeit des Mato-*nag rangs* stattfand. Es kann sein, daß der ungewöhnliche Zeitpunkt der Befragung darauf zurückzuführen ist, daß der Fragesteller in dem von Ribbach beschriebenen Beispiel ein sehr hoher Politiker war, nämlich der Wasir, dessen Bitte, die Orakel zu befragen, nicht ausgeschlagen werden konnte.

501 Heber 1976: 207.

Schreckliche Schilderungen hört man auch über die Art, wie sich die beiden Orakel in die eigene Zunge und die Arme schnitten, so daß viel Blut fließe. Am nächsten Tag seien aber keine Wunden mehr vorhanden. In Wirklichkeit sahen wir während der beiden Tage, an denen wir die Orakel beobachteten, keine der angekündigten Selbstverstümmelungen. Die *ye shes pa* glitten zwar ab und zu mit ihren Schwertern, die recht stumpf zu sein schienen, über ihre Zungen und Arme, jedoch stets so, daß kein oder nur ganz wenig Blut floß.

Diese Beispiele haben nicht den Sinn, die Institution der Mato-Orakel ins Lächerliche zu ziehen, wie dies die Heber in ihrem Buch tun[502]. Sie sollen lediglich die große Diskrepanz aufzeigen, die zwischen dem realen Geschehen und den um die Orakel rankenden Geschichten besteht.

Die Fähigkeit der beiden Orakel, die Zukunft vorauszusagen, wird von den Ladakhi als sehr groß eingeschätzt. Wie steht es tatsächlich um diese Fähigkeit und welches ist die Art der Aussagen der Orakel? Auffallend an vielen Weissagungen war ihre Unbestimmtheit, ihr delphischer Charakter, und ferner die Tatsache, daß sie häufig in Form eines Wunsches geäußert wurden. So antwortete das eine über die Zukunft des Landes während des folgenden Jahres befragte Orakel[503]: „Für alle Lebewesen dieser Welt mögen rechtzeitig Regen und Schnee kommen. Möge ein gutes Tierjahr sein, und Krankheiten mögen verschwinden".

Interessanterweise lautete eine Weissagung am zweiten Tag des Mato-*nag rangs* sehr ähnlich, wurde nun aber nicht mehr als Wunsch, sondern als feste Tatsache verkündet: „Für alle Lebewesen dieser Welt wird rechtzeitig Regen und Schnee kommen, das Tierjahr wird ein gutes sein".

Fast dieselbe Prophezeiung machten übrigens auch die Stog-Orakel, als sie am zweiten Tag des Stog-*lcags rangs* riefen: „Regenwasser (wird) rechtzeitig (kommen), jährliches Wasser (wird) stets (fließen)", und hierauf die Namen von zwei Gebeten nannten, die gelesen werden müßten, damit die Prophezeiung auch tatsächlich eintrete.

Diese Art von Prophezeiung ist häufig anzutreffen: Einerseits wird eine recht bestimmte – meistens positive – Aussage über die Zukunft gemacht, andererseits werden, gleichsam als Bedingung dafür, daß die Prophezeiung auch tatsächlich Wahrheit wird, klare religiöse Verhaltensweisen vorgeschrieben. Das bedeutet, daß eine bestimmte Situation nicht von ungefähr kommt, sondern direkt vom Verhalten der Menschen abhängt. Leben diese richtig, das heißt religiös, ist eine Verbesserung ihrer Lage zu erwarten, und dadurch eine Erfüllung der Prophezeiung. Das heißt aber auch: Bewahrheitet sich eine Weissagung der *ye shes pa* nicht, liegt der Grund dafür nicht im falschen Prophezeien der Orakel, sondern in der Nichtbefolgung der angeratenen religiösen Übungen, also im falschen Verhalten der Leute!

Ein anderes Beispiel mag ebenfalls zeigen, wie die Verantwortung für eine unerfreuliche Situation den Menschen zugeschoben wird: Als ein *ye shes pa* auf die in letzter Zeit häufig aufgetretenen Tollwutfälle angesprochen wurde, antwortete er: „Die Zeit ändert sich nicht, die Menschen verändern sich". Auf die Frage, ob es einen Ausweg aus dieser unerfreulichen Situation gebe, lautete die Antwort kurz und bündig:

„Rezitiert die sechs Silben *(Om ma ni pad me hum)* 100 millionenmal"!

Auch hier besteht der Ausweg aus dem Unglück darin, möglichst viel Verdienst anzureichern, was in diesem Fall durch das oftmalige Rezitieren des bekannten Mantra geschehen kann.

Die meisten an Einzelpersonen gerichteten Prophezeiungen der Mato-Orakel zeichnen sich durch ähnlich vage Aussagen aus. So antwortete ein *ye shes pa* auf die Frage, wie lange eine bestimmte Person

502 Heber 1976: 205–208.
503 Diese Beispiele stammen alle vom Mato-*nag rangs* und Stog-*lcags rangs* 1977.

noch in Ladakh bleiben werde, mit „Dies ist in deinem Geist", und die Frage „Komme ich wieder nach Ladakh zurück" wurde mit „Ja, in diesem oder dem nächsten Leben" beantwortet.

Über die Prophezeiungen der Mato-Orakel kursiert unter den Ladakhi folgende Geschichte, die – wahr oder erfunden – zeigt, daß sogar die Ladakhi manchmal am Gehalt der Prophezeiungen zweifeln oder doch zumindest deren delphischen Charakter erkennen: Eine schwangere Frau fragte einen der *ye shes pa,* ob sie einen Knaben oder ein Mädchen gebären werde, worauf ihr das Orakel gesagt haben soll: „Ein K n a b e , nicht ein Mädchen". Als die Frau ein Mädchen zur Welt brachte, war sie erbost und ging zum *lus gyar,* um sich über die falsche Prophezeiung zu beklagen. Dieser aber verstand es, sich elegant aus der Affäre zu ziehen, indem er behauptete, er habe den Satz anders betont. Die Prophezeiung habe nämlich gelautet: „Ein Knabe n i c h t , ein Mädchen"!

Das Klosterorakel von Thiktse

Zwischen dem 12. und 19. XII. wird ein Mönch des Thiktse-Klosters alternierend von zwei Gottheiten besessen. Es sind dies der auf einem Pferd reitende, dreiäugige *Ne ser,* der auf dem Haupt einen Helm trägt, und die *dPal ldan dmag zor ma*[504]. *Ne ser* ist eine meistens friedvolle Gottheit, die jedoch zornig wird, wenn sich die Leute unrichtig, das heißt nicht-religiös verhalten. Die *dPal ldan dmag zor ma* gilt als eine zornvolle Göttin. Die Gottheiten dringen nie zusammen, sondern stets allein in den *lus gyar* ein. Sie bewohnen aber denselben *lha tho,* der in einiger Entfernung vom Kloster in einem Tal steht.

Als das Thiktse-Kloster erbaut wurde, wurden die beiden Gottheiten, die ihren Sitz im tibetischen Kloster *bKra shis lhun po* haben, durch Gebete und Zeremonien dazu gebracht, auch in Thiktse in einem speziell für sie errichteten *lha tho* zu residieren. Für das Neuschmücken dieses Göttersitzes ist der Mönch verantwortlich, der jeweils als „Behälter" *(lus gyar)* für die Gottheiten dient. Dieses Wechseln findet am 4. X. statt, also kurz nach dem ladakhischen Neujahr, und hat zur Folge, daß der Mönch für kurze Zeit von *Ne ser* besessen wird, wobei er jedoch keine Weissagungen macht.

Auch am 12. Tag des 12. Monats wird der *lus gyar* während eines Gebets kurz besessen, ohne zu orakeln[505]. Dies geschieht nach einer einmonatigen Klausur in einem Raum, der unterhalb des Kultraumes *(lha mo khang)* der *dPal ldan dmag zor ma* liegt und zu dem nur der betreffende *lus gyar* Zutritt hat. Drei Tage danach, bei einer erneuten Besessenheit, orakelt der *ye shes pa* im Kloster für Mönche, vor allem für den Kushok und andere hohe *bla ma.* Am 17. Tag des 12. Monats, bei Mondaufgang, wird der *lus gyar* unter Gebeten von Mönchen wiederum besessen, rennt dabei über Klostermauern und orakelt für die Dorfbewohner. Am Morgen des nächsten Tages, es ist dies der erste Tag des Thiktse-*dgu gtor* genannten Festes, dringt unter lautem Gebet der Mönche eine der beiden Gottheiten[506] in den im *lha mo khang* sitzenden *lus gyar,* der, sobald er besessen ist, auf dem Klosterdach hin und her geht, Fragen von Gläubigen beantwortet und Bier versprengt. Am zweiten Tag des Festes sitzt der *lus gyar* im Kultraum der Schutzgottheiten *(mgon khang).* Sobald der *zhwa nag*-Tanz im Klosterhof aufgeführt wird, wird der Mönch besessen, tritt auf einen Klosterbalkon und weissagt dort den Leuten die Zukunft. Danach erscheinen die beiden Gottheiten nicht mehr bis zum nächsten 4. X., wenn der verantwortliche Mönch erneut den Göttersitz *(lha tho)* schmückt und für kurze Zeit besessen wird.

504 Nach einer Publikation der Cultural Academy, Leh: *Lha mo dud sol ma.*

505 Welche der beiden Gottheiten an welchem Tag erscheint, ist anscheinend nicht festgelegt.

506 Im Jahre 1977 war es anscheinend *Ne ser,* da das Orakel einen mit Fähnchen verzierten Helm trug.

Die für das Orakeln notwendigen Vorbereitungen sind recht einfach. Neben der bereits erwähnten Klausur muß der *ye shes pa* zwischen dem 12. und 19. XII. täglich vom *slob dpon* rituell gewaschen werden. Besondere Hilfsmittel, welche das Besessenwerden erleichtern, werden nicht benötigt. Anfangs, vor dem Eindringen einer Gottheit, hält der Mönch einzig seine Handflächen aneinander, worauf die Arme zu schmerzen und zittern beginnen und der Schmerz rasch auf den ganzen Körper übergeht.

Früher wurde das Orakelamt wie noch heute in She innerhalb einer bestimmten Familie des Dorfes vererbt, das heißt, es wurde nicht von einem Mönch, sondern von einem Laien ausgeübt. Vor etwa sieben Jahren beschloß der Kushok des Thiktse-Klosters, das Amt auf einen Mönch seines Klosters, den derzeitigen *lus gyar,* der voraussichtlich zeitlebens das Amt beibehalten wird, zu übertragen. Der Kushok fand, daß sich ein Mönch seiner religiösen Reinheit wegen besser für das Orakeln eigne als ein Laie[507]. Der gegenwärtige *ye shes pa* wurde ausgelost, und zwar in der gleichen Art, wie die Mato-Orakel ausgelost werden[508].

Im Sommer 1978 trat der als *lus gyar* amtierende Mönch aus dem Kloster aus und wurde Laie. Er sieht darin keinen Hinderungsgrund, seiner Pflicht weiterhin nachzukommen, da er der Ansicht ist, daß er auch als Laie orakeln kann, solange er alle notwendigen Gebete und Opfer korrekt durchführe.

Nach Auskunft des Thiktse-Orakels besteht zwischen ihm und dem Orakel von She eine lose Beziehung. Wenn er am Tag, an dem das She-Orakel auftritt (She-*shrub lha*), nach She ginge, könnte er von *rDo rje chen mo* besessen werden, umgekehrt wäre es dem She-*ye shes pa* auch möglich – so meinte der Thiktse-*lus gyar* –, am richtigen Ort und zur richtigen Zeit vom *Ne ser* oder der *dPal ldan dmag zor ma* besessen zu werden[509].

Das Orakel von She

Während des *shrub lha*-Festes in She, am 8. und 10. VII., dringt die Göttin *rDo rje chen mo* in einen Laien aus She ein. Dieser stammt stets aus ein und derselben Familie, die selbst *Lha pa* (Gottmann, Orakel) genannt wird und anscheinend bereits seit sehr vielen Generationen für das Orakelamt verantwortlich ist[510]. Dieses wird jeweils vom Vater auf dessen ältesten Sohn vererbt, der von Geburt an rein gehalten und mit besonderer Sorgfalt aufgezogen wird. In alten Zeiten wurde der amtierende *lus gyar* vom König mit acht *do lo*[511] entschädigt, heute erhält er keinen Lohn mehr. *rDo rje chen mo* ist eine friedliche Göttin, die jedoch zornvoll wird, wenn die Leute ihre religiösen Pflichten nicht erfüllen. In früheren Zeiten residierte die Göttin in Nyarma östlich von Thiktse. Als die Könige von Ladakh in She wohnten, wollte einer der Herrscher[512] *rDo rje chen mo* in seiner Nähe haben, doch weigerte sich die Göttin anfangs, ihren Sitz zu wechseln. Nur mit List konnte sie schließlich nach She gebracht werden, indem man sie auf einem Pferd spazierenführte, was ihr große Freude bereitete. Als man ihr noch einen Löwen zugesellte, der ihr sehr gefiel, konnte die Göttin schließlich nach She geleitet werden[513], wo man ihr einen *lha tho* auf dem kleinen Tuba-Kloster, und in diesem Kloster eine Statue errichtete.

507 U. U. war es auch zunehmend schwieriger, einen geeigneten Laien für dieses Amt zu finden.

508 Teigkugeln mit Namen von Anwärtern rotieren lassen usw. Siehe Kapitel „Die Mato-Orakel".

509 Auch nach Auskunft des She-*lus gyar* besteht eine Beziehung zwischen ihm und dem Orakel von Thiktse. Welcher Art diese Beziehung sei, wußte er nicht.

510 Den frühesten Hinweis auf das She-Orakel fand ich in Shaw 1873 und 1878: 30.

511 Nach einem ladakhischen Informanten handelt es sich hierbei um eine englische Münze. Vielleicht ist damit auch das *do logs* genannte Maß gemeint. Ein *do logs* = Ladung auf der einen Seite eines Saumpferdes.

512 Angeblich *Tshe wang rnam rgyal.*

513 Hölzerne Masken eines Pferdes und eines Löwen werden in einer Prozession am She-*shrub lha* mitgeführt. S. auch Paldan 1976: 15–16.

Der Mann, der seit etwa dreißig Jahren das Orakelamt innehat, muß vor dem *shrub lha*-Fest während eines Monats in Klausur gehen, in der er Gebete aufsagt und alltäglich von einem Mönch rituell gewaschen wird. Den Raum, in dem er sich zurückzieht, darf er während des ganzen Monats nicht verlassen, und niemand außer Mönchen und einem Helfer, der stets aus derselben Familie stammt, darf ihn in dieser Zeit sehen. Der Helfer kocht für den Meditierenden, sorgt für sein Wohl und kleidet ihn vor dem Besessenwerden an, während einige Mönche *rDo rje chen mo* anrufen. Auf Rücken und Brust des *lus gyar* wird je ein Spiegel befestigt, auf dem Kopf trägt das Orakel eine *rigs lnga*-Krone. So angetan dringt die Göttin in den Mann ein, was jedoch nur unter Schwierigkeiten gelingt. Nach Hirschberg[514] erscheint der *ye shes pa* in der Folge „zu den Klängen der *be da*-Musikanten vor der wartenden Menge. Er trägt einen bunten Brokatmantel, sein Haupt schmückt eine Silberkrone. In der rechten Hand hält er den *rdo rje*. Während die Frauen sich vor dem Orakel tief verbeugen und ihm die glückbringenden, weißen Glücksschleifen darbieten, besteigt er seinen Schimmel, reitet in einem langen Festzug durch die Felder bis zur Westseite des Palastes, klettert auf das Podest eines *mchod rten* und läßt sich von den versammelten Dorfbewohnern unzählige Flaschen *chang* reichen, nachdem eine alte Sitte vorschreibt, jede an ihn gerichtete Frage mit einem kräftigen Schluck zu verbinden. Vor der Rückkehr ins Kloster führt er schließlich einen kurzen Tanz auf, erscheint am Abend nochmals vor der Menge und, sofern die Gottheit *rDo rje chen mo* gewillt ist, auch am nächsten Tag".

Nach dem Verlassen der Göttin fühlt sich der *lus gyar* – nach eigener Aussage – sehr müde und erinnert sich nicht mehr daran, was während der Besessenheit passierte. An beiden Tagen wird der *lus gyar*, wie erwähnt, von derselben Göttin besessen. Bis auf die Krone ist die Kleidung an beiden Tagen gleich. Die Krone des ersten Tages erhielt einst ein Orakel von einem ladakhischen König, diejenige des zweiten Tages angeblich vom Gründer des Hemis-Klosters[515].

Anläßlich des *shrub lha*-Festes im Jahre 1977 drang die Göttin *rDo rje chen mo* nur noch an einem Tag in das Orakel und erklärte bei dieser Gelegenheit dem Kushok des Thiktse-Klosters, daß sie im kommenden Jahr nicht mehr erscheinen werde, da die Leute nicht mehr an sie glaubten. Voraussichtlich – so meinte der *lus gyar* in einem danach stattfindenden Gespräch – werde die Göttin überhaupt nicht mehr kommen wollen, er wisse nicht, ob er je wieder besessen werde. Mir wurde berichtet, die Göttin habe bereits vor einiger Zeit erklärt, sie wolle sich nicht mehr zeigen. Damals erörterte man die Frage, ob die einzelnen Familien von She dazu verpflichtet werden sollten, turnusgemäß den für das Orakelamt benötigten *lus gyar* zu stellen, eine Idee, von der man wieder abkam.

Diskussion des Materials

Aus dem auf den vorangehenden Seiten ausführlich dargelegten Material können einige interessante Aspekte des Volksorakeltums herausgelesen werden. Einmal kommt deutlich zum Ausdruck, daß dieses Orakelwesen vor noch nicht so langer Zeit ausschließlich eine Angelegenheit von Leuten gewesen sein muß, die mit dem buddhistischen Klerus wenig oder nichts zu tun hatten. Noch heute sind die *lus gyar* in Stog und She Laien, und auch in Mato und Thiktse handelte es sich bei den *lus gyar* nachgewiesenermaßen einst um Laien.

Es kann aufgrund des vorgelegten Materials ferner vermutet werden, daß früher nicht a l l e Familien

514 Hirschberg 1978: 179–80. Der Text wurde leicht abgeändert bzw. an die in diesem Buch übliche Schreibweise angepaßt.
515 Das Tuba-Kloster untersteht dem Hemis-Kloster.

eines Dorfes Leute für das Amt des *lus gyar* stellen mußten. Viel wahrscheinlicher ist, daß dieses Amt auf eine, vielleicht auf zwei Familien beschränkt war, wie dies noch heute in She der Fall ist und für Thiktse und Mato belegt ist. Das bedeutet, daß in alten Zeiten das Orakelamt mit größter Wahrscheinlichkeit vererbbar war. Berufung spielte damals, wie übrigens auch heute, keine oder nur eine nebensächliche Rolle. In diesem Punkt unterscheiden sich die Volksorakel deutlich von den Hausorakeln *(khyim lha),* die, wie wir noch sehen werden, durch typische Berufungserlebnisse zum Orakeln kommen.

Eine Frage, die sich mir beim Bearbeiten des vorliegenden Materials stellte, betrifft die Art des Orakelgottes. Die Tatsache, daß noch heute fast alle Sitze *(lha tho)* der besprochenen Orakelgottheiten außerhalb der Klosterareale irgendwo in einem Tal liegen, wo bevorzugt die *lha tho* wichtiger Lokalgötter sind, zeigt, daß es sich bei den Orakelgottheiten ursprünglich kaum um buddhistische Götter handelte, sondern um Lokalgötter. Ich vermute, daß diese im Laufe der Zeit durch den erstarkten buddhistischen Klerus in buddhistische Götter umgewandelt wurden, indem dieser ihnen buddhistische Namen gab und versuchte, den buddhistischen Ursprung der Götter mit Hilfe von angeblich historischen Begebenheiten zu belegen.

Wenn die verschiedenen Orakelgottheiten tatsächlich auf wichtige Lokalgötter zurückzuführen sind, wäre es dann nicht naheliegend, daß es sich dabei um eine der wichtigsten Arten lokaler Götter handelt beziehungsweise handelte, nämlich um Dorfgötter *(yul lha)*? In einem der dargelegten Beispiele ist die Orakelgottheit noch heute identisch mit dem Dorfgott, nämlich in Stog. Auch die Tatsache, daß die Dorfbevölkerung von Mato für den Sitz ihrer Orakelgottheit verantwortlich ist, legt die Vermutung nahe, daß der Orakelgott *Rong btsan* ursprünglich ein Dorfgott war. Die These, es bestehe eine Identität zwischen Orakelgöttern und Dorfgöttern, wird durch einen Bericht von Shaw[516] erhärtet. Nach diesem Artikel stellte in Dah eine „*Lhàbdak*“ genannte Familie den amtierenden Priester, das heißt, das Priesteramt war innerhalb einer bestimmten Familie vererbbar. Der Priester war kein buddhistischer Mönch, sondern ein Laie mit priesterlichen Funktionen, die er nur ab und zu auszuüben hatte. Das Interessante ist nun, daß dieser Mann gelegentlich von der Dorfgöttin „*Shiring mo*“[517] besessen wurde, um in diesem Zustand zu tanzen und zu orakeln[518]. Derselbe Priester war aber auch für Ziegenopfer an die Dorfgöttin und das alljährlich stattfindende Schmücken ihres Wohnsitzes verantwortlich.

Auffallend an den Volksorakeln Oberladakhs ist die Tatsache, daß alle erwähnten Orakel beziehungsweise Orakelpaare mit einem Königshaus und mit einem Kloster in Beziehung stehen. Wie ist dieser Dualismus zu verstehen? Ich nehme an, daß in alten Zeiten einzig der König Schutzherr über das Orakelwesen seiner Region war[519], wie auch andere wichtige religiöse Aktivitäten, so Hochzeiten und Neujahrsfeiern, teilweise unter seiner Kontrolle standen. Unter Umständen war die in die Volksorakel dringende Gottheit – wie wir gesehen haben, handelte es sich hierbei wahrscheinlich um einen Dorfgott – gleichzeitig der persönliche Gott des betreffenden Königshauses.

Wie bereits erwähnt, trachtete der Klerus mit dem Erstarken des Buddhismus danach, das im Alltag des Ladakhi so wichtige Orakelwesen unter seine Kontrolle zu bringen, doch schien es nicht ratsam, es völlig den Königshäusern zu entziehen. So zeigte der Buddhismus einmal mehr seine große Anpassungsfähigkeit, indem er ein Orakeltum akzeptierte, das sowohl den König wie auch Mönche als Schirmherren anerkannte.

516 Shaw 1878: 30.

517 Nach einem gegenwärtigen Informaten heißt die Dorfgöttin *Schering lha mo = Tshe ring lha mo.*

518 Nach neuesten Informationen aus Dah findet diese Besessenheit heutzutage nicht mehr statt. Schon Shaw berichtet, daß es zu seiner Zeit zu keiner Besessenheit mehr kam. Shaw 1878.

519 Die heutigen Volksorakel treten alle in Dörfern auf, in denen in alten Zeiten ein König residierte.

Die Übernahme des Orakelwesens durch den Klerus ist ein Prozeß, der noch nicht abgeschlossen ist, sondern der mit der deutlichen Schwächung der ladakhischen Königshäuser und dem wachsenden Desinteresse der für das Orakelamt verantwortlichen Familien neuen Auftrieb erhielt. Das zeigt sich in Thiktse, wo der Kushok des Klosters das Orakelamt von einem Laien auf einen Mönch übertrug, aber auch in Stog, wo die Mönche es gerne sähen, wenn zwei von ihnen das Orakelamt ausüben würden, da die gegenwärtigen Laien-Orakel als religiös unerfahren und unrein und deshalb als nicht besonders mächtig gelten. In der Tat stehen die beiden Mönchs-Orakel von Mato bei den Ladakhi in größerem Ansehen als die Stog-*ye shes pa,* obschon beide Orakelpaare etwa dasselbe tun.

Dadurch, daß das Orakelwesen immer mehr in das Klosterleben integriert wurde, ging die ursprünglich bestimmt vorhanden gewesene Spontaneität der Orakelauftritte verloren: Die Orakel erscheinen heute nur an festen Daten einmal pro Jahr. Ihre Auftritte erfolgen zudem nach einem starren Schema und lassen keinen Raum für Improvisation. Die bei den Volksorakeln verlorengegangene Spontaneität findet sich teilweise noch bei den Hausorakeln *(khyim lha),* auf die im nächsten Kapitel eingegangen werden soll.

HAUSORAKEL

Die lha mo von Skara

Das erste Hausorakel *(khyim lha),* das wir besuchten, war eine Frau, die *lha mo*[520] von Skara. Wir hatten bereits einiges über sie gehört: daß sie launisch sei, sich Besuchern gegenüber manchmal sehr abweisend verhalte, daß sie – so die einen – eine gute Simulantin sei, nach den anderen jedoch eine sehr machtvolle Orakelheilerin darstelle.

Wir trafen eine etwa 65 Jahre alte, in ein Nonnengewand gekleidete Frau mit einem sympathischen, freundlichen Gesicht. Sie war keineswegs verschlossen oder gar abweisend, was wir wohl dem Umstand zu verdanken hatten, daß sie von uns eine Postkarte einer religiösen Bildrolle als Geschenk erhalten hatte, auf der ausgerechnet diejenigen Göttinnen abgebildet waren, welche in die *lha mo* einzudringen pflegen, nämlich die 21 *sGrol ma.* Zudem war die Zentralfigur des geschenkten Bildes, die Ḍākinī *Na ro mkha' spyod ma,* ihre persönliche Schutzgottheit. Für die *lha mo* war dies ein sehr gutes Omen, für uns ein willkommener Zufall.

Unser Gespräch über ihr Leben und ihre Erfahrungen als Orakel wurde kurz nach Beginn unterbrochen. Die Frau wollte zuerst von einer Gottheit besessen werden, da in der Zwischenzeit mehrere Bittsteller eingetroffen waren. So wurden wir, umgeben von ehrfurchtsvollen Gläubigen, Zeugen einer sonderbaren Verwandlung, der jedoch eine längere Vorbereitungszeit vorausging:

Anfänglich hatte die *lha mo* mehreren Göttern ein Tee- und Reisopfer darzubringen, worauf ein einfacher Altar aufgestellt wurde: Zehn Silberschälchen mit verschiedenen Getränken und Speisen und dahinter die Postkarte, die wir ihr als Geschenk mitgebracht hatten, wurden auf einem kleinen Tisch angeordnet. Gegen den Altar schauend beugte sich die *lha mo* viele Male auf den Boden, setzte sich dann und betete mit einem Rosenkranz in der Hand, während jemand Weihrauch auf ein Häufchen Glut legte. Einem Sack entnahm die *lha mo* nun eine große Sanduhrtrommel, zwei *rdo rje,* die beide mit Fäden um-

520 Bezeichnung für weibliches Orakel.

wickelt waren[521], eine Glocke, einen Brokatkragen und eine Brokatschürze, die sie sich sitzend anzog, und eine kleine Statue der Göttin *sGrol ma,* die auf den Altar gestellt wurde. Schließlich kam auch der Kopfschmuck der *lha mo* zum Vorschein, der aus vielen verschiedenfarbigen Stoffstreifen bestand, die durch eine Schnur miteinander verbunden waren. Einmal angezogen, hingen diese Fetzen wirr um den Kopf herum, während ein dünnes, grünes Tuch das Gesicht zudeckte[522].

Als sich einige Anwesende vor der *lha mo* auf den Boden warfen, drang plötzlich und unerwartet eine Göttin in den Körper der Frau ein, was sich durch lautes dreimaliges Niesen kundtat. Die Rechte stützte die Frau in ihre Hüfte, den Köper hatte sie etwas zur Seite und nach vorne gebeugt, das Gesicht zu einer Fratze verzogen. Mit hoher, fast unmenschlicher Stimme und in fremdem Dialekt gab sie den Anwesenden singend und in Versform Anweisungen, Ratschläge und Prophezeiungen, die sie immer wieder mit religiösen Belehrungen verband: ,,Betet gut, dieses Leben ist wertvoll . . . Wir können dieses Leben nicht wieder und wieder erlangen, deshalb ist es besser, den richtigen Weg für eine zukünftige bessere Existenz im jetzigen Leben zu suchen. Wir sollten nicht nach dem Besitz anderer Leute streben, auch sollten wir – was den eigenen Besitz anlangt – nicht geizig sein. Eure Gedanken müssen auf Gott gerichtet sein. Tötet keine Tiere, lügt nicht, stehlt nicht und tut lauter gute Dinge, und versucht, den Kreislauf der Wiedergeburten in dieser Welt zu einem Ende zu bringen . . . (Zu einem Anwesenden schauend): Willst du etwas Bestimmtes für diese Welt oder für die andere Welt (das Jenseits)? Welches ist deine Frage? Was mich persönlich anlangt, bin ich mehr am Jenseits interessiert. Um irgendein Ziel zu erreichen, mußt du sehr rein sein in deinem Herzen, und du mußt hart arbeiten. Und du mußt dir stets bewußt sein, daß dieser ausgeliehene Körper wieder ins Feuer, ins Wasser oder zu den Vögeln in die Luft zurückkehren muß, das heißt, daß er sterblich und vergänglich ist. Du mußt ein frommes Leben führen wie ein *bla ma,* welcher die Lehren des Buddha befolgt . . .“

Zwischendurch nieste die *lha mo,* was anzeigte, daß eine neue Gottheit in sie eingedrungen war. Dann fuhr sie mit ihren Belehrungen fort. Einer kranken Frau erklärte sie, sie müsse eine bestimmte Zeremonie, *sde brgyad gser skyems* sowie *bsrung ba 'phrin bcol*[523], durchführen lassen. Auch einer an den Augen erkrankten Frau riet sie, sich religiös zu betätigen und viele Male das Mantra *Om mani pad me hum* aufzusagen. „Du darfst dich nicht in die Angelegenheiten anderer einmischen und mußt stets das vergängliche Leben vor dir sehen. Das Aufsagen der *„Mani“* wird nicht nur deine Augenkrankheit heilen, sondern ist auch ein großes Verdienst für dein zukünftiges Leben, um das Buddhaland zu erreichen“. Praktischere Anweisungen wie „du darfst nicht barfuß herumgehen oder in Wasser treten“ fehlten nicht, waren aber viel weniger zahlreich als die religiösen Belehrungen. Einer Person, die anscheinend unter Kopfschmerzen litt, legte sie nahe, daß diese Schwierigkeiten von drei Arten von sogenannten *lan chags*[524] herrühren. Gegen solche und ähnliche Beschmutzungen wendete die *lha mo* ein rituelles Abwaschen *(khrus)* der Sünden an, wobei sie mehrmals betonte, daß der Betreffende nicht denken solle, sein Körper, sondern sein *sems* (Geist oder Seele) werde gewaschen.

Nach der Beantwortung vieler weiterer Fragen und der Reinwaschung jedes Anwesenden mit heiligem Wasser erklärte die *lha mo,* sie – das heißt die in sie eingedrungene Göttin – müsse nun an einen anderen Ort gehen, um dort jemanden zu heilen. Sie werde jedoch in der Nacht wieder zurückkehren. Mit diesen Worten entfernte die Frau ihre Kopfbedeckung, bewegte ihren Kopf stark auf und ab und war nicht mehr besessen.

521 Diese werden Kranken als Amulette abgegeben.

522 Einst soll die *lha mo* von *Kushok Bakula* eine *rigs lnga*-Krone erhalten haben, die jedoch so „stark“ war, daß die *lha mo* ihre Armreifen zerschlug. Seither trägt sie die Krone nicht mehr aus Angst vor einem ähnlichen Anfall.

523 Nach Tashi Rabgias heißt der Titel *bsrung bskang ba 'phrin bcol.*

524 *Lan chags:* Auswirkungen von Fehlern, die in früheren Leben begangen wurden, „eine Art Schuldenlast“. Tucci 1970: 200.

Befragt nach den Gefühlen zu Beginn der Trance antwortete sie: „Ich fühle, daß etwas in mich eindringt. Die Nerven sind angespannt, es ist schmerzhaft. Dieses Gefühl geht von außen her bis zum Herzen, von da an verspüre ich nichts mehr . . .“

Ab und zu – so berichtete die *lha mo* – ist die in sie eindringende Göttin schlecht gelaunt. Beispielsweise wenn die mit ihr zusammenlebenden Leute zu viel Bier trinken, oder wenn man nicht an ihre Fähigkeiten glaubt. Ganz allgemein wird die Göttin durch ein Verhalten, das gegen die Religion verstößt, erzürnt. Dann dringt sie manchmal ganz plötzlich in die Frau ein, ohne daß diese etwas dagegen tun könnte. Doch betet sie jeweils, daß dies nicht geschehe.

Als besonders günstiges Datum für ihre Orakelsitzungen gilt der 15. Tag eines jeden Monats, wenn bis zu zwölf verschiedene Gottheiten nacheinander von der Frau Besitz ergreifen können.

Vom Aussaugen von Krankheiten, wie dies von anderen Hausorakeln praktiziert wird, hält die *lha mo* von Skara nichts. Und im Grunde genommen ist ihr auch beim Orakeln nicht ganz wohl, sie würde lieber nur meditieren: „Meditieren kann ich zum Nutzen aller Lebewesen. Die Leute wollen jedoch, daß ich orakle, denn sie glauben mir sonst nicht. Ich ziehe das Meditieren dem Orakeln auch vor, weil ich in der Meditation nicht sprechen und blödes Geschwätz hören muß“. Einen Tag nach der von uns beobachteten Séance zog sich die *lha mo* für etwas mehr als einen Monat zum Meditieren zurück.

Erschöpft schien die Frau nach der von uns beobachteten Besessenheit nicht zu sein, denn sie erzählte uns danach – entspannt und ohne ein Zeichen von Müdigkeit – während langer Zeit ihre Lebens- beziehungsweise Werdensgeschichte: Der *lha mo* ist nicht bekannt, daß jemand anderer in ihrer Familie *lha pa* oder *lha mo* war.

„Ich war das einzige Kind. Meine Mutter verstarb, als ich noch sehr jung war. Von klein auf wollte ich ein religiöses Leben führen, eine Nonne sein, damit ich ein gutes nächstes Leben erlange. Doch wollten meine Eltern, daß ich heirate. Hauptsächlich war es meine Schwiegermutter, die mich dazu zwang zu heiraten. In meiner Ehe mit einem Mann, der sehr grausam war, mich schlug und nicht gern hatte, hatte ich während einiger Jahre keine Kinder, worüber die Schwiegermutter sogar öffentlich mit bösen Worten schimpfte. Obschon ich im Grunde genommen keine Kinder haben wollte, entschloß ich mich doch dazu, eine Pilgerreise nach Lahul zu unternehmen und für ein Kind zu beten. Ich wünschte mir einen Knaben, nicht von meinem ersten Mann, sondern von einem anderen. Ein Jahr nach der Pilgerreise gebar ich einen Sohn . . . und da er nicht von meinem ersten Mann gezeugt war, verließ dieser mich. Der zweite Mann durfte jedoch nicht in mein Haus ziehen, da die Stiefmutter dagegen war. Kurze Zeit danach gebar ich auch eine Tochter. In jener Zeit dachte ich, ich könne nicht mehr Nonne werden, sondern müsse nun für immer das Leben einer gewöhnlichen Frau führen. Deshalb wollte ich einige Schmuckstücke und Kleider haben. Als wir daran waren, diese Dinge zu kaufen, fühlte ich mich nicht wohl. Ich führte mich anormal auf, und einige Leute sagten, ich sei verrückt. Im gleichen Jahr[525] kam eine Göttin in mich. Einige Leute behaupteten zwar, ein Geist habe von mir Besitz ergriffen, da ich manchmal auf den Küchengestellen oder auf dem Herd hin und her ging und den mir böse gesinnten Leuten nachrannte.

Die Eltern verließen damals das Haus, und ich blieb allein zurück, doch weiß ich nicht mehr genau, was ich tat.

Nach einiger Zeit kam Vater, der sich um mich Sorgen machte, zurück. Man brachte mich in normaler Frauenkleidung vor *Kushok Bakula*[526] und dessen Lehrer. Da geriet ich wieder in den Zustand der Be-

525 Sie war damals, wie sie später sagte, etwa 28 Jahre alt.
526 Kushok des Spitug-Klosters. Siehe Anm. 88.

sessenheit und zerbrach dabei fast meinen *be rag*[527]. Die Leute mußten mich sehr fest halten. *Kushok Bakula* und dessen Lehrer erkannten damals, daß ich eine richtige *lha mo* sei, eine Beschützerin und nicht eine Feindin der Religion, und daß ich respektiert werden solle . . . Die Leute glaubten damals noch immer nicht an mich, und sie wollten mich daran hindern, Nonne zu werden. Andere versuchten, mich gewaltsam daran zu hindern, den *lha mo*-Zustand zu erlangen. Eines Tages betete ich in der Küche und bemerkte plötzlich, wie sich eine im Küchengestell stehende Schale nach vorne bewegte und wieder zurückging. Nachdem ich dies gesehen hatte, wurde ich während fünf oder sechs Tagen ohnmächtig. Die Leute sagten, man solle mich sterben lassen, und man kümmerte sich nicht mehr um mich.

Damals hatte ich das Gefühl, ich falle in ein tiefes Loch hinunter. An einer Stelle befand sich ein wunderbarer Raum, der sehr rein und schön eingerichtet war. Auf drei Sitzen saß je eine Frau. Ich wußte, daß es sich um Göttinnen handelte[528]. Ich bat sie, mich zu belehren, was sie jedoch anfangs zurückwiesen. Als ich wiederholt stark auf meiner Bitte beharrte, sagte die eine Göttin unerwartet: „Du bist ja ganz nackt, bringt ihr einen Stoff", worauf man mir ein schönes braunes Wollkleid brachte. Damit bekleidet stieg ich aus dem Loch empor, und als ich herauskam, erlangte ich wieder mein Bewußtsein. Da sah ich meinen Vater vor mir, alt, schmutzig und unglücklich. Er beklagte sich, daß ich, seine Tochter, ihn so traurig mache, und bat mich, dies nicht mehr zu tun. Ich erzählte ihm meine Erlebnisse, und von da an erkannte der Vater, daß ich eine richtige *lha mo* sei. Er schnitt mir das Haar, und ich wurde Nonne.

Nun folgte eine Zeit vieler Reisen und Wanderungen. Ein Mönch nahm mich mit nach Nubra. Dort ging ich von Haus zu Haus und geriet häufig in den Orakelzustand. Manchmal meditierte ich sieben Tage und sieben Nächte lang. Es war eine harte Zeit, doch glaubten die Leute sehr an mich und nahmen mich immer freundlich auf . . . Die Härte dieses einjährigen Aufenthaltes empfand ich als Bestrafung für meine in früheren Leben begangenen schlechten Taten.

Nach meinem Aufenthalt in Nubra ging ich nach Rizong, wo ich richtige ‚große Nonne' wurde. Es fand zu meiner Ehre eine große Zeremonie statt, in der ich bestätigen mußte, daß ich tatsächlich die Nonnenregeln befolgen wolle. Man fragte mich auch, ob ich nicht aus einer *mon-* oder *be da*-Familie stamme, was ich verneinte[529]. Nach sieben Tagen fand eine große Zeremonie statt, zu der meine Verwandten nach Rizong kamen, um mir Glück zu wünschen und zu gratulieren.

Hierauf besuchte ich zusammen mit einer anderen Nonne verschiedene Dörfer, wo uns die Leute verehrten. Manche Muslime wurden wegen unserer Belehrungen Buddhisten, andere Leute gaben wegen uns das Jagen auf. Die Leute gaben mir viel Geld für meine Dienste. Eines Tages drang wieder eine Göttin in mich ein und sagte mir, ich solle nur soviel Geld akzeptieren, wie ich für meinen Lebensunterhalt brauche. Mit dem Rest solle ich einen Kultraum bauen lassen, was ich denn auch in meinem eigenen Haus tat. Später ließ ich auch Statuen der 21 *sGrol ma* und des Buddha und seiner beiden Hauptschüler herstellen".

Darauf folgten weitere Reisen der *lha mo* nach *'brog yul*[530] wo sie einige Leute vom Tabakanbau abbrachte, und nach Darchik, wo Krieg mit Pakistan herrschte und wo sie während eines Monats und sechs Tagen betete, daß dieser Krieg beendet würde. Als die Leute von Timosgam sie einmal über den möglichen Ausgang des Krieges befragten, wurde die von einer Göttin besessene Frau sehr wütend und warf den Leuten vor, sie würden ihre heiligen Bücher und Statuen nicht richtig behandeln. Sie versteckten und vergrüben sie sogar wegen des Krieges und aus Angst vor den nahenden Pakistani. Sie prophezeite, daß

527 Kopfschmuk der Frauen.

528 Später erklärte mir die *lha mo* auf meine entsprechende Frage hin, daß es die Göttinnen *sGrol ma*, *Na ro mKha' spyod ma* und *'Od zig* (?) waren.

529 Als *mon* oder *be da* hätte sie nicht Nonne werden können.

530 Gegend von Dah und Hanu.

der Krieg schrecklich sein werde, daß ein Blutmeer entstehe und überall Knochen herumliegen würden.

Nach Leh zurückgekehrt, herrschte eine Zeit der Furcht vor den nahenden Pakistani, und viele Leute wollten wegrennen. Auch damals kam die Frau in den *lha mo*-Zustand und sagte den Leuten, daß sie nur dann fliehen sollten, wenn aus einer bestimmten Statue Blut fließe.

„. . . In jener Zeit“[531], so fuhr die Frau fort, „war ich erneut schrecklich krank. Da erschien mir eine Göttin, die sagte, ich würde nun meine strengste Bestrafung erleben. Ich wurde in der Folge wieder ohnmächtig, insgesamt während sieben Tagen und Nächten. Man schloß mich in meinem Zimmer ein, dessen Türe zweimal verriegelt wurde. Mein Körper war sehr kalt. Nur einige wenige getrocknete Früchte und etwas Wasser hatte man im Zimmer zurückgelassen. Als ich ohnmächtig wurde, fühlte ich, daß meine Seele aus meinem Körper entwich. Ich[532] sah meinen Körper, dessen oberer Teil brannte, unter mir liegen, verließ das Haus und entfernte mich gegen Likir zu. Auf dem Weg dorthin traf ich auf ein Meditationshaus, in dem ein großer Meditierender lebte. Auf seinem Haupt befand sich ein gekreuzter *rdo rje,* er trug weiße Kleider, und vor ihm stand ein *dar chen*[533]. Er fragte mich, wohin ich gehen wolle, worauf ich antwortete, daß ich richtige Religion *(chos)* suche und daß ich wieder leben wolle, ob er mir mein Leben zurückgeben könne. Der Meditierende hierauf: Du hast ein sehr kleines Herz, du kümmerst dich zu sehr darum, was die anderen Leute über dich sagen. Du verstehst es nicht, richtig zu meditieren. Du mußt alles, was die Leute tun, tolerieren. Wenn du wirklich religiös leben willst, darfst du nicht an deine Kinder, an Reichtum und Besitz denken. Der Meditierende hatte viele Pickel auf seinem Gesicht. Als ich mich nach deren Ursache erkundigte, erwiderte er: ‚Viele Wassergeister *(klu)* und Götter *(lha)* wurden im Krieg getötet und verletzt. Ihre Nöte habe ich auf mich genommen‘. Auf die Bedeutung des *dar chen* angesprochen, meinte er: ‚Dieser bedeutet, daß die Religion wachsen wird, statt sich zu vermindern‘, und schließlich zum Doppel-*rdo rje* auf seinem Haupt: ‚Wie dieser Doppel-*rdo rje* sollten Lehrer und Schüler miteinander verbunden sein. Dann ist es recht leicht, Buddhaschaft zu erlangen. Du kannst ins Leben zurückkehren unter der Bedingung, daß du auf mich hörst: Erstens darfst du dein Haar während drei Jahren, mindestens aber während eines Jahres, nicht schneiden und zweitens mußt du alles, was die Leute tun, tolerieren‘.

Auf dem Rückweg traf ich einen Mönch mit einer Bettelschale. Er rief mich herbei, doch zögerte ich anfangs, zu ihm zu treten. Als ich schließlich doch zu ihm ging, sagte er: ‚Du kommst vom Haus des Meditierenden. Er riet dir, das Haar lang zu halten. Du kannst dies nicht während drei Jahren tun, da die Leute schlecht über dich sprechen würden. Laß die Haare deshalb nur während eines Jahres wachsen‘. Das tat ich denn auch. Doch zählte ich dieses Jahr vom Beginn statt vom Ende meiner Ohnmacht an und schnitt so die Haare einige Tage zu früh ab. Aus diesem Grunde sind viele Leute gestorben.

Der Mönch forderte mich auch auf, in seine Bettelschale zu schauen. Diese war nicht ganz bis zur Hälfte mit Milch gefüllt. Auf der Milch erblickte ich eine bogenförmige Linie. Er deutete dieses Bild folgendermaßen: ‚Die weiße Milch bedeutet die Religion, die schwarze die ‚Antireligion‘, worauf er sich von mir entfernte. Als nächstes traf ich einen Knaben. ‚Erkennst du mich‘?, meinte dieser. ‚Nein‘ erwiderte ich, ‚aber ich fühle, daß du wie *sPyan ras gzigs* bist‘. ‚Schau mich genau an‘, sagte er, doch ich sah noch immer nichts Besonderes. Da gab er mir eine Gebetsschnur aus Glasperlen und forderte mich auf, diese durch meine Finger gleiten zu lassen. Auf einmal erblickte ich eine kleine Statue des Buddha *’Od dpag med* auf dem Haupt des Knaben, der wieder zu mir sprach: ‚Jetzt erkennst du mich. Ich kann beinahe

531 Wahrscheinlich 1948.
532 Das heißt ihre Seele.
533 Mast mit einer großen Gebetsfahne.

überall gefunden werden, aber die Leute finden mich nicht, da sie nicht eifrig und angestrengt genug suchen. Geh nun nach Hause und mach, was dir der große Meditierende gesagt hat, ich selber muß mich nun entfernen'.

Während meines Weitergehens traf ich eine Frau. Sie war eine Göttin. Ihr erzählte ich alle meine Erlebnisse, worauf sie mich aufforderte, mit ihr zu gehen, sie werde mich nach Hause bringen. Beim Fluß stieß ich auf eine Frau aus meinem Dorf, die Tränen in den Augen hatte. Ich fragte sie, weshalb sie weine, doch konnte mich die Frau nicht hören, da nur mein Geist dort war.

Als ich in mein Haus zurückkehrte, sah ich meinen noch immer im verschlossenen Zimmer liegenden Körper. Auf meinem Bauch sah ich zwei nebeneinanderliegende *rdo rje* und darüber, in einer Vertiefung, *kun dga' ra ba*[534]. Zusammen mit der Göttin drang meine Seele wieder in den Körper ein. Ich rief dabei laut ‚*lha mo*' (Göttin), die Leute aber behaupten, ich hätte ‚*a ma*' (Mutter) geschrien.

Die Leute draußen waren der Meinung, ich sei, als ich ohnmächtig war, tot, und sie hatten alle Vorbereitungen für eine Totenzeremonie getroffen. Als sie meinen Schrei hörten, traten sie in das Zimmer, wo ich ihnen meine Erlebnisse erzählte. Als ich nach Wasser gegen meinen Durst verlangte, brachte mir die Schwiegermutter Suppe mit Fleisch drin, und als ich diese trank, vergaß ich die meisten meiner Erlebnisse[535].

Sehr bald kamen viele Gerüchte über mich auf. Die einen meinten, ich sei wirklich heilig und hätte tatsächlich *'das log*[536] praktiziert, andere, in erster Linie die Stiefmutter und Stiefgeschwister, vertraten die Ansicht, ich hätte die Ohnmacht nur vorgetäuscht, und noch andere, ich hätte in jener Zeit ein Kind geboren und es dann weggeworfen, was aber nicht möglich war, da ja alle Türen bestens verschlossen waren.

Nach diesem Erlebnis wurde ich oft von Gottheiten besessen, und viele Leute begannen einzusehen, daß ich eine richtige *lha mo* bin".

Ganz ohne Hindernisse verlief das weitere Leben der *lha mo* aber nicht. Die Stiefmutter versuchte angeblich, die Frau zu ermorden, und eines Tages drang eine Göttin in sie und erklärte, daß sie in Zukunft nicht mehr kommen werde. „Ich flehte jedoch die Göttin an, weiterhin in mich einzugehen, da ich sonst als nicht vertrauenswürdig gelte, worauf mir die Göttin riet, mit meinem eigenen Geld eine große, einstöckige Statue von *rGyal ba Byams pa*[537] herstellen zu lassen, denn in diesem Fall würde sie weiterhin erscheinen. Obschon ich daran zweifelte, so viel Geld zusammenbringen zu können, versuchte ich, dieses Ziel zu erreichen, und begann, mein Land, meine Tiere und Silbersachen zu verkaufen. Mein Sohn erhielt eine gute Stelle und half mir beim Sammeln des benötigten Geldes, so daß ich schließlich im *dKar rtse*-Kloster, das nördlich von Skara liegt, eine große *Byams pa*-Statue herstellen ließ, obschon ein *lha pa* (männliches Orakel), der auf mich neidisch war, versuchte, mich an diesem Unterfangen zu hindern".

Der lha pa von Thiktse

Das nicht nur unter den in Oberladakh lebenden Buddhisten, sondern auch unter den Muslimen bekannteste Orakel ist der *lha pa* von Thiktse, eine sehr schillernde Persönlichkeit: schlau, ja beinahe listig und

534 Unklar, was damit gemeint ist. Nach Das 1902: Vergnügungsgehölz. Nach Jäschke 1934: Kloster: Gehölz, in dem ein Kloster liegt; Garten aller Freuden. Nach einem ladakhischen Informanten eine Form wie ein Amulettkästchen:

535 Da das Essen von Fleisch vom religiösen Standpunkt aus als verunreinigend gilt.
536 Das Wiedererscheinen einer verstorbenen Person.
537 Der zukünftige Buddha Maitreya.

doch irgendwie naiv; in seiner Ausdrucksweise grob und unanständig, um kurz darauf mit seiner Liebenswürdigkeit beleidigte Gemüter wieder zu versöhnen; immer dazu aufgelegt, den einen oder anderen lächerlich zu machen. Die Leute scheinen sich mit seinem Wesen abzufinden und ertragen seine gelegentlichen Ausfälle und Launen, die auch während seiner Besessenheit auftreten können, mit Humor und Gelassenheit. Sie wissen, daß im Grunde genommen hinter dem – oft theatralisch anmutenden – bösen Getue ein gutmütiger Charakter steckt.

Das Orakeln wurde auf den Thiktse-*lha pa* vererbt. Im Grunde genommen hätte sein Bruder Orakel werden sollen; da dieser starb, wurde Sonam Murup – dies der Name des gegenwärtigen Orakels – *lha pa.*

„Es war der zehnte Tag eines Monats. Damals war ich 25 Jahre alt. Ich ging gegen unser Haus zu, in dessen Nähe – neben einem Bach – sich ein *lha tho* (Sitz einer Lokalgottheit) befand. Ich war nicht mehr weit von diesem Heiligtum entfernt, da kam ein Wirbelwind direkt auf mich zu. Als er mich erreichte, verspürte ich einen starken Schlag auf meinem Gesicht und ich verlor mein Bewußtsein. Später erzählte man mir, daß ich danach alle meine Kleider auszog und wegwarf und erst nach vier oder fünf Tagen wieder in unser Haus zurückkehrte. Als mich mein Vater fragte, wo meine Kleider seien und wo ich mich herumgetrieben habe, wußte ich es nicht, ich hatte es vergessen. Ich nahm von der Glut, die hinter dem Küchenherd ausgebreitet wird, und wusch mir damit die Hände, Füße und mein Gesicht, ohne mich dabei zu verbrennen.

Seither führte ich mich wie verrückt auf. Manchmal hausten *btsan,* manchmal *'dre* (Geisterarten) in mir, manchmal wohl auch ein Gott *(lha).* Niemand wußte es genau. Hauptsächlich an guten Daten, wie am 15. oder 30. eines Monats, verschwand ich während mehrerer Tage, ging auf die Berge oder zu den Flüssen, irgendwohin. Öfters fiel ich in Ohnmacht. Jedermann war sehr besorgt um mich. Mein Vater wollte mich zu einem hohen *bla ma* des Thiktse-Klosters bringen. Ich ging jedoch selbst ins Kloster, wo ich den *bla ma* traf, der mir sagte, i c h sei *lha pa* geworden an Stelle meines Bruders.

Nach drei Jahren, in denen ich als verrückt galt, begab ich mich wieder zu einem hohen *bla ma* im Thiktse-Kloster. Vor ihm wurde ich besessen. Der *bla ma* führte eine fünftägige Zeremonie für mich durch, und ich mußte mich verschiedenen Prüfungen unterziehen. So reichte er mir fünf verschiedenfarbige Gebetsfahnen. Das dunkle Fähnchen warf ich zuerst weg, zwei andere danach, so daß ich nur noch ein weißes und rotes Tuch in den Händen hielt, was als gutes Zeichen galt. Auch hatte ich die Abstammungslinie von mir unbekannten hohen Mönchen aufzusagen, was gelang; ein Zeichen dafür, daß tatsächlich ein Gott, nämlich *Ne ser,* in mir hauste und ich ein richtiges Orakel sei. Damals wurde ich ganz rein, so daß nur noch Götter und keine Geister mehr in mich eindrangen[538]. Während eines Monats gab mir der hohe Mönch religiöse Waschungen *(khrus),* und ich mußte unzählige Prostrationen machen.

Der Mönch riet mir, nur aus meiner eigenen Trinkschale zu trinken und nur meine eigenen Kleider zu tragen. Der ehrwürdige Mönch wies mich auch an, viele Klöster zu besuchen und zum heiligen Berg Kailash eine Pilgerreise zu unternehmen, was ich denn auch tat. Auch *Kushok Bakula* und der Kushok des Stagna-Klosters belehrten mich und sandten mich auf Pilgerreisen. Vom *lha pa* von Sakti wollte ich Belehrung erhalten. Hauptsächlich sollte er mir zeigen, wie Knochen und Nadeln aus Tier und Mensch herausgesaugt werden[539]. Der alte *lha pa* wollte mich jedoch nicht in dieser Kunst belehren, betete aber für mich und riet mir ebenfalls, auf eine Pilgerreise zu gehen. Als ich mich auf einer solchen Pilgerreise in einem Kloster in der Gegend von Chiling-Sumda dreimal auf den Boden warf, verlor ich wieder mein Bewußtsein. Was genau geschah, weiß ich nicht. Die Leute berichteten mir jedoch später, ich hätte damals

538 Weitere Götter, die in den *lha pa* eindringen, sind *rGyal po dKun dga', Tshe ring mched lnga, Shang Kong Ka.* Der Letztgenannte spricht nur reines Ladakhi.

539 *khab lung,* Nadel-Belehrung, genannt.

einen Knochensplitter oder eine Nadel aus einem kranken Yak herausgesogen. Dies war meine erste Heilung. Seither verfüge ich über die Fähigkeit, Mensch und Tier durch Heraussaugen des (die Krankheit verursachenden) Übels zu heilen. Ich besaß nie einen Lehrer. Alles habe ich selbst gelernt, weiß es aus mir selbst". Diese Aussage stimmt nicht überein mit Informationen anderer Leute und mit einer anderen Aussage des Thiktse-*lha pa,* wonach er vom Sakti-*lha pa* Instruktionen *(lung)* erhielt. Solche Belehrungen seien – so der *lha pa* einmal in einem Gespräch – für einen unerfahrenen, neuen *lha pa* unbedingt erforderlich.

Das Heraussaugen von Krankheiten gilt als Spezialität dieses Orakelheilers. Wir sahen mehrere solche Heilungen. Die eine erfolgte im Gehöft des Dorfschmieds von Sabu, dessen zwei *mdzo*[540] erkrankt waren. Assistiert wurde der *lha pa* von der *lha mo* von Sabu, die als seine Schülerin gilt.

Nach einem kurzen Gebet im Inneren des Hauses kamen beide betend und unter Glockengebimmel und Trommeln zu den kranken Tieren heraus. Als erstes machte der *lha pa* vor jedem Tier eine kurze Beschwörung, dann beugte er sich zum Bauch des kleineren *mdzo,* um daran zu saugen. Bald löste ihn seine Schülerin ab. Sie preßte ihren Kopf stark gegen den Bauch des kranken Tieres, während der *lha pa* heftig auf ihren Rücken einschlug und „saug, saug" schrie. Nach kurzer Zeit richtete sich die Frau erschöpft auf. Zwischen ihren Zähnen befand sich ein Stückchen eines Büchsendeckels, das das kranke Tier anscheinend verschluckt hatte – obschon der Tierbesitzer immer wieder beteuerte, er habe noch nie eine Büchse auf seinem Hof besessen.

Aus der Bauchwand des zweiten Tieres sog der *lha pa* – nach suchendem Abtasten mit seinen Händen – ein kleines Knochenstück, das er dem Tierbesitzer vor die Nase hielt. Diesem machte er Vorwürfe, er schaue nicht gut genug auf sein Vieh und habe ihn zudem viel zu spät für die Heilung der Tiere herbeigeholt.

Dem aufmerksamen Beobachter konnte nicht entgehen, daß die angeblich aus den Tieren herausgesogenen Gegenstände weder stark feucht noch blutig oder beschmutzt waren, wie dies zu erwarten gewesen wäre. Auch die Tatsache, daß beim Heraussaugen den Händen eine sehr wichtige Rolle zukam – sie waren stets in der Nähe des an den Tierbauch gepreßten Mundes –, war auffällig. Doch für solche Überlegungen blieb kaum Zeit: In der Küche des Hauses hatten sich kranke und ratsuchende Leute aus dem Dorf versammelt, unter ihnen auch ein junger Mann, der unter Verdauungsstörungen litt. Mit dem einen Ende eines langen, dünnen Rohrs berührte der *lha pa* den entblößten Bauch des Kranken. Nach starkem Saugen am anderen Ende hielt er das Rohr über einen mit Wasser gefüllten Teller, in den eine schwärzliche Flüssigkeit aus dem Rohr tropfte. Das Saugen wurde dreimal wiederholt, dazwischen erteilte der Heiler dem Kranken Ratschläge: „Du mußt wieder und wieder zu mir kommen, jeweils am 15. und 30. eines Monats. Das Aussaugen von Krankheiten ist nicht dasselbe wie das Trinken eines Getränks. Man kann es nur in kleinen Mengen tun . . .". Und zur Krankheitsursache: „Hast du in einem fremden Haus Bier getrunken? Du darfst dies nicht mehr tun. Dieses Bier ist schädlich für dich. Du darfst nicht mehr in dieses Haus gehen, obschon es dort sehr interessant ist und die Bedienung sehr gut zu dir ist . . . Das nächste Mal wird eine Heilung schwierig sein . . .".

Danach saugte er mehrmals eine gleich aussehende schwarze Flüssigkeit aus den kranken Augen einer Frau. Er weigerte sich jedoch, die chronisch verstopfte Nase einer anderen Frau zu heilen, und begnügte sich mit der lapidaren Bemerkung: „Du hattest eben kalt am Kopf, deshalb bekamst du diese Krankheit". Auch die Heilung anderer Leute wies er häufig zurück und gab ihnen den Rat, den einheimischen Arzt *(am chi)* aufzusuchen, der die betreffende Krankheit durch Brennen mit einem heißen Eisen heilen könne.

540 Kreuzung zwischen Yak und Kuh.

Einige Beispiele mögen die Art, wie der Thiktse-*lha pa* auf Fragen zu antworten pflegt, belegen:

Ein Mann erklärte dem Orakelheiler, eines seiner Tiere sei erkrankt, was dagegen getan werden könne. Der *lha pa* antwortete sehr laut und ärgerlich: „Du hast mir nicht früh genug gesagt, daß ich an deinem Tier saugen soll. Jetzt ist es zu spät", womit die Sache für ihn erledigt war.

Einer Frau, die zu weinen begann, sagte er ebenfalls in lauter und böser Stimme: „Wenn du weinst, werde ich dir nichts lehren. Du mußt die noblen Lehren der *bla ma* befolgen. Du mußt *dmigs rtsi ma* rezitieren. Ich bin von sieben *bla ma* instruiert worden. Ich wurde von ihnen ermächtigt, zum Wohle aller zu handeln, Übel aus allen herauszusaugen und die Magie zu kontrollieren und Gifte aus allem herauszusaugen, für immer".

Einer kranken Person riet er: „Du mußt einen einheimischen Arzt *(am chi)* konsultieren. Du bist sehr schwach und hast sehr wenig Blut. Du hast die Zeremonie *sman bla'i mdo mchog* durchführen zu lassen. Schwäche ist sehr gefährlich. Um dein Blut zu vermehren, mußt du Leber mit sehr wenig Salz essen. Falls du die Leber ungekocht essen willst, koch sie nur ein wenig. Du mußt dich um deine regelmäßigen Mahlzeiten kümmern".

Einer anderen Frau: „Was siehst du in den Träumen?" Antwort: „Einen Toten". „Was sagte er dir?" Keine Antwort. „Hast du Angst vor mir? Du bist wohl kaum so schlecht. Falls du es doch bist, dann werde ich dich verbrennen".

Auf die Frage eines Mannes, ob er einen in der Nähe seines Hauses stehenden alten Baum fällen dürfe: „Du kannst ihn fällen lassen. Der Mann, der ihn schneidet, sollte in einem Schweine-Jahr geboren worden sein. Du mußt auch eine Zeremonie durchführen lassen, nämlich *zhi ba'i sbyin sreg*[541]. *Zhi ba'i sbyin sreg* dient dazu, Geister wie *gshin 'dre, son 'dre, btsan, rgyal po* und *mi kha* (schlechtes Geschwätz) und andere schlechte Dinge abzuhalten".

Zu einem Kranken sagte der *lha pa:* „Du bist sehr schwach, konsultiere einen einheimischen Arzt", und zu einem anderen Patienten: „Unmöglich, unmöglich. Sie ist nicht glücklich. Sie ist durch *gshin 'dre* schlecht beeinflußt worden. Niemand kann etwas dagegen tun".

Als bevorzugtes Hilfsinstrument für seine Orakeltätigkeit diente dem *lha pa* seine Sanduhrtrommel, auf die er jeweils einige Gerstenkörner legte. Dadurch, daß der Orakelheiler mit sehr hoher Stimme sang, vibrierte die Membran der Trommel und die darauf liegenden Körner begannen sich zu bewegen. Aus der Art der Bewegung und der Lage der Körner, die er ab und zu in geheimnisvoller Weise hin- und herschob, sagte der *lha pa* jeweils die Zukunft voraus. Verglichen mit den Belehrungen in Form der eigenartigen und faszinierenden Gesänge der *lha mo* von Skara waren die Worte des *lha pa* von Thiktse farblos, seine Ratschläge recht stereotyp. Dennoch gilt er bei den Ladakhi als der größte, einflußreichste *khyim lha.* Man vertraut ihm blindlings, wenn man keinen Ausweg mehr aus einer Situation sieht, in seiner Nähe falten die Gläubigen ehrfurchtsvoll die Hände, und gar manche Gläubige beginnen vor ihm zu weinen, da die göttliche Präsenz sie zu stark erschüttert!

Nach den Behandlungen und seinen Belehrungen wandte sich der *lha pa* gegen den kleinen, zu Beginn der Sitzung aufgebauten Altar, auf dem zwei Schälchen mit Gerste, zwei mit Wasser, zwei mit Bier und eines mit Mehl, eine kleine Butterlampe und ein Kelch mit Tee standen. Mehrmals entnahm er mit einem Löffel einem der Schälchen ein bißchen Wasser und sprengte dieses als Opfer an die Götter in die Luft.

Das Ende der Orakelsitzung war sehr dramatisch: Nach dem Aufsagen eines liedähnlichen Textes in sehr hoher Stimmlage und nach mehrmaligem Niesen warf sich der *lha pa* plötzlich gewaltsam der Länge nach auf seinen Sitzteppich und erstarrte für kurze Zeit. Schnell mußte jemand die fünfteilige Krone

541 Friedvolle Verbrennungszeremonie. Siehe Abb. 10 a.

(rigs lnga) von seinem Kopf reißen. Er wälzte sich hin und her, mit der einen Hand verkrampft das Handgelenk des anderen Arms haltend, keuchte, pfiff plötzlich laut, was den Austritt des Gottes andeutete, und gab glucksende Geräusche von sich, bis er sich schließlich schwer und schnell atmend und rülpsend erschöpft aufsetzte, gähnte, als ob er geschlafen hätte, und kurz betete.

„Nach dem Aufwachen bin ich sehr müde und verspüre Schmerzen. Der Gott geht jeweils nur langsam aus mir hinaus . . . Danach erinnere ich mich an nichts mehr. Besonders gute Tage, um von einer Gottheit besessen zu werden, gibt es nicht. Um *'gong mo* und *'gong po*[542] und *gshin 'dre* zu vertreiben, ist ein Sonntag oder der neunte Tag eines Monats notwendig, für alle anderen Dinge ist jeder Tag gut genug.

Gewöhnlich komme ich täglich dreimal in den Orakel-Zustand, heutzutage zwar nur noch zweimal. Manchmal dringt der Gott sehr schnell in mich ein. Hauptsächlich das erste Mal geht es leicht, das zweite oder dritte Mal am selben Tage ist es schwieriger, ja manchmal richtig schwer. Wenn eine Familie sehr schmutzig und nicht religiös ist, ist es ebenfalls schwierig für mich, besessen zu werden. Meditieren muß ich nicht. Nur am 15. und 30. Tag jeden Monats muß ich Prostrationen machen. Während der Vorbereitungen (Aufstellen der Opfergaben und Anziehen eines Kragens, eines Stirn- und Kinntuches) gerate ich in eine komische Laune und werde sehr ärgerlich. Bevor der Gott in mich eindringt, verspüre ich Schmerzen in der Herzgegend. An das, was danach geschieht, erinnere ich mich nicht. Tagtäglich kommen Leute zu mir. Manchmal werde ich auch in entfernte Gebiete eingeladen, so nach Zangskar, Chiling-Sumda, nur in Nubra war ich noch nie“[543].

Der lha pa von Aglin

Das dritte Orakel trafen wir in der Tibetersiedlung von Aglin: einen etwa fünfzigjährigen, mit zwei Frauen verheirateten Tibeter, dessen Familie ursprünglich aus Osttibet stammt. Er unterschied sich äußerlich kaum von seinen tibetischen Landsleuten. Alle seine Handlungen vollbrachte er bedächtig, ja oft schwerfällig. Dies stand in krassem Gegensatz zu seinem erregten Zustand während der von uns später beobachteten Prophezeiungen und Heilungen. Wenn er sprach, war er sehr wortkarg, was sich auch in der Kürze seiner Lebensgeschichte widerspiegelt:

„Als ich 23 Jahre alt war, träumte ich viele Dinge über verschiedene Gottheiten: über die zornvolle Göttin *dPal ldan lha mo, Gling seng chen*[544], *sGo po pha lha* und andere Götter aus dem *Ge sar*-Epos, die in den Träumen zu mir sangen und mir sagten, was sie tun und wie die Geschichte von *Ge sar* lautet. Bevor ich 23 Jahre alt war, hatte ich nämlich keine Ahnung von diesem Epos. Auch heute kenne ich es – wenn ich mich in normalem Zustand befinde – nicht. Wenn ich aber von einer Gottheit besessen bin, kann ich die Geschichte stundenlang auswendig aufsagen.

In jener Zeit, als diese Träume auftraten, wurde ich jedesmal, wenn die Sonne unterging, sehr böse und launisch. Ich zitterte am ganzen Leibe, hatte das Gefühl, daß mein Fleisch nicht mehr mein eigenes war. Ich wurde wie verrückt, erkannte die Leute um mich herum nicht mehr, sprang plötzlich auf und rannte hin und her. Am nächsten Morgen war ich jeweils wieder normal.

542 Weibliche Dämonen mit Türkisenaugenbrauen und übelgesinnte männliche Geister mit Eisennasen. Nebesky-Wojkowitz 1975: 283–284. Nach ladakhischen Informanten Menschen, die vom Geist eines anderen Menschen besessen sind.

543 Eine Séance des Thiktse-*lha pa* mit Belehrung einer Schülerin (*lha mo* von Sabu), Aussaugen von Krankheiten, Weissagen mit Gerstenkörnern usw. zeigt ein im Völkerkundemuseum der Universität Zürich archivierter Film (Produktion H. Schlenker).

544 Ein Name für den Helden *Ge sar*.

Eines Tages pilgerte ich zum heiligen Berg *Gangs rin po che* (der heilige Berg Kailash), wo *Gangs ri lha btsan,* ein bekannter, großer Orakelheiler wohnte und wirkte. Dieser führte für mich eine Zeremonie durch, worauf ich ein richtiger, reiner *lha pa* wurde und sprechen konnte, was mir sonst, nach dem Untergang der Sonne, nicht möglich war. Von diesem Moment an beherrschte ich die Sprache der Götter. Abgesehen von jener Initiation durch den großen *lha pa* des heiligen Berges wurde ich nie belehrt, auch nicht von einem Mönch. Seither muß ich mich stets auf jenen *lha pa, Gangs ri lha btsan,* konzentrieren, bevor ich den Gottzustand erlange".

Es gibt keine Tage, welche für die Heilungen und Prophezeiungen des Aglin-Orakels besonders günstig sind. Einzig die Tageszeit ist wichtig: „Ich kann erst besessen werden, wenn die Berge bereits dunkel sind und nur so lange orakeln und heilen, als die Berge am Morgen noch im Schatten liegen. Schwierigkeiten, den Orakel-Zustand zu erlangen, habe ich nur, wenn das Haus, in dem ich mich befinde, schmutzig ist, das heißt, wenn die betreffenden Hausbewohner ungläubig sind. Ist das Haus schön und rein, geht alles leicht. In meinem eigenen Haus habe ich gar keine Schwierigkeiten, besessen zu werden. Die in mich eindringende Gottheit wird manchmal böse. Beispielsweise dann, wenn etwas in meiner Nähe falsch ist, so, wenn die Leute sagen oder denken, daß ich ein schlechter *lha pa* sei. Dies fühle ich (beziehungsweise die eingedrungene Gottheit) sofort und sage es hierauf den Leuten".

Nach Auskunft des *lha pa* ist es ihm möglich zu planen, welche Gottheiten in ihn eindringen sollen. In einer Sitzung kann er – nacheinander – von mehreren Göttern besessen werden.

Zu seinem Arbeitsgebiet meinte der Orakelheiler: „Aus Mensch und Tier kann ich alles heraussaugen: verschluckte Nadeln, Knochen, Insekten (welche Krankheiten bewirken) und sogar kleine Hunde (aus Lebewesen, die zuvor von einem tollwütigen Hund gebissen wurden). Ich finde auch verlorengegangene Gegenstände. Falls jedoch etwas gestohlen wurde, sage ich es nicht direkt, sondern deute es nur an. Schließlich kann ich auch die Zukunft voraussagen und Ratschläge erteilen".

Die Sitzung des *lha pa* von Aglin begann mit dem Aufbau eines kleinen Altars: Auf eine Schicht Reiskörner stellte der Orakelheiler fünf mit Wasser gefüllte Schälchen, zwei Kelche mit Tee, eine Butterlampe, und auf einem höher gelegenen Tablar steckte er in zwei mit Mehl gefüllte Schalen und in ein dazwischen stehendes Gefäß an Holzstäben befestigte Götterbildchen: links *mGon po* (oben) und *mKha' 'gro ma* (unten), in der Mitte *Ge sar* (oben) und ein Foto vom *Kar ma pa bla ma* (unten), darunter einen runden Spiegel, rechts *dPal ldan lha mo* (oben) und *mKha' 'gro ma* (unten). Die Vorderseite des Altars bedeckte ein schwarzes mit drei Augen bemaltes Tuch.

Nach dem Aufbau dieses Altars zog sich der *lha pa* eine farbenprächtige Schürze und zwei große Kragen *(stod le)* an und befestigte an seiner Brust einen zweiten runden Spiegel. Dann hielt er die fünfteilige Krone *(rigs lnga),* an der viele Glücksschleifen hingen und die auf beiden Seiten durch je einen regenbogenfarbigen Fächer verziert war, vor sein Gesicht und betete in dieser Stellung während sehr langer Zeit. Diese und die darauf folgenden Gebete, so sagte der *lha pa* später, habe er nie lernen müssen, er kenne sie alle wegen seiner göttlichen Macht. Als nächstes zog sich der *lha pa* die Krone an, nahm in die Rechte eine große Sanduhrtrommel, in die Linke eine flache Glocke *(gshang)* und begleitete mit dem Klang dieser Instrumente seine Gebete. Der mit der Trommel angeschlagene Rhythmus wurde stets schneller, die Stimme des Orakelheilers immer lauter. Der ganze Körper des Mannes bebte und zitterte. Auf dem Höhepunkt seiner Erregung warf er den Kopf stark auf die Seite, und der Oberkörper verfiel in zuckende Bewegungen. Das Gesicht war fratzenartig verzerrt, während der *lha pa* die Trommel mit unglaublicher Geschwindigkeit anschlug. Plötzlich preßte er die Glocke gegen seine Brust, was zur Folge hatte, daß der Rhythmus wieder langsamer wurde. Dieser beschleunigte sich aber sofort wieder, wenn der *lha pa* seine Instrumente zu spielen begann. Dieses Auf und Ab wiederholte sich mehrere Male, bis der Orakelheiler mit lauter Stimme seinen Körper verschiedenen Geistern darreichte, und zwar so vollständig,

daß nicht ein Mund voll Fleisch übrigbleibt,
nicht ein Schluck Blut übrigbleibt,
nicht ein einziger Knochen übrigbleibt[545],
nicht ein Haar übrigbleibt,
nicht ein einziges Eingeweide übrigbleibt.

Den oberen Teil des Körpers gab er dem König der *lha 'dre, Yab bdud rgyal po,* den unteren Teil den *srin mo ma bdud mo,* die Hüften (= der mittlere Teil) den *nag sri lha 'dre,* und was danach noch übrigblieb, an alle Schutzgottheiten.

Seiner Schutzgottheit *(srung ma)* opferte er Wacholderduft und *gser skyems*[546], sein Bewußtsein *(rnam shes)* sandte er in das Land der Götter. Das Bewußtsein, so sagte der *lha pa,* sei wie ein Senfkorn *(yungs dkar),* es könne nicht sterben und man könne es nicht verlieren, es sei wie eine Feder, die vom Wind mitgetragen wird.

Hierauf nannte der Orakelheiler die Namen von *dPal ldan dmag zor rgyal mo, Gangs ri lha btsan* und *Dam can.* Diese drei würden – so der *lha pa* nachträglich in einem Gespräch – vom Scheitel her in ihn eindringen und sich je in einer bestimmten Vene niederlassen. Ohne das Eindringen dieser drei Götter – so berichtete der Übersetzer – könne der Mann den *lha pa*-Zustand nicht erlangen.

Plötzlich und ganz unerwartet sprang der *lha pa* auf, berührte dabei heftig den in der Mitte des Zimmers stehenden Ofen, so daß der Deckel desselben wegflog, stand auf einem Bein und trommelte, das andere Bein angewinkelt, wild weiter. Das Gesicht war dabei wiederum stark verzerrt. Ohne Zweifel stellte er in diesem Moment eine *mKha' 'gro ma* (Ḍâkinî) in ihrer tanzenden Form dar. Nach einiger Zeit beruhigte er sich leicht, setzte sich und sagte mehrere Mantra auf, dann begann er, beziehungsweise die in ihn eingedrungene Gottheit, zu singen:

Ich sehe 18 Götterländer *(lha khams),* wenn ich nach oben schaue.
Ich sehe 18 Höllenländer *(dmyal khams),* wenn ich nach unten schaue.
Wenn ich die Götterländer sehe, sehe ich glückliche und tanzende Götter und Göttinnen.
Wenn ich nach unten schaue in die 18 Höllen, sehe ich viele traurige Wesen,
Die weder in den Himmel noch zu den Menschen oder Tieren gelangen können.

Da in diesem Moment *dPal ldan lha mo* im Orakel weilte, erzählte er mehr über diese Göttin: „*dPal ldan lha mo* (...) war im *gLing*-Land die Anführerin der Krieger. Danach war sie Königin des *gLing*-Landes, nun ist sie *srung ma* (Schutzgöttin) der ganzen Welt. Von Indien (oder China?), Tibet und der Mongolei, von diesen drei ist sie die Schutzgöttin. Falls ihr mich erkennt und an mich glaubt: ich bin *dPal ldan lha mo.* Wenn ich auf einem Maultier reite, gehe ich in den Himmel ... Wenn ich auf einem Kamel reite, gehe ich nach China. Ich kann verschiedene Formen annehmen: Wenn ich in den Himmel gehe, die Form einer *lha mo* (Göttin), wenn ich in die Welt gehe, die Form einer *lha mo* oder eines *btsan,* wenn ich in die Welt der *klu* gehe, die Form eines *klu.* Wenn ich nahe dem Meere bin, nehme ich die Form eines Krokodils, eines Fisches oder eines Frosches an. Ich bin imstande, alle Schutzgottheiten von Indien (China?), Tibet und der Mongolei herbeizubringen. Ihr denkt wohl, ich sei nicht imstande dazu. Falls ich es nicht könnte, müßte ich mich vor mir selber schämen. In *Ge sar's* Zeiten war in der Nordebene *(byang thang)* ein Land, in dem *bdud* lebten. Damals nahm ich die Form eines *bdud* an. Warum verlangt ihr von mir hierherzukommen, weshalb?"

Ein Vermittler zwischen uns und dem Orakel stellte stellvertretend für die in demütiger Haltung da-

545 Hier folgten einige wegen des lauten Trommelns unverständliche Sätze.
546 Goldgetränk, Bezeichnung für eine Opfergabe, bestehend aus Bier und Getreide (bzw. Teig).

sitzenden Leute die Fragen und deutete die Antworten des Orakels. Die erste Frage betraf eine Frau, die an einem Auge den Star hatte und nicht mehr wußte, was zu tun sei. Der *lha pa* singend: „Ich gebe nun Beispiele als Antwort, wie dies so meine Art ist: Erstes Beispiel: Man stelle sich auf der einen Seite einen mit Schnee bedeckten Berg vor, auf der anderen Seite die Sonne, die darauf scheint. Der Schnee schmilzt zuerst langsam, dann schneller und schneller, so daß mehr und mehr Wasser vom Berg hinunterfließt. Nach einiger Zeit liegt nur noch wenig Schnee da, und so fließt auch weniger Wasser vom Berg, bis schließlich kein Wasser mehr kommt".

Interpret: „Wenn man jung ist, ist man frisch, wenn man älter wird, wird der Körper, und somit auch die Augen, automatisch schlechter".

„Zweites Beispiel: Man stelle sich einen See vor, der eine geringe Tiefe hat. In diesem See schwimmen die Fische ganz oben, nahe der Wasseroberfläche. Falls der See sehr tief ist, schwimmen die Fische tief unten. Wenn aber dieser See austrocknet, werden die Fische (wieder) nahe der Wasseroberfläche schwimmen müssen".

Interpret: „Die Frau hat nicht wegen einer Krankheit schwache Augen, sie bekam solche Augen wegen ihres Alters".

„Drittes Beispiel: Stelle dir ein Gewehr vor, für das man gutes Schießpulver verwendet. Die Kugel dieses Gewehrs fliegt weit und sehr schnell. Stelle dir ein Gewehr vor, für das man schlechtes Pulver braucht: dann wird die Kugel gerade vor dir niederfallen".

Interpret: „Die alten Leute sollten gutes Essen einnehmen. So auch die Frau. Falls sie dies nicht tut, wird der Zustand ihrer Augen schlimmer werden ".

„Viertes Beispiel: Wenn ein Mann, der auf einem Pferd reitet, weiß, wie man dieses Pferd führt, dann rennt es schnell und gut. Wenn ein Mann es nicht richtig versteht zu reiten, dann gehorcht ihm das Pferd nicht".

Interpret: „Wenn die Leute, welche die Frau betreuen, diese gut behandeln, wird es ihr besser gehen".

„Fünftes Beispiel: Man stelle sich einen Abhang voller Steine vor. Im Sommer ist dieser mit grünem, schönem und gut riechendem Gras bedeckt. Wenn (im Winter) das Gras trocken ist und der Wind es wegbläst, dann sieht der Hang ganz schwarz und traurig aus, und das Gras riecht nicht mehr".

Interpret: „Wenn man jung ist, ist man schön und glücklich. Wenn man älter wird, wird man schwächer und gebrechlicher".

„Sechstes Beispiel: Wenn Wasser vom Berge fließt, ist es frisch und man trinkt es gerne. Wenn es unten anlangt, ist es jedoch schmutzig und voller Staub".

Eine weitere Frage betraf die seit vielen Jahren verstopfte Nase einer Frau. Diese wollte die Nase durch den *lha pa* kurieren lassen. Der Orakelheiler nahm den linken Arm der Frau, indem er sagte: „Für Männer die rechte Vene, für Frauen die linke, deshalb habe ich die linke zu fühlen". Nachdem er einige Zeit den Puls gefühlt hatte: „Deine Krankheit ist nicht neu, sondern alt. Es ist etwa zwei oder drei Jahre her, daß du diese Krankheit bekamst. Wenn du die Krankheit hast, fühlst du Kopfweh und dir ist schwindlig. Manchmal hast du das Gefühl, dein Gesicht sei geschwollen. Viel Wasser fließt aus der Nase und es beißt dich stark". Nach diesen Worten trommelte er stark über dem Kopf der Frau, wodurch die eigentliche Heilung ihren Anfang nahm: Der Orakelheiler berührte den Scheitel der Frau mit der Innenseite der Glocke und glitt damit langsam zur Nase hinunter. In der Hand mit der Glocke hielt er eines der an der Trommel befestigten Bänder. Indem der *lha pa* an der mit der linken Hand gegen seinen Mund gepreßten Trommel saugte, erweckte er den Eindruck, die Krankheit aus der Nase der Frau auszusaugen. Nach heftigem Saugen ergriff der *lha pa* eines der auf dem Altartisch stehenden Wasserschälchen und leerte das darin befindliche Wasser weg. Die eine Frau des *lha pa* goß etwas Wasser, das sie in der Küche geholt hatte, in das Schälchen, das der *lha pa* nochmals leerte. Die Frau tat ein zweites Mal Wasser in die Schale, wovon der Orakelheiler wiederum einen Teil weggoß. In das übriggebliebene Wasser spuckte er die angeblich durch die Glocke, das Band und die Trommel aus der kranken Nase gesogene Krankheit, eine rötlich-gelbe Flüssigkeit. Einige Leute, in erster Linie die beiden Frauen des *lha pa,* behaupteten, in der Flüssigkeit befänden sich Krankheitsinsekten, doch weder ich noch meine Frau oder mein tibetischer Übersetzer konnten solche Tierchen beobachten, während die Frau des Übersetzers behauptete, Insekten zu sehen.

Das Aussaugen wurde noch zweimal wiederholt. Dann nahm der *lha pa* von seiner Krone ein dünnes, schmutziges Band, über das er Gebete sprach und in das er einen Knoten machte, so daß das eine Ende länger als das andere war. Das so geknotete und besprochene Band gab er der kranken Frau mit der Anweisung, sie solle an jedem Tag ein wenig das längere Ende des Bandes anbrennen und die dadurch entstehenden Dämpfe einatmen, diese aber keinesfalls in den Himmel aufsteigen lassen. Sobald die beiden Enden gleich lang seien, könne sie mit dem Verbrennen aufhören und das Band als Amulett um ihren Hals tragen.

Nach der Beantwortung weiterer Fragen richtete sich der Orakelheiler wieder an die Geister, denen er anfangs seinen Körper dargereicht hatte: „Alle meine Körperteile, Blut und Eingeweide will ich nicht zurückerhalten. Behaltet sie für euch und geht nun weg. *mKha' 'gro ma,* gib mir mein Bewußtsein wieder zurück. (. . . unverständlich). Nun gehen die Götter weg, ihr alle (die Anwesenden) sollt das Mantra *‚om pen sar gu ru pe ma siddhi hung'* aufsagen".

Wieder in seinem normalen Zustand erinnerte er sich nicht an die Fragen und seine Antworten. Schmerzen verspürte er anscheinend nicht. Das in der Trance fratzenartige, verzerrte Gesicht hatte wieder seinen gutmütigen Ausdruck zurückerlangt. Still saß der Mann auf seinem Kissen und rauchte eine Zigarette.

Vom „Verrückten" zum Heilbringer

Vergleichen wir die Werdensgeschichten der drei Orakelheiler miteinander (s. auch unten stehende Tabelle), können wir folgendes feststellen: In einigen Punkten lassen sich keine klaren Übereinstimmungen zwischen den drei Geschichten feststellen, so zum Beispiel, was die Vererbung des Orakelamtes anbelangt. Uneinheitlich ist der Werdegang der einzelnen Orakel auch bezüglich einer zweiten Lebenskrise. In zwei Fällen führte eine solche zweite Krise erst dazu, daß der Betreffende zu einem mächtigen Orakelheiler wurde, in einem Fall kam es zu keiner zweiten Krise.

Diese und weitere Abweichungen sind jedoch, verglichen mit den zahlreichen Gemeinsamkeiten, von nebensächlicher Bedeutung. Die Gemeinsamkeiten sind, auf das Wesentliche zusammengefaßt, die folgenden: Alle drei Orakelheiler führten vor dem entscheidenden Erlebnis, das aus ihnen Gottbesessene machte, ein normales Leben. Plötzlich, die Betreffenden waren zwischen 23 und 28 Jahren alt, führten sich die zukünftigen Gottmenschen „verrückt" und „anormal" auf und wurden mehrmals ohnmächtig. Die Ladakhi sind der Ansicht, daß in dieser Zeit Götter und hauptsächlich übelwollende Geister unkontrolliert von den Körpern der Verrückten Besitz ergriffen. Das Orakel-W e r d e n ging in jedem Fall mit der Beendung dieses w i l l k ü r l i c h auftretenden, anormalen Verhaltens der Verrücktgeglaubten einher und mit einem – wenn auch nicht unbedingt vollständigen – Heilungsprozeß.

Eingeleitet wurde dieser Prozeß stets mit einer visionären oder realen Reinigung und Initiation durch ein hochstehendes heiliges Wesen – einen Gott, hohen *bla ma* oder hohen Orakelheiler.

Das Orakel-S e i n bietet dem Betreffenden noch immer die Möglichkeit, sich innerhalb bestimmter Grenzen anders als seine Mitmenschen aufzuführen: Sein „institutionalisiertes Anderssein" wird von den

FOTOS ZUM KAPITEL KLOSTERORAKEL

87 Die Mato-Orakel gelten als mächtigste Orakel Ladakhs. In erster Linie geht es bei ihren Auftritten um die Zurschaustellung ihrer angeblich göttlichen Kräfte.

88 Kopfbedeckung, welche am ersten Tag des Stog-*lcags rangs* von den Orakeln getragen wird.

89 Das Orakel von She, in das die Göttin *rDo rje chen mo* einzudringen pflegt (Foto K. Thondup, Winterthur).

90 Die Orakel von Stog werden – anders als diejenigen von Mato – von Laien gespielt. Ihre Auftritte unterscheiden sich jedoch kaum von denjenigen der Mato-Orakel. Das Bild zeigt die Orakel am ersten Tag des Stog-*lcags rangs*.

91 Kurzes Gebet der *lus gyar* von Stog vor einer Mehlopfergabe *(tshogs)*, bevor sie am zweiten Tag des Stog-*lcags rangs* in einem kleinen Tempel vom Gott *Ser rang* besessen werden.

92 Zuschauer während des Auftritts der Stog-Orakel.

93 Am zweiten Tag des Stog-*lcags rangs* trägt das eine Orakel eine rote, das andere eine schwarze Perücke, die zwei Manifestationen der in sie eindringenden Gottheit darstellend.

94 Dem von *Neser* besessenen Orakel des Thiktse-Klosters stellen Gläubige, die Bier darreichen, Fragen.

95 Kurzer Auftritt des Klosterorakels von Thiktse auf dem Dach des Klosters am ersten Tag des Thiktse-*dgu gtor*.

FOTOS ZUM KAPITEL HAUSORAKEL

96 Gesamtansicht vom Altar des Orakelheilers von Aglin . . .

97 . . . und ein Detail davon: Ritualkarten von zwei der in den *lha pa* eindringenden Gottheiten.

98 Der Orakelheiler von Aglin bereitet sich auf das Eindringen der ersten Gottheit vor.

99 Gläubige Frau, die vor dem Orakelheiler von Thiktse ehrfurchtsvoll die Hände faltet.

100 Der *lha pa* von Thiktse während einer seiner Saug-Therapien.

101 Der Orakelheiler von Thiktse. Er gilt als der einflußreichste *khyim lha* Oberladakhs.

102 Die Diagnose von Krankheiten und Heilungen sind eine Spezialität des *lha pa* von Thiktse. Eine häufig angewandte Diagnosetechnik ist das Abtasten des Pulses.

FESTE VON NICHTBUDDHISTEN

103 Im vorliegenden Buch werden nur die Feste der ladakhischen Buddhisten in Wort und Bild dargestellt. Unberücksichtigt bleiben die Feste der zahlreichen in Ladakh lebenden Muslime – hier ein Bild der Geißelprozession anläßlich des Aschurafestes – . . .

104 . . . die Feste der kleinen Hindugemeinde – im Bild ein Hinduheiligtum in Leh – . . .

105 . . . und diejenigen der ebenfalls sehr kleinen Christengemeinde. Das Bild wurde anläßlich einer Taufe in der seit 1885 bestehenden Kirche von Leh aufgenommen.

87

88

89

90

91

92

94

95

96

97

98

99

100

101

102

103

104

105

Mitmenschen geduldet, weil eine göttliche Kraft beziehungsweise ein göttliches Wesen dahinterstehen und göttliches Verhalten nicht an den Normen der Menschen gemessen werden kann.

Mit anderen Worten: Es findet eine Anpassung statt, sowohl auf der Seite des Verrücktgeglaubten – der eine gewisse Heilung durchmacht – als auch auf der Seite der Mitmenschen – die beginnen, den Ausgestoßenen zu akzeptieren, ja zu verehren. Die Folge dieser gegenseitigen Anpassung, die manchmal nicht problemlos ist, sondern, wie im Fall der *lha mo* von Skara, immer wieder zu Konflikten führen kann, ist recht beachtenswert: der ehemals gemiedene Kranke wird zum akzeptierten, oft zwar als schrulliger Außenseiter angesehenen, göttlichen Propheten und Heiligen, der seinem Namen völlig gerecht wird: er vermag die ihn umgebenden Lebewesen mit Rat und Tat zu „heil-en".

Die Bedeutung der Orakelheiler im ladakhischen Alltag äußert sich in ihrer häufigen Beanspruchung. Obschon viele Ladakhi meinten, sie würden nie einen *lha pa* zu sich einladen, mußten auf meine entsprechende Frage hin doch die meisten Leute zugeben, in Notsituationen – so hauptsächlich bei schwerwiegenden Krankheiten – bereits die Dienste der Orakelheiler in Anspruch genommen zu haben!

Schematische Darstellung des Werdegangs von drei Orakelheilern:

Skara-*lha mo*	Thiktse-*lha pa*	Aglin-*lha pa*
nicht vererbt	vererbt	vererbt
	Ohnmacht, durch Wirbelwind verursacht	viele Träume von Göttern und Geistern
verrücktes Verhalten mit etwa 28 Jahren	verrücktes Verhalten mit etwa 25 Jahren	verrücktes Verhalten (nachts) mit etwa 23 Jahren
nicht kontrollierbares Eingehen von Geistern und Göttern	nicht kontrollierbares Eingehen von Geistern und Göttern	(keine genauen Angaben, doch wahrscheinlich gleich wie bei den beiden anderen Orakeln)
Ohnmacht	Ohnmachtsanfälle	
Reinigung, Initiation durch drei Göttinnen (zuvor: Prüfung durch hohen *bla ma*)	Prüfung, Reinigung und Initiation durch hohen *bla ma*	Initiation und Reinigung durch großen Orakel-Heiler (Pilgerreise)
===> kontrollierbares, mehr oder weniger akzeptiertes Besessenwerden durch bestimmte Gottheiten und Fähigkeit zu orakeln	===> kontrollierbares, akzeptiertes Besessenwerden durch bestimmte Gottheiten und Fähigkeit zu orakeln	===> kontrollierbares, anerkanntes Besessenwerden durch bestimmte Gottheiten und Fähigkeit zu orakeln
Pilgerreisen, „orakeln"	Pilgerreisen	
Starke Krankheit/Ohnmacht Seelenreise, Belehrung (zweite Initiation)	Ohnmacht/Erste Heilung durch Saugen (eine Art zweite Initiation)	
===> noch besseres, reineres Orakel	===> noch besseres Orakel, da seither Fähigkeit, Krankheiten zu heilen	

5. Teil: Schlußbetrachtung

FEST UND WELTORDNUNG

Im ersten Teil dieser Arbeit ging es um die Klärung einiger sozialer Grundbegriffe, ohne deren Kenntnis die Feste und Riten Ladakhs kaum verständlich wären. Im zweiten, dritten und vierten Teil habe ich recht ausführlich die wichtigsten Feste und Zeremonien Oberladakhs beschrieben, nicht ohne hier und da das vorgelegte Material zu diskutieren und Überlegungen theoretischer Art anzustellen. In dieser Schlußbetrachtung will ich nun versuchen, aufgrund des vorliegenden Beobachtungsmaterials einige typische Merkmale der ladakhischen Feste herauszuarbeiten.

Der Disposition dieser Arbeit ist bereits zu entnehmen, daß ich die Feste Ladakhs – sieht man vom Orakelwesen ab, das eine Sonderstellung einnimmt – in zwei Kategorien einteile: in Feste des Lebens- und solche des Jahresablaufs. Hauptcharakteristikum der Feste des Lebenslaufs ist, daß diese n i c h t - p e r i o d i s c h auftreten. Sie werden dann gefeiert, wenn der soziale Status eines Individuums – oder meistens zweier Individuen – durch ein besonderes Ereignis wie Geburt, Hochzeit oder Tod einer Veränderung unterworfen ist[547].

Die Feste des Jahresablaufs sind p e r i o d i s c h[548] und werden zum Nutzen sehr vieler durchgeführt. Sie dienen dazu, Gefahren oder doch zumindest Unsicherheiten zu überwinden, denen die gesamte Gesellschaft oder ein großer Teil derselben ausgesetzt ist und die auf Umweltveränderungen (Wintersonnenwende, Jahreszeiten usw.) zurückzuführen sind.

Auch in diesen Festen kann es zu Statusveränderungen kommen. Dies geschieht meistens in der Weise, daß eine Gesellschaftsschicht von niedrigem sozialem Status vorübergehend eine geachtete Stellung einnimmt. So dürfen Kinder in der Neujahrszeit Dinge tun und singen, die sonst tabu für sie sind, Leute, die der Schicht der „Niedrigen" angehören, versehen einen wichtigen religiösen Dienst und werden „königlich" bewirtet und beschenkt usw.

Bei den Festen des Lebensablaufs geht es anfangs gerade um das Gegenteil: Wir haben gesehen, daß bei einer Geburt und einem Todesfall die engsten Verwandten einen Status einzunehmen haben, der demjenigen eines „Niedrigen" sehr nahe kommt. Dieser Statuserniedrigung folgt dann zwar eine stufenweise Angleichung der sozialen Stellung an die neue Situation des Eltern- beziehungsweise Witwer(Witwen)-daseins.

Gemeinsam ist jedem Fest, daß es einen ungewöhnlichen, nicht alltäglichen Zustand, eine Art „Unordnung" und die damit in Zusammenhang stehenden Krisen zu überwinden versucht. Ziel der Feste ist somit die Wiederherstellung eines „ordentlichen Zustands", der in Einklang steht mit dem, was der Ladakhi als Weltordnung ansieht, die sich ihrerseits in dessen Weltbild widerspiegelt[549]. Dieses kaum von buddhi-

547 Als einer der Ersten erkannte S. Arnold van Gennep in „The rites of passage, London 1960 (E. A. 1908), die soziale Bedeutung der nicht-periodischen Riten, die er „rites de passage", Übergangsriten, nannte.

548 Eine Einteilung der Feste in periodische und nichtperiodische schlägt auch A. de Waal Malefijt in „Religion and Culture", London 1968, vor. Victor W. Turner unterscheidet in „The Ritual Process", London 1969, Lebenskrisenriten und Jahreszeiten- oder Kalenderriten (p. 168). Nach ihm sind Lebenskrisenriten meistens sogenannte Riten von Statuserhöhung (status elevation), Jahreszeitenriten seien manchmal Riten von Statusumkehrung (status reversal).

549 Ähnliches schreibt auch Jean Cazeneuve in „Les Rites et la Condition Humaine", Paris 1956: 151.

stischen Vorstellungen geprägte Weltbild haben wir bereits bei der Behandlung der Hochzeitslieder kennengelernt. Charakteristisch ist, daß in ihm die Natur und die sie bewohnenden Tiere eine ebenso wichtige Stellung einnehmen wie die Menschen. Die Weltordnung, wie der Ladakhi sie sieht, ist hierarchisch. An der Spitze dieses hierarchischen Systems ist der Himmel mit einem eigenen Herrscherpaar (Sonne und Mond) und Untergebenen (Sterne). Das im Himmel verankerte Herrscher/Untertanen-Verhältnis wiederholt sich auf allen unteren Ebenen in der Tier- und Menschenwelt. Die Gesellschaftsordnung ist somit Spiegelbild der Weltordnung.

Daß die Feste Ladakhs dazu dienen, in Krisenzeiten Ordnung zu schaffen, indem die Welt- und damit auch die Sozialstruktur wiederhergestellt wird, kann anhand vieler in dieser Arbeit dargelegten Details belegt werden. Einige der auffälligsten will ich im folgenden nochmals nennen:

Während der Hochzeit gelten die *nyo pa* als die zur Hochzeitsschar hinuntergestiegenen Götterboten, als „Schar, die aus dem Tempel der Sonne hervorkam". Als Gesandte des Himmels stellen sie den Inbegriff der Weltordnung dar, so daß sie tatsächlich auch „Götterboten, die das Weltall ordnen" genannt werden. Diese das Weltall ordnende Funktion der *nyo pa* kommt auch sehr deutlich in den von ihnen gesungenen Liedern zum Ausdruck, in denen ja, wie wir bereits früher gesehen haben, immer wieder das ladakhische Weltbild aufgezeigt wird. Wenn nun diese Gesänge in den Häusern des Bräutigams und der Braut sowie auf dem Weg zwischen den beiden Häusern vorgetragen werden, kann damit nur der eine Zweck verfolgt werden: die durch die Hochzeit verlorengegangene (soziale) Ordnung soll wiederhergestellt werden[550].

Von nicht zu unterschätzender Bedeutung ist auch, daß das wichtigste Requisit der *nyo pa* ein Pfeil ist, welcher die dreistufige Welt und das Zentrum dieser Welt, den Weltenbaum, symbolisiert. Durch das Mittragen dieses Symbols während der Hochzeitsfeier ist die Weltordnung allgegenwärtig und wird demjenigen, dem der tiefere Sinn des Stabes bekannt ist, in Erinnerung gerufen. Ein interessantes Detail ist, daß jeder, der am Wegrand die Hochzeitsprozession willkommen heißt, etwas Butter an das eine Ende des Pfeils klebt, wodurch zwischen den Gebenden – der Dorfbevölkerung – und diesem Symbol der Weltordnung eine enge Beziehung hergestellt wird. Gegen Abend des *bag ston*-Tages geschieht gerade das Gegenteil: Dann wird auf dem Festplatz ein anderes, die Welt(ordnung) darstellendes Symbol, der aus Mehl gefertigte *'brang rgyas*-Berg, an die anwesende Dorfbevölkerung verteilt. In einem Fall trägt die Dorfbevölkerung zum Aufbau des die Welt darstellenden Symbols bei, im anderen Fall wird die Welt der Bevölkerung „einverleibt".

Eine ordnende Funktion haben zweifellos auch die an Festen immer wieder durchgeführten Tänze, die kreisförmig um eine imaginäre oder durch einen bestimmten Gegenstand – beispielsweise einen *'brang rgyas* – markierte Mitte des Tanzplatzes aufgeführt werden. Der Tanzplatz selbst ist, wie wir bei der Behandlung der Hochzeitslieder gezeigt haben, Symbol für das Universum und dessen Ordnung.

Das ständige Vergegenwärtigen der ladakhischen Weltordnung kommt nie so stark zum Ausdruck wie bei den Hochzeitsfeierlichkeiten. Aber auch während der Geburtsfeiern ist der die Weltordnung repräsentierende Ritualpfeil das zentrale Symbol, das im Geburtszimmer aufgestellt wird, an dem die Glücksschleifen der Gäste befestigt werden und das während des *zla gang*-Festes im Gästezelt steht. Auch beim Leichenbegängnis wird ein Welt- oder Kosmossymbol verwendet: das Oferdiagramm, ein Maṇḍala, über dessen Zentrum der Leichnam verbrannt wird.

Das Bemühen, während der Feste die verlorengegangene oder bedrohte Weltordnung wiederherzu-

550 Die Wiederherstellung des sozialen Gleichgewichts steht auch nach E. D. Chapple und C. S. Coon („Principles of Anthropology", New York 1942: 36 ff.) im Vordergrund jedes Festes. Auch Turner in „The Ritual Process", London 1969: 176 ist der Meinung, gewisse Riten würden die soziale Gliederung der Gesellschaft sichtbar machen und somit die soziale Hierarchie bejahen und sanktionieren.

stellen, kommt zusätzlich in bestimmten Festhandlungen zum Ausdruck. Bestes Beispiel für eine solche Handlung, deren Absicht darin liegt, das Chaos zu überwinden, ist das Fackeltragen und -werfen in der Neujahrszeit. Bei diesem Brauch handelt es sich, wie wir gesehen haben, um die Reaktivierung eines mythologischen Ereignisses, um die Besiegung des üblen Königs *Bagatam*. Ein weiteres Fest, bei dem es um ein Zurückgreifen auf mythologische Ereignisse geht, ist das Bogenschießfest. Anläßlich dieser Feier wurde das Epos des Helden *Ge sar* vorgetragen, der das Weltbild des Ladakhi entscheidend mitgeprägt hat. Auch in diesem Fall dient das Fest als Bewahrer und Vermittler des Weltbildes und der Weltordnung. Die beiden zuletzt genannten Beispiele zeigen einmal mehr, daß Feste mythologische Ereignisse reaktivieren können und dadurch die Ordnung früherer Zeiten in die Gegenwart hinüberretten[551]!

FEST UND GEMEINSCHAFT

Auffallend an den Festen und Riten Ladakhs ist, daß die g e s a m t e Gesellschaft an ihnen teilnimmt. Jede soziale Schicht hat ihre ganz besonderen Aufgaben während der Feste zu erfüllen, keine wird von der Teilnahme ausgeschlossen, nicht einmal die Schicht der „Niedrigen". Im Gegenteil: den *rigs ngan* fallen sehr bedeutende Aufgaben zu! Auf diesen „Communitas-Aspekt" der Feste soll in diesem letzten Kapitel etwas näher eingegangen werden[552]:

Bei der Besprechung der Feste kam immer wieder zum Ausdruck, wie sehr die einzelnen Haushalte einer Region durch gegenseitige Geschenkverpflichtungen (Geld und/oder Waren) oder Arbeitsverpflichtungen miteinander verbunden sind. So hat sich bei der Beschreibung der Feste des Lebensablaufs gezeigt, daß nicht nur die Mitglieder des Haushalts, in dem eines der Feste stattfindet, für die Durchführung der Feierlichkeiten verantwortlich sind. Die Mit- oder oftmals sogar Hauptverantwortung tragen auch

die näheren und ferneren nicht im gleichen Haushalt lebenden Verwandten (hauptsächlich Warenleistungen),
Nachbarn, Freunde und Dorfbewohner (Geld- und Warenleistungen),
die *pha spun* (hauptsächlich Arbeitsleistungen).

Über die an einem Fest von Außenstehenden erbrachten Warengaben (zur Hauptsache Nahrungsmittel) führt der beschenkte Haushalt genau Buch, indem diese Leistungen in der Vereinigungsliste *('brel tho)* aufnotiert werden[553]. Findet in einer der Donatorenfamilien zu einem späteren Zeitpunkt ein gleiches Fest statt, wird die *'brel tho* zu Rate gezogen, wobei darauf geachtet wird, daß mindestens so viel, wie dem eigenen Haushalt einst zukam – besser aber ein bißchen mehr –, zurückgegeben wird. Charakteristisch ist somit, daß die Art und der Umfang der Geschenke beziehungsweise der Arbeitsleistungen anläßlich von Festen nicht vom Gutdünken des Schenkenden abhängen, sondern genau vorgeschrieben sind: Sie sind in der Regel äquivalent zu den einst bei gleicher Gelegenheit erhaltenen Leistungen. Im *'brel tho*

551 Als Hauptvertreter der These, daß das Ritual die Wiederinkraftsetzung sozialer Prototypen darstellt, die Wiederholung von Handlungen göttlicher Wesen oder mythologischer Vorfahren, die „Rückkehr zum Anfang", gilt Mircea Eliade („Das Mysterium der Wiedergeburt", Zürich 1961). Siehe auch J. Cazeneuve, „Les Rites et la Condition Humaine", Paris 1956: 317.

552 Zur sozialen Funktion der Feste und Riten siehe E. Durkheim, „Les Formes élémentaires de la vie religieuse", Paris 1912, und A. R. Radcliffe-Brown: „Structure and Function in Primitive Society", London 1965: 164 ff. („The social functions of the rites is obvious: by giving solemn and collective expression to them the rites reaffirm, renew and strengthen those sentiments on which the social solidarity depends".) Radcliffe-Brown spricht auch von einem „Erhalten von sozialem Zusammenhalt und Gleichgewicht" (p. 169).

553 Eine Ausnahme bilden die Neujahrsgeschenke, die nicht aufnotiert werden.

werden übrigens nur die Geld- und gewisse Warengaben[554] aufnotiert, jedoch nie die Arbeitsleistungen, die hauptsächlich von *pha spun* erbracht werden und die für jedes Fest ohnehin festgelegt sind.

Dieses System von gegenseitig an Festen zu erbringenden Leistungen besitzt mehrere Vorteile:

– Schwere Belastungen einzelner Haushalte können vermieden werden, so beispielsweise, wenn in einem Haushalt zwei oder drei Totenfeiern oder andere aufwendige Feste kurz aufeinander folgen. Dadurch, daß die mit einer Zeremonie verbundenen großen Aufwendungen und Arbeitsleistungen auf viele verteilt werden, fallen sie weniger ins Gewicht und sind für alle Haushalte – auch für große – tragbar.
– Das ladakhische Schenksystem anläßlich von Festen stellt ohne Zweifel ein geeignetes Mittel dar, zwischen den sonst kaum miteinander verbundenen Haushalten eines Dorfes oder einer Region stabile Beziehungen und eine Einheit zu schaffen – darauf deutet ja auch der Name der *'brel tho,* Vereinigungsliste –, unter ihnen ein Zusammengehörigkeitsgefühl entstehen zu lassen, was übrigens keineswegs nur auf die buddhistische Bevölkerung beschränkt ist. Auch Muslime und Christen können am geschilderten Tausch anläßlich von Festen teilnehmen. Statt zu Neujahr werden die Christen zu Weihnachten von Buddhisten und Muslimen besucht und beschenkt, während die Muslime von Andersgläubigen am Fest zu Ehren der Geburt Mohammeds (maulid) besucht und beschenkt werden[555].
– Auch die Vorteile der hauptsächlich durch die *pha spun* erbrachten Arbeitsleistungen liegen auf der Hand: Aufgaben, die für Mitglieder eines Haushalts aus religiösen Gründen verboten sind – beispielsweise sich um die Verbrennung eines Haushaltsmitglieds kümmern –, werden durch andere, mehr oder weniger unbeteiligte Leute übernommen. Dazu kommt, daß bei einem Todesfall – hauptsächlich dann werden von Außenstehenden Arbeitsleistungen erbracht – die psychisch belasteten, trauernden Verwandten des Toten dadurch entlastet werden, daß andere die anfallenden Arbeiten (Kochen, Servieren usw.) verrichten. „Man fühlt sich wohler", drückte es ein Ladakhi aus, „wenn in dieser schweren Zeit andere Leute helfen".

Zusammenfassend kann gesagt werden, daß der Austausch von Geld-, Waren- und Arbeitsleistungen anläßlich von Festen die wirtschaftlichen und psychischen Lasten auf viele Leute verteilt: Es kommt zu einem partnerschaftlichen Tragen solcher Lasten, so daß man von einer „kollektiven Verantwortung" für die Durchführung der Feste sprechen kann.

Nicht nur für Feste des Lebensablaufs ist die kollektive Verantwortung typisch – dann kommt sie lediglich am deutlichsten zum Ausdruck –, sondern sie ist ein bei allen Festen häufig anzutreffendes Phänomen. Bei den Festen des Lebensablaufs fällt das gemeinsame, gleichzeitige Tragen der Lasten durch alle Haushalte einer Region auf, bei den übrigen Festen fällt die Hauptverantwortung in der Regel turnusgemäß nur auf einen oder einige wenige Haushalte beziehungsweise Leute, die jedoch ihrerseits mit der Unterstützung durch andere rechnen können. Beispiele für die Delegierung der Verantwortung haben wir bei der Behandlung der „Zehner-Gruppen" kennengelernt (Verantwortung für das Leh-*mdos mo che*), aber auch im Kapitel über die Stog-Orakel: In Stog muß eine Familie, erst wenn die Reihe an sie kommt, einen Mann für das Orakelamt zur Verfügung stellen[556]. Grundsätzlich kann jedoch jeder Haushalt mit diesem Amt betraut werden. Ähnliches gilt, wie wir gesehen haben, für das *a pi me me*-Paar in Chuschod[557].

554 So Bier und Brote.

555 Zwischen Andersgläubigen werden heutzutage in Leh fast nur noch Glücksschleifen verschenkt, während vor noch nicht so langer Zeit auch Bisquits überreicht wurden.

556 Siehe Kapitel „Die Orakel von Stog".

557 Siehe Kapitel „Die beiden Alten".

Delegiert wird ebenfalls die Verantwortung für das Erneuern des *lha tho* der Dorfgottheit *(yul lha)* sowie für das Weißwaschen der Mauern des benachbarten Klosters. So sind in Samkar jedes Jahr vier andere Familien (*gnyer pa* genannt) für diese Arbeiten zuständig.

Die Verantwortung für ein Fest turnusgemäß zu delegieren, wird sogar bei einigen klerikalen Festen in den Klöstern praktiziert. So übernimmt ein *gnyer pa* genannter Mönch – jedes Jahr ein anderer[558] – die Hauptverantwortung für die *sgrub mchod*-Zeremonie im Samkar-Kloster, an der neben Samkar-Mönchen auch Mönche aus Spitug, Stog und Sabu teilnehmen. Der *gnyer pa* hat in der dem Fest vorangehenden Erntezeit auf die Felder zu gehen und dort von den einzelnen Haushalten Gerste und Weizen[559] einzusammeln. Somit trägt der *gnyer pa* zwar die Hauptverantwortung für die *sgrub mchod*-Zeremonie, er kann diese aber an andere Leute delegieren. Es besteht keine Vorschrift darüber, wieviel jeder Haushalt abzugeben hat. Ein Teil des eingesammelten Getreides wird für die Herstellung von Opfergaben für das erwähnte Fest verwendet, ein weiterer Teil für die Verköstigung der Mönche während der Zeremonien und ein dritter Teil wird verkauft, um mit dem Erlös weitere für die Riten benötigte Waren wie Butter, Tee und anderes zu erwerben. Der *gnyer pa* wird nicht nur von den einzelnen, in der Gegend seines Klosters gelegenen Haushalten mit Gaben unterstützt, sondern auch von seinen Verwandten, Freunden und Bekannten, über deren Gaben – Tee, Butter, Mehl, Geld, Brote usw. – er genau Buch führt zwecks späterer Rückgabe bei einem Fest in der betreffenden Donatorenfamilie. Freunde und Verwandte helfen dem verantwortlichen Mönch auch beim Transport des Getreides ins Kloster, sofern der *gnyer pa* nicht auf eigene Kosten einen Träger anstellt. Über die Menge des eingesammelten Getreides und den aus dem Verkauf erzielten Ertrag muß der *gnyer pa* niemandem Rechenschaft ablegen, ein eventueller Überschuß gehört ihm. Der von mir befragte Mönch, der im Jahre 1976 *gnyer pa* im Samkar-Kloster war, sammelte angeblich etwa 90 *khal* (1215 kg) Getreide ein! Er meinte, daß diese Menge sehr stark vom Ertrag und der Güte der Ernte abhängig sei, auch würden nicht alle Familien gleich viel Getreide schenken, einige seien wohlhabend, andere arm, einige freigebig, andere geizig. Schließlich komme es auch darauf an, wieviele Haushalte der *gnyer pa* aufsuche.

In den beiden letzten Kapiteln habe ich dargestellt, daß die Feste Ladakhs zum einen dazu mithelfen, Krisen zu beheben und durch Anwendung bestimmter Symbole die Weltordnung mit ihren ganz spezifischen Strukturen zu bewahren. Zum anderen haben die Feste aber auch wirtschaftliche und vor allem soziale Bedeutung: Allen Festen ist gemeinsam, daß sie eine kollektive Angelegenheit sind. An ihnen nimmt die gesamte in einem bestimmten Umkreis (zumeist Dorf) lebende Gesellschaft teil. Dabei spielt es keine Rolle, ob das betreffende Fest zum Nutzen nur einer einzigen Familie oder für das Wohl der gesamten Bevölkerung durchgeführt wird. Die Feste sind somit Ereignisse, an denen die enge gegenseitige Abhängigkeit der Menschen zum Ausdruck kommt, Ereignisse, an denen Solidarität und Gemeinschaftssinn praktiziert werden.

558 Richtigerweise der jüngste Mönch. Beim Fehlen junger Mönche kommen auch ältere Mönche an die Reihe.
559 Heutzutage auch manchmal Geld.

ÜBERSICHT ÜBER WICHTIGE FESTE

25. X.–30. X.	Ende des alten Jahres: Fackelzüge, *dgu thug, me tho,* Opfer an die Verstorbenen.
1. XI.	Ladakhischer Neujahrstag *(lo gsar).*
3. XI.	Bevorzugtes Datum für Neujahrspferderennen, „Den Mond willkommen heißen".
4. XI.–9. XI.	Auftreten der beiden Alten *(a pi me me)* in Chuschod, Nimo usw.
28. und 29. XI.	Religiöse Tänze *('cham)* im Spitukkloster.
18. und 19. XII.	Religiöse Tänze im Thiktsekloster (mit Orakelauftritten).
28. und 29. XII.	Leh-*mdos mos che* mit religiösen Tänzen.
28. und 29. XII.	Likir-*mdos mo che* mit religiösen Tänzen.
1. I.	Tibetisches Neujahr *(bod pa'i lo gsar),* auch Königsneujahr *(rgyal po'i lo gsar)* genannt.
9. und 10. I.	Religiöse Tänze im Stogkloster (mit Orakelauftritten).
14. und 15. I.	Religiöse Tänze im Matokloster (mit Orakelauftritten).
14. und 15. I.	Prostrationsprozession *(phyag)* um Leh und den *rtse mo.*
15. I.	Erneuern der Gebetsfahnen auf den Häusern.
15. I.	Schließen von Religionsgeschwisterschaften in Timosgang (manchmal auch am 15. IV.).
18. und 19. I.	Religiöse Tänze in Phyiang.
30. I.	Schließen von Religionsgeschwisterschaften in She.
8. II.	Letzter Auftritt der Mato-Orakel.
9. II.	*A po ga ram sing (gtor bzlog)* in Leh.
28. und 29. II.	Religiöse Tänze in Lamayuru.
Ende Winter bis Saatzeit	Bevorzugte Zeit für Pfeilwettschießen.
IV. Monat	*sa ga zla ba:* gilt als für religiöse Taten besonders günstiger Monat (bester Tag: 15. IV.).
10. und 11. V.	Religiöse Tänze im Hemiskloster.
V. bis VII. Monat	Fest der ersten Ähren *(shrub lha),* in einigen Orten zusammen mit dem Blumenfest *(me tog stad mo).*
10. VII.	*shrub lha* in She (mit Orakelauftritt).
Sommermonate	Bevorzugte Zeit für Polospiele.
28. und 29. IX.	Religiöse Tänze in Chemre (abwechselnd einmal in Hemis, einmal in Chemre).
28. und 29. IX.	Religiöse Tänze in Tagthog.
X. Monat	Bevorzugte Zeit für Hochzeiten und gewisse Zeremonien zum Wohle von einzelnen Familien (*dgu mig, brgya bzhi* usw.).

Bibliographie

Abercombie, Thomas J., 1978, Ladakh–The Last Shangri-la, National Geographic, March 1978, vol. 153, no. 3.

Aitchison, J. E. T., 1874, Trade Products of Leh, Calcutta 1874.

Aris, Michael, 1976, 'The admonition of the thunderbolt cannon-ball' and its place in the Bhutanese New Year festival, Bulletins of the School of Oriental and African Studies, London 1976, vol. 39, part 3: 601–635.

Asboe, Walter, 1932(1), Disposal of the Dead in Tibet, Man 1932, vol. 32: 66–67.

Asboe, Walter, 1932(2), Notes on Childbirth in Manchat (Western Tibet), Man, 1932, vol. 32: 139.

Asboe, Walter, 1933, Social functions in Lahul, Kangra District, Panjab, Journal of the Royal Anthropological Institute of Great Britain and Ireland, 1933, vol. 63: 189–205.

Asboe, Walter, 1936(1), The Lahoulis of Western Tibet, Man 1936, vol. 36: 59–60.

Asboe, Walter, 1936(2), The Scape-goat in Western Tibet, Man 1936, vol. 36: 74–75.

Asboe, Walter, 1936(3), Sacrifices in Western Tibet, Man 1936, vol. 36: 75–76.

Asboe, Walter, 1937, Agricultural Methods in Lahoul, Western Tibet, Man 1937, vol. 37: 74–77.

Asboe, Walter, 1938, Social Festivals in Ladakh Kashmir, Folk-Lore, 1938, vol. 49: 376–389.

Asboe, Walter, 1947, Farmers and Farming in Ladakh (Tibetan Kashmir), Journal of the Royal Central Asian Society 1947, vol. 34: 186–192.

Aziz, Barbara Nimri, 1978, Tibetan frontier families, Reflections of three generations from D'ing-ri, New Delhi 1978.

Bechler, Th., 1904, Frauenleben und Frauenmission in Klein-Tibet, Herrnhut 1904, 48 pp.

Benedict, Paul K., 1942, Tibetan and Chinese kinship terms, Harvard Journal of Asiatic Studies, 1942, 6, (no. 3–4): 313–337.

Berglie, Per-Arne, 1976, Preliminary remarks on some Tibetan "spirit mediums" in Nepal, Kailash, Kathmandu 1976, vol. 4, no. 1: 85–108.

Bishop, Isabella L., 1894, Among the Tibetans, Oxford 1894.

Boulnois, Helen Mary, 1923, Into Little Tibet, London 1923.

Calvert, H., 1909, Notes on Customs and Beliefs in Spiti, The Indian Antiquary, Bombay 1909, vol. 38: 49–51.

Cambridge Undergraduate Ladakh Expedition 1977: Siehe unter "Farrington Peter et al".

Carrasco, Pedro, 1959, Land and Polity in Tibet (Monograph 32 of the American Ethnological Society) Seattle 1959.

Clark, Graham E., 1977, Who were the Dards, A review of the ethnographic literature of the north-western Himalaya, Kailash, Kathmandu 1977, vol. 5, no. 4: 323–356.

Cunningham, Alexander, 1854, Ladak, physical, statistical, and historical, with notes of the surrounding countries, London 1854.

Cunningham, J. D., 1844, Notes on Moorcroft's Travels in Ladakh, and Gerard's Account of Kunáwar, including a general description of the latter district, Journal of the Asiatic Society of Bengal, Calcutta 1844, vol. 13, no. 147: 172–222, no. 148: 223–253.

Cunningham, J. D., 1848, Journal of a trip through Kulu and Láhul, to the Chu Mureri Lake in Ladák, during the months of August and September 1846, Journal of the Asiatic Society of Bengal, Calcutta 1848, vol. 17: 201–230.

Dainelli, Giotto, 1933, Buddhists and Glaciers of Western Tibet, London 1933.

Dainelli, Giotto, 1924, Le Condizioni delle Genti, in: Relazioni scientifiche della Spedizione Italiana de Filippi nell' Himalaya, Caracorum e Turchestan Cinese, Bologna 1913–1914, Serie II, vol. 8.

Das, Sarat Chandra, 1902, A Tibetan-English Dictionary with Sanskrit synonyms, Calcutta 1902.

Datta, C. L., 1969, Significance of shawl-wool trade in Western Himalayan Politics, Bengal Past and Present, 1969, vol. 89.

Datta, C. L., 1973, Ladakh and Western Himalayan Politics: 1819–1848, New Delhi 1973, 239 pp.

de Terra, Helmut, 1940, Durch Urwelten am Indus (Erlebnisse und Forschungen in Ladakh, Kashmir und im Pandschab), Leipzig 1940.

Douglas, William O., 1953, Beyond the high Himalayas, Garden City 1953, 352 pp.

Drew, Frederic, 1971, Northern Barrier of India (a popular account of the Jammoo and Kashmir territories with illustrations), Jammu 1971 (first edition 1877).

Drew, Frederic, 1976, Jammoo and Kashmir Territories, Stanford 1976 (first edition 1875).

Duncan, Jane E., 1906 (?), A summer Ride through Western Tibet, London and Glasgow ca. 1906.

Duncan, Marion H., 1964, Customs and Superstitions of Tibetans, London 1964.

Eliade, Mircea, 1957, Schamanismus und archaische Ekstasetechnik, Zürich 1957.

Farrington, Peter et al., 1977, Cambridge Undergraduate Ladakh Expedition 1977, Cambridge 1977, 137 pp.

Fazy, R., 1940, Le Cas Moorcroft–un problème de l'exploration tibétaine, T'oung Pao, 1940, vol. 35.

Filchner, Wilhelm, 1938, Bismillah, Vom Huang-ho zum Indus, Leipzig 1938.

Filippi, F. de, 1923–1934, Relazioni scientifiche della Spedizione Italiana de Filippi nell'Himalaja, Caracorum e Turchestan Cinese 1913–1914, Bologna 1923–1934, Serie I, vol. 1–4, Serie II, vol. 1–12.

Findeisen, Hans, 1957, Schamanentum, Urban-Bücher Nr. 28, Stuttgart 1957.

Fisher, Margaret W., Leo E. Rose et al., 1963, Himalayan battleground, London 1963, 205 pp.

Francke, August Hermann, 1898(1), Ein Besuch im buddhistischen Kloster Hemis (Ladâk), Globus, Braunschweig 1898, Band 73: 1–8.

Francke, A. H., 1898(2), Spiele und Nationaltänze in Leh, Globus, Braunschweig 1898, Band 74: 176–180.

Francke, A. H., 1899(1), Zum Ladâker Volkslied, Globus, Braunschweig 1899, Band 75, Nr. 1: 238–242.

Francke, A. H., 1899(2), Ladâker mythologische Volkssagen, Globus, Braunschweig 1899, Band 76, Nr. 20: 313–315.

Francke, A. H., 1900, A collection of Ladakhi proverbs (first collection), Journal of the Asiatic Society of Bengal, Calcutta 1900, vol. 69, part 1, no. 2: 135–148.

Francke, A. H., 1900/1902, Der Frühlingsmythus und der Wintermythus der Kesarsage, Ein Beitrag zur

Kenntnis der vorbuddhistischen Religion Ladakhs (tibetischer Text und Übersetzung), Mémoires de la Société Finno ougrienne, no. 15, 1&2, Helsingfors 1900/1902 (1900: 65 pp., 1902: 77 pp., Neudruck: Osnabrück 1968).

Francke, A. H., 1901(1), Die vorbuddhistische Religion Tibets, Allgemeine Missionszeitschrift, Gütersloh 1901, Band 28: 579–584.

Francke, A. H., 1901(2), The eighteen Agus, The Indian Antiquary, Bombay 1901, vol. 30: 564.

Francke, A. H., 1901(3), Some notes on Ladakhi currency, Indian Antiquary, Bombay 1901, vol. 30: 456.

Francke, A. H., 1901(4), Die Dhyânibuddhas und Mânushibuddhas im Lichte der vorbuddhistischen Religion Ladakhs, Globus, Braunschweig 1901, Band 80, Nr. 8: 122–125.

Francke, A. H., 1901(5), The Ladakhi prebuddhist Marriage ritual, The Indian Antiquary, Bombay 1901, vol. 30: 131–149.

Francke, A. H., 1901(6), A Ladakhi Bonpa Hymnal, The Indian Antiquary, Bombay 1901, vol. 30: 359–364.

Francke, A. H., 1901/2, The Spring Myth of the Kesar Saga, translated from the Mémoires de la Société Finno-Ougrienne, No. 15, 1900 by George R. Heath, Indian Antiquary, Bombay 1901, vol. 30: 329–341 und 1902, vol. 31: 32–40, 147–157.

Francke, A. H., 1902(1), Dritte Sammlung von Felszeichnungen aus Unter-Ladakh, Leh 1902, hektographiert, 10 pp.

Francke, A. H., 1902(2), Khalatsepa dkonmchog bkrashigis bshadpai watseyi sgrungs, Fuchsgeschichten, Leh 1902.

Francke, A. H., 1902(3), Die Trinklieder von Khalatse (men tog lnga ldan gyi chang glu bshug so, ladakhische Texte), Leh 1902, hektographiert, 16 pp.

Francke, A. H., 1902(4), Notes on Rock-carvings from Lower Ladakh (= 1. Sammlung von Felszeichnungen), Indian Antiquary, Bombay 1902, vol. 31: 398 ff.

Francke, A. H., 1902(5), Reynard the Fox in Ladakh, Proceedings of the Asiatic Society of Bengal, Calcutta 1902: 76–79.

Francke, A. H., 1902(6), Ladakhi Songs (edited in cooperation with Rev. S. Ribbach and Dr. E. Shawe), The Indian Antiquary, Bombay 1902, vol. 31: 27 pp.

Francke, A. H., 1903(1), Some more rock-carvings from Lower Ladakh, The Indian Antiquary, Bombay 1903, vol. 32.

Francke, A. H., 1903(2), Notes on a collection of Stone-implements from Ladakh, Indian Antiquary, Bombay 1903, vol. 32: 389–391.

Francke, A. H., 1903(3), Ladakher Spruchwörter und Rätsel, zweite Sammlung, Leh 1903 (hektographierter ladakhischer Text), 32 pp.

Francke, A. H., 1903(4), srungs kyi gtam ni (hektographierter ladakhischer Text), 22 pp.

Francke, A. H., 1904(1), A language map of West Tibet with notes, The Journal of the Asiatic Society of Bengal, Calcutta 1904, vol. 73, part I, no. 4: 362–368.

Francke, A. H., 1904(2), Ladakhi Stone-Implements, The Indian Antiquary, Bombay 1904, vol. 33: 216.

Francke, A. H., 1904(3), Das Hochzeitsritual von Tagmacig (rTagsma gciggi nyo glu), Leh 1904 (hektographierter ladakhischer Text) 55 pp.

Francke, A. H., 1905(1), Musikalische Studien in Westtibet, Zeitschrift der Deutschen Morgenländischen Gesellschaft, Leipzig 1905, Band 59.

Francke, A. H., 1905(2), Archaeological Notes on Balu-Mkhar in Western Tibet, Indian Antiquary, Bombay 1905, vol. 34: 203 ff.

Francke, A. H., 1905(3), The eighteen Songs of the Bono-Na Festival (Bono-Nayi Lu Athrungsh), Dard Text, with translation, notes and vocabulary, Indian Antiquary, Bombay 1905, vol. 34: 93–111.

Francke, A. H., 1905–9, A Lower Ladakhi Version of the Kesarsaga, Tibetan text, abstract of contents, notes and vocabulary of the new words and phrases, Bibliotheca Indica, New Series, No. 1134, 1150, 1164, Calcutta 1905–9.

Francke, A. H., 1906(1), Yung-Drung-Lamayuru, The Indian Antiquary, Bombay 1906, vol. 35.

Francke, A. H., 1906(2), The Rock Inscriptions at Mulbe, Indian Antiquary, Bombay 1906, vol. 35: 72–81.

Francke, A. H., 1906(3), The Dards at Khalatse in Western Tibet, Memoirs of the Asiatic Society of Bengal, Calcutta 1906, vol. 1, no. 19: 413–419.

Francke, A. H., 1906(4), First Collection of Tibetan Historical Inscriptions on Rock and Stone from West Tibet, Erste Sammlung tibetischer historischer Inschriften auf Felsen und Steinen in Westtibet, Leh 1906 (hektographiert), 36 pp.

Francke, A. H., 1906/07(1), Kleine archäologische Erträge einer Missionsreise nach Zangskar in Westtibet, Zeitschrift der Deutschen Morgenländischen Gesellschaft, Leipzig 1906, Band 60: 645–661, Nachtrag
Nachtrag: ZDMG, Leipzig 1907, Band 61: 645–647.

Francke, A. H., 1906/07(2), The Paladins of the Kesarsaga, A collection of Sagas from Lower Ladakh, Journal and Proceedings of the Asiatic Society of Bengal, New Series, Calcutta 1906, vol. 2, no. 10: 467–490, 1907 vol. 3, no. 2: 67–77, 261–388.

Francke, A. H., 1906/07(3), Archaeology in Western Tibet, The Indian Antiquary, Bombay 1906, vol. 35: 237–241, 325–333, 1907, vol. 36: 85–98, 148.

Francke, A. H., 1907(1), Second collection of Tibetan historical inscriptions on rock and stone from Western Tibet (Zweite Sammlung tibetischer historischer Inschriften auf Felsen und Steinen in West Tibet), Leh 1907, hektographiert, 32 pp.

Francke, A. H., 1907(2), Die historischen und mythologischen Erinnerungen der Lahouler (Erzählungen und Lieder in Bunan, Manchad, Pahari, Westtibetisch und Tinan), Kyelang 1907, hektographiert, 23 pp.

Francke, A. H., 1907(3), Historische Dokumente von Khalatse in West-Tibet (Ladakh), Zeitschrift der Deutschen Morgenländischen Gesellschaft, Leipzig 1907, Band 61: 583–614.

Francke, A. H., 1907(4), Das tibetische Pronominalsystem, Zeitschrift der Deutschen Morgenländischen Gesellschaft, Leipzig 1907, Band 61: 439–440 und 950.

Francke, A. H., 1907(5), Kleine archäologische Erträge einer Missionsreise nach Zangskar in Westtibet, Zeitschrift der Deutschen Morgenländischen Gesellschaft, Leipzig 1907, Band 61: 645–647.

Francke, A. H., 1908, Remarks on a Photograph near Ating, taken by the Hon. Eric Upton, during a tour in Zangskar in 1907, The Indian Antiquary, Bombay 1908, vol. 37.

Francke, A. H., 1909(1), Ten ancient Historical Songs from Western Tibet, Indian Antiquary, Bombay 1909, vol. 38: 57–68.

Francke, A. H., 1909(2), Die Mitarbeit der Brüdermission bei der Erforschung Zentral-Asiens (Vortrag gehalten in Herrnhut, den 22. Jan. 1909). Hefte zur Missionskunde, Herrnhut 1909, Nr. 4, 31 pp.

Francke, A. H., 1909(3), Das Datum der chinesischen Tempelinschrift von Turfan, Toung Pao, 1909, Sér. II, vol. 10: 222–228.

Francke, A. H., 1909(4), Tabellen der Pronomina und Verba in den drei Sprachen Lahoul's: Bunan, Manchad und Tinan, Zeitschrift der Deutschen Morgenländischen Gesellschaft, Leipzig 1909, Band 63: 65–97.

Francke, A. H., 1909–10, Historical Documents from the Borders of Tibet, Archaeological Report, 1909–10: 104–112.
Francke, A. H., 1910(1), Ladvags rGyalrabs, The Chronicles of Ladakh, according to Schlagintweit's MS, Translated by A. H. Francke, Journal and Proceedings of the Asiatic Society of Bengal, New Series, Calcutta 1901, vol. 6, no. 8: 393–423.
Francke, A. H., 1910(2), Die Geschichte des Dogra Krieges (Nach dem Manuskript C des Ladvags rgyalrabs), Zeitschrift der Deutschen Morgenländischen Gesellschaft, Leipzig 1910, Band 64: 537–552.
Francke, A. H., 1910(3), The Kingdom of gNya khri btsanpo, the first king of Tibet, Journal and Proceedings of the Asiatic Society of Bengal, Calcutta 1910, vol. 6: 93–99.
Francke, A. H., 1910(4), Ein Siegel in tibeto-mongolischer Schrift von Bhutan, Zeitschrift der Deutschen Morgenländischen Gesellschaft, Leipzig 1910, Band 64: 553–554.
Francke, A. H., 1911, Tibetische Geschichtsforschung und was man dabei erleben kann, Herrnhut 1911, 24 pp.
Francke, A. H., 1914(1), Tibetan Documents from Chinese Turkestan, Journal of the Royal Asiatic Society of Great Britain and Ireland, Jan. 1914, p. 37.
Francke, A. H., 1914(2), Antiquities of Indian Tibet, Part I: Personal Narrative. Archaelogical Survey of India, New Imperial Series, Calcutta 1914, vol. 38.
Francke, A. H., 1915, The meaning of the "Om-mani-padme-hûm" Formula, Journal of the Royal Asiatic Society, July 1915: 397–404.
Francke, A. H., 1921(1), Durch Zentralasien in die indische Gefangenschaft, Herrnhut 1921, 173 pp.
Francke, A. H., 1921(2), Die Geschichte des toten No-rub-can (eine tibetische Form der Vetâlapañcaviṁśaktikâ aus Purig), Zeits. d. Deutschen Morgenländischen Gesellschaft, Leipzig 1921, Band 75.
Francke, A. H., 1923, Tibetische Hochzeitslieder, übersetzt nach Handschriften von Tag-ma-cig, Hagen/Darmstadt 1923: 71 pp. Text.
Francke, A. H., 1924(1), Two ant stories from the ancient kingdom of Western Tibet (a contribution to the question of the golddigging ants), Asia Major, 1924, vol. 1, fasc. 1: 67–75.
Francke, A. H., 1924(2), Weitere tibetische Handschriftenfunde von Turfan, Sitzungsberichte der preußischen Akademie der Wissenschaften, Berlin 1924, Band 17: 5–20/110–118.
Francke, A. H., 1924–30, gZer-Myig, A Book of the Tibetan Bonpos, Tibetan text according to the Berlin MS, Asia Major, 1924–30.
Francke, A. H., 1925(1), Geistesleben in Tibet, Gütersloh 1925, 80 pp.
Francke, A. H., 1925(2), Wa-tsei-sgruns, Fuchsgeschichten, erzählt von Dkon-mchah-bkra-shis, aus Kha-la-tse, Asia Major, 1925, vol. 2, fasc. 3/4: 408–431.
Francke, A. H., 1925(3), Felsinschriften in Ladakh, Sitzungsberichte der preußischen Akademie der Wissenschaften, Berlin 1925, Band 31: 366–370.
Francke, A. H., 1926, Antiquities of Indian Tibet, Part II, The Chronicles of Ladakh and Minor Chronicles, Archaeological Survey of India, New Imperial Series, 50, Calcutta 1926.
Francke, A. H., 1927, Buddhistische Volkslieder aus Ladakh, MSOS, 1927, Jahrgang 30: 111–122.
Francke, A. H., 1928, Drei weitere Blätter des tibetischen Losbuches von Turfan, Sitzungsberichte der preußischen Akademie der Wissenschaften, Berlin 1928, vol. 8.
Francke, A. H., 1929/30, Notes on Khotan and Ladakh (from a Tibetan point of view), The Indian Antiquary, Bombay 1929, vol. 58, The Indian Antiquary, Bombay 1930, vol. 59.
Francke, A. H., 1977 (1907), A History of Western Tibet (reprint with a critical introduction and annotations by S. S. Gergan and F. M. Hassnain of 'A History of Ladakh', London 1907), New Delhi 1977.

Francke, A. H., o. J. (1), A Tibetan Inscription on the Darkot Pass, o. O.,o. J.
Francke, A. H., o. J. (2), Tibetische Lieder aus dem Gebiet des ehemaligen westtibetischen Königreiches, gesammelt, übersetzt und herausgegeben von Dr. phil. h. c. A. H. Francke, in die tibetischen Versmaße gebracht von Anna Paalzow. Nebst einem Anhang Dardischer Lieder aus demselben Gebiet, Mitteilungen des Seminars für Orientalische Sprachen, 35, Berlin, o. J.
Francke, A. Theodora, o. J., S Ngonmai ladvags rgyalpoi lorgyus, dang Singpai dmaggi lorgyus, Deutsche Übersetzung (Die Geschichte des früheren Königs von Ladakh und die Geschichte des Kashmirkrieges), Leh, o. J., hektographiert, 21 pp.

Ganhar, J. N. und P. N., 1956, Buddhism in Kashmir and Ladakh, New Delhi 1956.
Ganpat, (Gompertz), Martin Louis Alan, 1925 (?), The Road to Lamaland, (Impressions of a Journey to Western Tibet), London 1925 (?).
Ganpat, (Gompertz), M. L. A., 1928, Magic Ladakh, (an intimate picture of a land of topsy-turvy customs and great natural beauty), London 1928.
Garrett, W. E., 1963, Mountaintop war in remote Ladakh, National Geographic, May 1963, vol. 123, no. 5.
Gazetteer of the Kangra District 1883–1884, vol. 2 (?): Kulu, Lahoul and Spiti, Calcutta (Lahore?) 1883–84: 77–149.
Geary, C. L. H., 1948, Western Tibet, a record of a threatened civilization, London 1948.
Gergan, S. S., Hassnain, F. M., 1977, Critical Introduction, in: History of Ladakh by A. H. Francke, New Delhi 1977: 1–46.
Gergan, S. S., 1978, The Lo-sar of Ladakh, Spiti, Lahul, Khunnu and Western Tibet, in: The Tibet Journal, vol. 3, no. 3, Dharamsala 1978.
Gergan, Yoseb, 1942, A Thousand Tibetan Proverbs and Wise Sayings with short explanations of obscure Phrases (English Translation by Rev. Walter Asboe), Journal of the Royal Asiatic Society of Bengal, Letters, Calcutta 1942, vol. 8, no. 2: 157–276 (reprint New Delhi 1976).
Gergan, Yoseb, 1976, Ladags rGyalrabs Chimed Ster, History of Ladakh, in Tibetan arranged and edited with introduction and annotation by S. S. Gergan, 646 pp., New Delhi 1976.
Godwin, Austen H. H., 1865, Description of a Mystic Play, as performed in Ladakh, Zaskar, etc., Journal of the Asiatic Society of Bengal, Calcutta 1865, vol. 34.

Hanlon, H., 1892, The Folk Songs of Ladakh and Baltistan, Transactions of the 9th International Congress of Orientalists, London 1892, vol. 2: 613–635.
Hanlon, H., 1894, The Wedding Customs and Songs of Ladakh, Actes du 10e Congrès des Orientalistes, Genève 1894: 183–184.
Harcourt, A. F. P., 1972, The Himalayan Districts of Kooloo, Lahoul and Spiti, Delhi 1972 (Nachdruck aus: Selections from the records of the Government of the Punjab, New Series No. 10).
Heber, A. Reeve and Kathleen M., 1976 (1903), Himalayan Tibet and Ladakh, A description of its cheery folk, their ways and religion, of the rigours of the climate and beauties of the country, its fauna and flora, (first edition 1903), Delhi 1976.
Hedin, Sven, 1913, Durch Asiens Wüsten, Drei Jahre auf neuen Wegen in Pamir, Lop-nor, Tibet und China, Leipzig 1913.
Hedin, Sven, 1923, Transhimalaja, Entdeckungen und Abenteuer in Tibet, 3 Bände, Leipzig 1923.
Hermanns, Matthias, 1959, Die Familie der Amdo-Tibeter, Freiburg/München 1959.
Hirschberg, Helga, 1978, Ladakh, das andere Tibet, München 1978.
Hummel, Siegbert, 1961, Die Leichenbestattung in Tibet, Monumenta Serica, 1961, vol. 20: 266 ff.

Hummel, Siegbert, 1963, Günstige und ungünstige Zeiten und Zeichen, nach dem Tibetischen des Chags-med-rin-po-che, Asian Folklore Studies, Tokyo 1963, vol. 22: 89–132.

Jammu and Kashmir Academy of Art, Culture and Languages, 1970: Siehe Rabgias 1970.

Jammu and Kashmir Academy of Art, Culture and Languages, 1978, La dvags kyi yul glu (Folk Songs of Ladakh), 2. Band, Jammu 1978.

Jäschke, H. A., 1934 (1881), A Tibetan-English Dictionary, London, 1934 (first published 1881).

Jettmar, Karl, 1975, Die Religionen des Hindukusch, in: Die Religionen der Menschheit, Band 4, 1, Stuttgart 1975.

Jettmar, Karl 1979, Forschungsaufgaben in Ladakh: Die Machnopa, in: Zentralasiatische Studien, Band 13, Wiesbaden 1979: 339–355.

Jivaka, Lobzang, 1962, An English Buddhist in a Tibetan Monastery, London 1962.

Kachru, Dwarkanath, 1950, Ladakh, India Quarterly, 1950, vol. 6, no. 1: 58–77.

Kak, B. L., 1978, Chasing Shadows in Ladakh, Delhi 1978.

Kellermann, Bernhard, 1929, Der Weg der Götter, Berlin 1929.

Knight, E. F., 1894, Where Three Empires meet (a narrative of recent travel in Kashmir, Western Tibet, Gilgit, and the adjoining countries), London 1894.

Koshal, Sanyukta, 1979, Ladakhi Grammar, Delhi 1979.

Lamb, Alastair, 1973, The Sino-Indian border in Ladakh, Canberra 1973.

Lessing, F. D., 1942, Yung Ho Kung, An Iconography of the Lamaist cathedral in Peking, with notes on Lamaist mythology and cult, The Sino-Swedish Expedition, publ. 18, VIII: 1, Stockholm 1942.

Marx, Karl, 1891, Hâ-shang-rgyal-po or Ug-tad, a Dialogue, Journal of the Asiatic Society of Bengal, Calcutta 1891, vol. 9, part 1, no. 2.

Marx, Karl, 1891/94, Three Documents Relating to the History of Ladakh (Tibetan Text, Translation and Notes), Journal of the Asiatic Society of Bengal, Calcutta 1891, vol. 60, part 1, no. 3: 97–135, JASB, 1894, vol. 63, part 1, no. 2: 94–107, JASB, 1902 (?), vol. 71, part 1, no. 1.

Moorcroft, William, Trebeck, George, 1841, Travels in the Himalayan Provinces of Hindustan and the Punjab, in Ladakh and Kashmir, in Peshawar, Kabul, Kunduz and Bokhara, 2 vols., London 1841.

Müller, F. W. K., 1925, Eine Soghdische Inschrift in Ladakh, Sitzungsberichte der preußischen Akademie der Wissenschaften, Berlin 1925: 371–372.

Müller-Stellrecht, I., 1973, Feste in Dardistan, Darstellung und kulturgeschichtliche Analyse, Arbeiten aus dem Seminar für Völkerkunde der Johann-Wolfgang-Goethe-Universität, Frankfurt a. M., Wiesbaden 1973.

Namkhai Norbu, 1966(1), P'o lha, P'ug lha, rLung rta, in: Tibetan Folk Songs from Gyantse and Western Tibet (by Giuseppe Tucci), Ascona 1966: 155–193.

Namkhai Norbu, 1966(2), The New Year's festival, in: Tibetan Folk Songs from Gyantse and Western Tibet (by Giuseppe Tucci), Ascona 1966: 123–153.

Nath, Amar Pandit, 1931, An Echo of the Unknown or Guide to Ladakh, Mangalore 1931.

Nebesky-Wojkowitz, René de, 1975 (1956), Oracles and demons of Tibet, The cult and iconography of the Tibetan protective deities, Graz 1975 (with an introduction by Prof. Per Kvaerne, Nachdruck der 1956 erschienenen Ausgabe).

Norbu, Thubten Jigme, Turnbull Colin, 1969, Tibet, Its History, Religion and People, Harmondsworth 1969.

Paldan Thubstan, 1976, A Brief Guide to the Buddhist Monasteries and Royal Castles of Ladakh (translated with a foreword by Michael Aris), Nanjangud 1976.

Pelliot, Paul, 1961, Histoire ancienne du Tibet, Paris 1961.

Petech, Luciano, 1939, A Study of the Chronicles of Ladakh (Indian-Tibet), Calcutta 1939.

Petech, Luciano, 1977, The Kingdom of Ladakh, C. 950–1842 A. D., Serie Orientale Roma LI, Rom 1977.

Peter, H. R. H., Prince of Greece and Denmark, 1948, Tibetan, Toda, and Tiya polyandry, a report on field investigations, Transactions of the New York Academy of Sciences, 1948, ser. 2, vol. 10, no. 6: 210–225.

Peter, H. R. H., Prince of Greece and Denmark, 1956, The pha-spun of Leh Tehsil in Ladakh, Eastern Kashmir, India, East and West, Rom 1956, vol. 7: 138–146.

Peter, H. R. H., Prince of Greece and Denmark, 1961, The trances of a Tibetan Oracle, Folk, Kopenhagen 1961, vol. 3: 5–12.

Peter, H. R. H., Prince of Greece and Denmark, 1962, The Tibetan Ceremony of Breaking the Stone, Folk, Kopenhagen 1962, vol. 4: 65–70.

Peter, H. R. H., Prince of Greece and Denmark, 1963, A study of polyandry, The Hague 1963, 601 pp.

Peter, H. R. H., Prince of Greece and Denmark, 1974/75, Zor–A Western Tibetan ceremonial goat sacrifice, Folk, Kopenhagen 1974/75, vol. 16/17: 309–312.

Peter, F. A., 1975, Glossary of Place Names in Western Tibet, Ethnologische Zeitschrift Zürich, 2, 1975; The Tibet Journal, vol. 2, no. 2, 1977.

Rabgias Tashi, 1970, Folk Songs of Ladakh, La dvags kyi yul glu, Srinagar 1970 (tibetische Texte).

Ramsay, H., 1890, Western Tibet, a Practical Dictionary of the Language and Customs of the Districts included in the Ladak Wazarat, Lahore 1890.

Rauber, Hanna, 1976, Der Schmied und sein Handwerk im traditionellen Tibet, Zürich 1976.

Redslob, F., 1890, Geographisches aus dem Himalaya, Fernschau, Jahrbuch der Mittelschweizerischen Geographisch-Commerziellen Gesellschaft in Aarau, Aarau 1890, vierter Band: 13–29.

Reichelt, G. Th., 1896, Die Himalaya Mission der Brüdergemeinde, Gütersloh 1896.

Ribbach, S. H., 1925 (?), An den Grenzen Tibets, Bilder aus der Himalaya-Mission der Brüdergemeinde, Herrnhut 1925.

Ribbach, S. H., 1940, Drogpa Namgyal, ein Tibeterleben, München 1940.

Roero die Cortanze, O., 1891, Ricordi dei viaggi al Cashemir, Piccolo e Medio Tibet e Turchestan, 3 vols., Turin 1881.

Sander, Reinhard, 1979, Traditionelle Familienstrukturen in Ladakh/Indien, Eine empirische Untersuchung zur demographischen Funktionalität sozialer Normen und ihres Wandels im Akkulturationsprozeß (unveröffentlichte Studie).

Schettler, Margret und Rolf, 1977, Kaschmir und Ladakh, Herzberg 1977.

Schlagintweit, Emil, 1866, Die Könige von Tibet (von der Entstehung königlicher Macht in Yarlung bis zum Erlöschen in Ladakh), München 1866.

Schneider, H. G., 1880, Ein Missionsbild aus dem westlichen Himalaya, Gnadau 1880.
Schneider, H. G., o. J., Working and waiting for Tibet (A Sketch of the Morovian Mission in the Western Himalayas), London o. J.
Schneider, H. G., o. J., Leh in Kashmir, Herrnhut o. J.
Schreve, Th., 1911, Lingsa Schoskyids (Besuch in der Unterwelt), Genadendal 1911.
Schuh, Dieter, 1973, Die Darlegungen des tibetischen Enzyklopädisten Kong-sprul Blo-gros mtha'-yas über osttibetische Hochzeitsbräuche, Serta Tibeto-Mongolica, Wiesbaden 1973.
Shaw, R. B., 1873, Religious Cairns of the Himalayan Region, Report of the 42nd meeting of the British Association for the advancement of science, London 1873: 194–197.
Shaw, R. B., 1878, Stray arians in Tibet, Journal of the Asiatic Society of Bengal, Calcutta 1878, vol. 47, part 1, no. 1: 26–62.
Shawe, F. B., 1858 (?), Western Tibet, The Journal of the Manchester Geographical Society, 1858 (?).
Sherring, Charles A., 1906, Western Tibet and the British Borderland, the sacred country of Hindus and Buddhists, London 1906.
Singh, Bhagwan, 1933, Disposal of the dead by multilation in Spiti (W. Tibet), Man, vol. 33, 1933: 141–143.
Singh, Madanjeet, 1968, Himalayische Kunst, Paris 1968.
Singh, H., 1977, Territorial organisation of gompas, in: Ecologie et géologie de l'Himalaya, Colloques internationaux du centre national de la recherche scientifique, Paris 1977, 268: 351–370.
Snellgrove, David L., / Skorupski Tadeusz, 1977, The cultural heritage of Ladakh, volume one: Central Ladakh, Warminster 1977.
Starr, Lilian A., 1923 (?), Tales of Tirah and Lesser Tibet, London 1923 (?).
Stein, J. A., / Jest C., 1977, Dynamics of Development and Tradition: The Architecture of Ladakh and Bhutan, in: Ecologie et géologie de l'Himalaya, Colloques internationaux du C. N. R. S., Paris 1977, No. 268: 343–350.
Stein, R. A., 1962, La civilisation tibétaine, Paris 1962.

Tas, Róna, 1955, Social terms in the list of grants of the Tibetan Tun-huang chronicle, Acta Orientalia Academiae Scientiarum Hungaricae, 1955, Tomus 5, Fasc. 3: 249–270.
Thomson, Th., 1852, Western Himalaya and Tibet (a Narrative of a Journey through the Mountains of Northern India, during the Years 1847/48), London 1852.
Toscano, G. M., 1951, La Prima Missione Cattolica Nel Tibet, Hongkong 1951.
Tucci, G., 1966, Tibetan Folk Songs from Gyantse and Western Tibet, Artibus Asiae, Ascona 1966, Supplementum 22.
Tucci, G., 1970, Die Religionen Tibets, in: Die Religionen Tibets und der Mongolei, Stuttgart 1970: 13–291.

Vigne, G., 1842, Travels in Kashmir, Ladak, Iskardo, the Countries Adjoining the Mountain Course of the Indus and Himalaya North of the Punjab, London 1842, vols. 1 & 2.
Vittoz, Pierre, 1957, Un autre Himalaya, Lausanne 1957.
Vogel, J. Ph., 1912, Dr. A. H. Francke's Researches in Indian Tibet, Journal, Punjab Historical Society, 1912, I, 1.

Waddell, L. A., 1971, The Buddhism of Tibet or Lamaism, Cambridge 1971 (first edition 1894).
Wessels, C., 1924, Early Jesuit Travelers in Central Asia (1603–1721), The Hague 1924.
Woodman, D., 1969, Himalayan frontiers, London 1969.

Index

BEMERKUNGEN ZUM INDEX

Der vorliegende Index wurde in fünf Abschnitte aufgeteilt: In einen allgemeinen Index, einen Index der Zeremonien und Feste, einen Index der Götter- und Geisternamen, ein Personen- und Namenregister und einen Geographischen Index.

Damit auch ein nicht der tibetischen Schrift und Sprache Kundiger die Register ohne Schwierigkeiten benützen kann, wurden die tibetisch-ladakhischen Wörter nach unserem (und nicht nach dem tibetischen) Alphabet eingeordnet! In Abweichung von der üblichen Praxis ist zudem für die Einreihung eines tibetischen Wortes stets der erste Buchstabe entscheidend, auch wenn es sich dabei um ein Präfix oder einen superskribierten Buchstaben handelt. So ist zum Beispiel *rgyal po* (König) unter dem Buchstaben r und nicht unter g zu finden. Eine Ausnahme bilden tibetisch-ladakhische Namen, die grundsätzlich unter ihrem Basislaut eingereiht sind, der immer groß geschrieben ist. So ist rNam rgyal unter N und nicht unter r zu finden.

Die Schreibweise einiger geographischer Namen wurde in diesem Buch im Sinne einer bessern Lesbarkeit vereinfacht. Im Geographischen Index steht jeweils in Klammern der Name in korrekter tibetisch-ladakhischer Umschrift – manchmal in mehreren Varianten, da mir häufig verschiedene Schreibarten mitgeteilt wurden.

I. ALLGEMEINES REGISTER

II. VERZEICHNIS DER ZEREMONIEN UND FESTE

III. NAMEN VON GÖTTERN UND GEISTERN

IV. PERSONEN- UND NAMENREGISTER

a) Autoren (die im Haupttext erwähnt werden)

b) Ladakhische und tibetische Personennamen

V. GEOGRAPHISCHER INDEX
(Ortschaften, Klöster, Gegenden, Berge usw.)

a) Innerhalb Ladakhs

b) Außerhalb von Ladakh